地道風物

006

New-Generation Guesthouses

民宿时代

范亚昆 主编

中信出版集团 · 北京

序
Preface

民宿之美

随着时代的发展，人们的生活方式、旅行方式也在发生深刻的变化。在古代，士大夫出门了解风土人情，叫作“观风”。如今人们出门旅行，除了饱览山川景色之外，对各地风物风俗的了解也是一种观风。近些年，民宿的出现，就为人们在旅途中的观风提供了一个很好的窗口。

好的民宿，像一个个鲜活的小型博物馆，或让人看到一地的生活方式、风土人情，或让人看到传统的建筑之美，或让人看到主人的审美倾向、生活经验，它提供的不仅仅是一个歇脚之地，也是旅途中的一个家，为旅途开辟了一方新空间。

民宿又是一个平台，它连接起乡村与城市，旅行与生活，情怀与商业，它本身就是当代社会经济发展过程中的一道风景。

这一次，中国国家地理地道风物团队通过搜集大量行业信息、深入细致的多地域实地采访，力求为读者呈现中国民宿之美，展现中国民宿在当下的发展状况，也为旅行者提供全新的旅行体验方向。

《中国国家地理》杂志社 社长、总编辑

2017 年 9 月 22 日

民宿时代

Preface 序

Vision 视野

Constellations 境・地

City 城市

Experience 体验

地道風物
006

People 人物

Architecture 建筑

Postscript 跋

出 品 人：陈沂欢 马 蕾

主 编：范亚昆
策划编辑：黄绮媚 贺 靓 于威达 郭 蕾 马晓茹 刘淑娟
责任编辑：黄绮媚 贺 靓 于威达 郭 蕾 赵云婷 王金强

图片编辑：张律堂
平面设计：李 高
流程编辑：郭 蕾

特邀策划：任 娇
特邀编辑：潘敬平
特邀撰稿：袁 銮
封面摄影：关海彤

营销编辑：张林林 贾顺利 惠璐瑶
品牌合作：郭颖谦

出 品：北京地道风物科技有限公司
联合出品：途家网网络技术（北京）有限公司

地道風物 tujia途家

视野

Vision

旅行与生活在这里相遇
乡村与城市在这里连接
传统与现代在这里并立
梦想与现实在这里交锋
这是一个民宿涌现的时代

民宿时代，开启旅行新空间

文 范亚昆

8 月的云南大理，一如既往地爽朗明媚。早餐时间，我从二楼的房间下来，穿过一楼的客厅，来到一个透明玻璃墙的明亮小饭厅中。摄影师身份的男主人正在准备早餐的黑咖啡，女主人端出了自己做的三明治，他们年幼的儿子则举着一个变形金刚小汽车，找机会想对我炫耀一番变形方法——这里是“山水间”，大理一处鲜花掩映的别墅小区，我在旅途中享用着这家人的生活空间。

这种分享生活空间的旅居形式，在国外并不鲜见：房屋主人把自家多余的房间拿出来供旅行者居住，并顺便提供一些关于旅行的信息指导；旅行者则避免了标准酒店昂贵的住宿费用，并在房东家里了解当地文化和生活方式。一个名叫“Airbnb”的网站（在进驻中国后称为“爱彼迎”）把分享房间的供需连接起来，并将这种趋势蔓延全球。许多年轻背包客热爱这样的旅行方式，还有人专门为此撰写攻略书籍，分享各种新奇的居住体验，指导更多的人上路远行。

在中国，这种旅居业态被称为民宿。

“民宿”是个很年轻的词。2004 年，国家旅游局发布的《中国旅游统计年鉴》的数据显示，当时全国有 5 万余家酒店与客栈等住宿服务场所，其中获得星级标准的只有 1 万多家，从酒店业的发展来看，这个数据不算乐观，因此，酒店服务与管理领域的研究者呼吁加快酒店服务业的标准推广。两三年之后，“民宿”却作为一个与标准化酒店概念相左的新词，悄悄开始流行。

只不过，“民宿”这个词在中国诞生之初，就不仅仅是原始的“分享生活空间”的含义，而在十多年之后的今天，民宿所包含的内容，要更加丰富而有趣。

民宿的主人在哪里？

在走访国内民宿的过程中，男主人冲咖啡、女主人做早餐的“分享式住宿”，我只在前述大理的那个场景中体验到了一回。大多数时候，主人作为经营者，并不以“共享自己的居住空间”为己任。

“共享居住空间”，无论对于主人还是客人，都需要付出很大的信任成本。在中国，这并不是一种流行风气。主人们做的，多是在乡间租下一片地、一个院落或居所，改造成民宿，并在这个改造过程里将自己的审美与生活理想全面灌注其中。

远离城市、隐居、诗意的生活……这些理想关键词推动着一大批人进入那些山水灵动的美好之地，无论他们先前是什么职业、以什么面目出现于人前，此刻他们有了一个统一的身份：民宿主人。

《70 后大叔躲进百年村落，爆改 5 个石屋小院，青山绿水中做一场森林美梦》《90 后小夫妻卖了 5 家客栈，在洱海边种出一间老院子，一见钟情相守一生》《允许女儿不上学的她惊动央视，29 岁裸辞白领,和丈夫带着两个精灵般的女儿重建 440 万平方米雨林》《70 后姐弟隐居茶山,在 999 平方千米森林氧吧造出一片避世秘境,诗酒琴茶逍遥人生》……一个名叫“民宿头条”的微信公众号用超长的网络式标题描述着民宿界的梦想案例。无论用了多么狂欢式的标题，民宿主人的梦想首先是自己追求的一种生活方式，其次才是经营一所民宿。与日本、欧美等国家经常是老夫妻经营民宿相比，中国的民宿主人没有老人，他们是年青一代，他们并不像国外老夫妻那样把已有的生活空间共享出来，而是归隐山林，英姿勃发地开拓一个全新领域。

琴棋书画诗酒茶，主人的这些爱好与乡间优美的田园生活对接，为暂离尘嚣的客人提供了复古般的居住体验；户外运动、潜水、收藏、手艺、武术，主人曾经自负的绝技也在这个空间里得以施展，供住客互动体验。

这些满怀理想的主人，是民宿“1.0 版本”的核心力量，也是民宿曾经最动人之处。

在民宿“1.0 时代”，民宿主人的梦想首先是自己追求的一种生活方式，其次才是经营一所民宿。

住客们的旅行新选择

每逢节假日或周末，旅游景区爆满的场景使一部分人望而却步，他们纷纷不再以热门旅游目的地为首选，开始选择度假休闲游。既然是度假休闲游，住宿体验与周边环境就显得尤为重要了。民宿出现得恰逢其时：与标准化酒店里一个又一个千篇一律的房间相比，中国民宿呈现出来的居住形式可要五花八门得多。

上海热闹里弄中的民居、北京胡同里的四合院、云南茶马古道上的魁星阁老戏台、客家人的土楼、土家人的吊脚楼、莫干山的民国老别墅、徽州的徽派老房子、乡村边上的老油厂、被改造的旗袍店……这些自带历史与文化的建筑，就已经足够形成“建筑之旅”的主题了。新兴建筑中，法式山居、藏式文化、泰国风情、云间小景、古镇风情等，又纷纷成为自带光环的旅行新体验。为顺应这种时势，途家网、爱彼迎等网站也形成了强大的互联网预订平台，为旅行者提供方便的选择渠道，一个名叫“态客”的 App（应用程序）则专门提供民宿的“试睡体验”分享。

如果仔细观察一番，我们便会发现，与国外民宿相比，中国民宿最显而易见的一个差别，是价格。背包客们在国外旅行首选民宿的一大原因，就是民宿的价格比经济型酒店略低；而国内的民宿价格普遍高于经济型酒店，相对高端的民宿价格甚至大大超过了五星级酒店的价格。

为什么会有这种差异？我曾与在中国社会科学院财经战略研究院从事休闲旅游经济研究的魏翔博士讨论过这个问题——受众的差异是最主要的原因：国外民宿的受众以背包客为主，他们年轻、有热情，经济条件一般，对世界怀有好奇心，热爱旅行与发现地方文化，热爱旅行中的相遇，对住宿环境要求不高；国内民宿消费者则以中产阶层为主，他们经济条件较好，度假需求高于旅行需求，对住宿环境与条件要求较高，并且需要周期性地组织家庭度假活动，享受与家人一起出游的时光。这类受众群体的需求，引领了一部分国内高端民宿的发展。这部分高端民宿从诞生之时起，就天然承担起“度假酒店”的角色任务，而不再以年轻背包客为主要对象。民宿的“2.0版本”就这样出现了——与“1.0版”相比，它们在居住体验上更加舒适，服务也趋于高端与标准化。

毕竟，当全家出游时，一栋独立小别墅或一个带庭院的复式套间，比简单的主人客房要舒适得多。

两个著名的民宿群落

中国民宿有两个鲜明的集中地带，分别是“1.0 版本”与“2.0 版本”的代表。前者是云南西北一线，后者是浙江莫干山。

云南的大理、丽江、香格里拉等地，是一片广大的区域，气候温和、风景宜人，当地的白族、纳西族等文化也与内地迥异。早年这一带曾是国内外背包客旅行的胜地，民宿也借此浪潮扎下根来，只不过那时有一个比民宿更流行，也更朴素的名字：客栈。外来人带来的客栈文化，潜移默化地影响了本地居民的选择，大量的本地人也投入到这一热闹行当之中。

与云南的民宿带相比，莫干山的民宿带范围则聚焦得多。2002 年，当时的媒体人、后来被称作“莫干山民宿第一人”的夏雨清找到莫干山的颐园时，只是想给女儿当作一处接近自然环境的休假去处，住得久一点了，便将多余的几个房间改为客房，开始接待客人，莫干山才正式有了第一家民宿。

莫干山的环境安静优美，距离上海、杭州只有两三个小时的车程，在旅游行业里拥有得天独厚的地缘优势，十分适合周末短期度假，民宿业借此迅速发展，后来英国人、法国人等纷纷来此，在莫干山开创了高端设计类民宿的先河。

值得注意的是，莫干山民宿由于主打高端消费人群，因此在保持高端体验的同时，价格也较高，同期带动了周边本地人经营的普通民宿的价格上扬，这也成为民宿发展中比较独特的现象。

当建筑师拥有这种自由时，更应该审慎地使用自己的权力。

设计师拥有什么样的自由？

莫干山民宿带并没有与本地的传统文化对接，而是用法国山居、裸心谷等一系列十分集中的异国风情建筑，形成了独树一帜的风格。伴随着这一波民宿浪潮而进入并关注这个行业的，还有一类人，就是建筑设计师。

毕业自哈佛大学建筑系、在杭州开建筑设计事务所的建筑师戚山山曾对我讲道，为什么很多建筑设计师开始选择民宿作为主要方向：“城市常规住宅受到人口、政策、生活方式等各种因素的制约，既无法充分个性化，也无法形成舒适的居住体验，而民宿建筑恰恰能

肇兴侗赏。
供图 _ 侗赏

黄山屯溪山水间。
摄影 _ 李佳

大理沙溪戏台会馆。
摄影 _ 关海彤

摆脱这种桎梏，自由而充分地体现出建筑师的理念与倾向；当建筑师拥有这种自由时，更应该审慎地使用自己的权力。”

她放弃了理论化的语言，细腻、温和、琐碎地讲起了自己在西塘古镇的一栋民宿设计作品——孩子们在某个角落玩得兴致十足，大人们一踏入这里则感到踏实安心，“我不希望它太犀利、太‘自我’，我不希望人们知道它是我的作品，而是希望它能够融入整个古镇之中”。

另一位设计师吕晓辉，虽设计了莫干山著名的裸心谷，却更喜欢自己的另一个没那么起眼的作品——“凤凰居”。“乡村不应该是建筑师的演绎场。”他更直接地表达了这个看法。

在民宿建筑上，当代建筑设计师如何与传统乡村形态保持良好互动？这个问题才刚刚开始。

老建筑 · 新体验

在民宿涌现的过程中，乡村老建筑成为一个备受关注的热点。其中既有普通的老民居，也有许多是具有文物保护价值，甚至本身就是文保单位的建筑。

普通的乡间老民居改造，除了惯常的水电与内部装修之外，采光是一大问题——传统建筑出于保暖需求和当地建筑审美风格的制约，门窗往往较小，改造者一般会采取将不承重的立面改为玻璃的方法，以获得改善。而在某些带有强烈本地文化特征的民居中，比如徽派建筑，为了保留文化特征与居住体验，改造会进行得更加谨慎。《碧山》杂志书的主编左靖为我们展示了他在安徽黟县的关麓村精心改造的一处徽州式建筑民宿——关麓小筑。为了符合传统审美，他对建筑的增删一丝不苟，特意查阅诸多建筑资料，并延请当地会古法建筑技艺的工匠施工，改造完成后，关麓小筑被清华大学的乡土建筑学者李秋香称赞“可以当作建筑改造的范本带进课堂”。此举的另一个意义，则是引领了当地居民进行建筑改造的审美风气，大家纷纷放弃日渐向城市审美靠拢的改造方式，重新审视、发掘徽派老房子的美。

这种引领复原与保护潮流的做法并非孤例。中国文化遗产研究院下属的北京国文琰文化遗产保护中心曾在云南景迈山的翁基寨将一处建筑改造为民宿，同样是保留了传统建筑形式，并为当地的民居改造提供了鲜活的样本。

具有文物保护价值的建筑，在政策逐渐放开经营权之后，有了一轮新生的机会。在不改变房屋主体结构、严格控制下水的原则下，各地许多文保建筑也逐渐开放为民宿。我曾在云南大理的沙溪古镇访问过一处由乡间老戏台改造的“戏台会馆”，戏台正上方是一个小小的魁星阁，里面端坐着一尊清末塑的魁星，院外是开阔的沙溪坝子，可以看到一派乡间景象。对旅行者来说，这实在是一次有趣的居住体验。

老房子还有什么改造方式？在徽州的屏山村，电影人张震燕有一家民宿叫“御前侍卫”,这个气势恢宏的徽州风格建筑并非改造的结果，而是拼接了多个老建筑的文化元素新建而成。由于是新建，在内部空间的处理上更加从容，居住体验十分舒适。张先生还带我们参观了御前侍卫旁边一处正在施工改造的小院,这是一处原址民居小院，外观看起来毫不起眼，内部却进行了繁复的处理：内置英国壁炉、日本整体卫浴间、德国厨具设施、强劲的空调系统与复杂的隔音隔热层、重新建造的二层采光空间与露台、观赏植物讲究的小庭院……当这一切改造完成时，它仍是村子深处那个不起眼的小院，却也转身成为一个需要有一定身份的客人才能提前预订的高级民宿。

对老房子的改造引领了当地居民进行建筑改造的审美风气，大家纷纷放弃日渐向城市审美靠拢的改造方式，重新审视、发掘老民居的美。

在乡村的智慧

“民宿”这个词在台湾出现得比大陆早。与台湾的民宿主（物业主）不同，大陆的民宿主多为租赁地产经营，这样的身份使他们在乡村的经营有着天然的客居色彩。融入乡间的过程，对很多人来说，是一个个际遇复杂、色彩十足的故事。

“我现在是一个乡下人，身边的新闻就是谁家又产小猪崽了、谁和谁又好上了……现在对时间的感知也是乡下式的：什么时候是播种的日子，什么时候是收获的日子……”讲这段话的，是安徽黟县猪栏酒吧的女主人寒玉。当我坐在她面前，听她说起这些琐细的乡下生活时，时间一下子慢了下来。头天晚上我在碧山村外闲逛，途经一个由老油厂改造的院子，整个院落安静而沉默，依稀有一点乡下的昏暗灯光，门外也没有任何标志，这样的老房子令我完全没有意识到，面前就是著名的猪栏三吧。

她不是真正的乡下人，早年为诗人的寒玉与家人在黟县经营的三个

莫干山西坡玉宝家。
供图 _ 晓辉设计工作室

莫干山西坡海根家。
供图 _ 晓辉设计工作室

松阳平田村爷爷家。
摄影 _ 陈龙

猪栏酒吧，如今已在国际上享有名声，许多外国作家、大使、商业名人，都是她的忠实客人。由于猪栏名声在外，甚至带动了周边地产的租金上涨。

我们坐在三吧聊天时，几个中年村妇进进出出忙碌着。“秀秀！”寒玉喊住其中一个人，秀秀朝我们笑笑，转身又走开。四十多岁的秀秀其貌不扬，一副乡下打扮，却是这里的“村花”，也是猪栏三吧的主事者，她带着一群村妇管理三吧的客房和厨房。众村妇已经将这里当成自己的事业，她们细致地操持各种琐事，寒玉不再进行巨细靡遗的管理。

游客们大多赞叹猪栏酒吧营造的乡间风光，然而，略微对“融入乡间”有了解的人，都会惊叹于猪栏这种与乡间伦理融合的经营方式。让秀秀们将猪栏当作自己的事业，非有大智慧不能做到。

更多时候，“格格不入”困扰着一个个进入乡间的民宿主，他们疲于应对的，是土地租金朝令夕改、乡下装修队缺乏时间观念、雇用的服务员难以有效管理、邻里关系紧张等难题。城乡之间的伦理观、效率观，以及经营收入与房租的差价，横亘在民宿主与乡邻之间，成为天然的障碍。

地方政策的变动，也会成为民宿主的困扰项之一。在大理洱海边民宿集中的双廊村，2017 年 3 月 31 日，村委会一道“因洱海污染而自愿关停双廊民宿”的倡议，使双廊所有营业民宿、在建民宿一夜之间关停，所有的民宿主陷入了茫然的等待之中。

“主人精神”与“服务精神”的悖论

在沉寂的洱海边，民宿主红点有了大把的空闲时光，正好坐下来与我们聊聊他与妻子开民宿的经历。红点以前是 IT（信息技术）人士，妻子是媒体人，二人做久了城市的上班族，希望换一种可以“说走就走”的自在生活，于是在洱海边盘下这栋院落，开起了一家名叫“春暖花开”的民宿。设计师为他们重新规划了院落布局，随着装修的推进，花费日益超支，夫妻二人遂卖掉了广州的房子，安心在洱海边定居下来。“春暖花开”经营得有声有色，后来又扩建了院落，这本应是一类美好故事的结局，然而有件事情却没想到：原来经营民宿是在做服务业，服务业要求日常每一个细节都要盯紧，“说走就走”的理想是实现不了的。

“春暖花开”被认证为洱海边第一批合格的 28 家民宿之一，重开指日可待。然而这个“没想到”的故事，却是二人一个长长久久的遗憾。

对很多怀抱生活理想的“1.0 时代”的民宿主而言，“没想到进入服务业”都是一个或大或小的问题。

民宿的特色与魅力来自“主人精神”，在某种程度上，主人也是民宿的灵魂所在。主人的审美决定了民宿的选址、建筑、内饰，主人的生活经验与生活品味决定了民宿的入住体验，民宿表达的就是主人本身，主人精神为民宿赋形。

这种纯粹的“主人文化”也决定了民宿本身不会迅速扩张。每一个“1.0 时代”的民宿都是一个精神丰沛的个体，它们缓慢地自我完善，它们自我欣赏与自我保存，它们的成长不以迅速赢利为目的。

然而，作为服务业的一种，民宿却面临标准化服务的需求。大部分时候，“主人精神”与“服务精神”并不是完全合一的，甚至是相悖的存在。

在酒店行业中，酒店系统的标准化服务是经过时间沉淀与检验的一整个体系，在满足住宿、餐饮等基本需求之外，酒店的服务本身更是一个值得重视的产品，每一个环节的服务工作都有严格的流程与标准，甚至面对客人时微笑的程度、打招呼的时机都是被规定的，这一套体系在个性化的小型民宿中是无论如何都无法完成的。并且，对于由主人亲自打理的小型民宿而言，服务本身也成为一个不小的负担。

标准化与个性化之间的矛盾，并非不可调和，反而孕育了民宿新业态发展的可能性。

它们缓慢地自我完善，它们自我欣赏与自我保存，它们的成长不以迅速赢利为目的。

如何做到既陌生，又熟悉？

无论是旅行、旅游还是度假，都意味着暂离机械而重复的日常生活轨道，在一个陌生的环境里获得新鲜的体验，从而留下美好的回忆。因此，人们总希望在出行中获取一些与“陌生”有关的东西，比如对陌生地点的想象与期待、与陌生事物遭遇时的讶异，甚至“离开日常生活”本身也成为出行的重大理由。同时，出行又不能是全然未知、不可预测与不可控的探险行为，必须有一部分体验是熟悉、可控的，不能让“未知”带来的疲惫感将“放松”需求打消掉。

莫干山裸心谷。
供图 _ 裸心集团

西塘九舍。
供图 _STUDIO QI 建筑事务所

苏州明月湾无居无束。
供图 _ 无居无束

这样的出行需求，是人们对“陌生、新鲜”与“熟悉、舒适”的双重需求。

民宿营造的“房间里的旅行”如何获得新鲜而舒适的体验？许多高端民宿致力于解决这个问题。

除了风景、地方文化、建筑设计赋予民宿的“新鲜”之外，民宿的“主题体验”也成为“新鲜、陌生”的来源。例如松赞系列民宿营造的藏文化体验，上海梵舍营造的迪士尼、老上海等主题文化体验，一些茶产区的民宿进行的茶文化体验……这些远离日常的陌生体验成为民宿的魅力之一。

“熟悉、舒适”则来自服务。高端民宿的经营者，已经不是民宿里接待客人的那位为生活理想而来的“主人”，他们变成运筹帷幄的掌控者。一个民宿品牌下可能会有数家民宿，每家民宿有数栋小型建筑，在这样的民宿中，标准化服务是必然的趋势，而且要提高“标准”本身。在这个提高服务标准的趋势中，民宿业出现了新的从业者：管家。

标准化酒店中的服务划分了层级与部门，不同的住宿需求分别属于不同的部门管理，例如大堂、餐厅、客房、娱乐、洗衣等，但民宿业中的管家，则提供除客房卫生之外的全方位服务。管家的出现，既取代了过去主人的个性角色，又能为客人提供舒适与安心的感觉。

在管家一职刚刚出现时，管家培训大部分是由经营者完成的。这些经营者大部分拥国内外酒店住宿或管理的经验，管家则大部分是来自本地的从业者。这样的培训、互动与提供就业，也使一部分本地年轻人乐于留在家乡，以民宿为自己的事业所在。当这一经验被整个民宿业需要时，各地以旅游职业为方向的院校纷纷开辟了专门的管家职业培训方向。

“3.0 时代”来了

大约在 2010 年之后，随着旅游度假需求的增加，许多热门旅游地经历了一轮民宿数量暴涨，越来越多的人进入这个行业之中。途家、爱彼迎、小猪短租等在线平台还推出了以共享闲置房屋为主旨的在线短租业务，为民宿的拓展提供了新的方向。

政府“美丽乡村”的推进，投资机构的关注，民宿培训机构的增加，使民宿这个行业担负了很高的期望，也发生了很多变化。许多调研机构的结论是，民宿行业依赖“小而美”发展，进入门槛比较低，但能否赢利，还要留下一个问号。同样出于赢利的问题，许多在“1.0 时代”依靠主人情怀来做的民宿，逐渐退出了这个供大于求的市场。

2016 年 12 月，生活方式类众筹平台“开始众筹”为依托于藏文化而建的著名民宿“松赞·丽江松赞林卡”项目发起的众筹，3 个小时筹款突破 3000 万元，打破了民宿众筹的多项纪录；2017 年 8 月，“松赞·拉萨曲吉林卡”的众筹 1 小时突破 5000 万元。这是一个标志性事件：如何来做吸引人的民宿，众人心中大约都有一个标准，一直坚持用心做“小而美”的松赞是符合大众对民宿的这个期望的。然而，“小而美”对于资本市场来说，达到赢利的期望也许还有很远的路要走。那时的民宿，将变成什么模样，尚不得而知。

“1.0 时代”，民宿的特点是具有参差多态、个性十足的主人文化，它们用不同于连锁酒店的格局和经营业态，部分满足了市场的需求。“2.0 时代”里，高端设计师的进入，使民宿在精品小众路线上迅速发展。到了民宿的“3.0 时代”，周边行业的对接、政府的关注、资本的进入、众筹的方式使民宿行业有了全新的发展格局，最终受益的仍将是终端消费者——为他们提供了全新的住宿体验空间。

大陆民宿起步时，曾经借鉴的台湾、日本等地的民宿业态，已经渐趋稳定，并长期停留在以主人文化和家庭分享空间的阶段，而短短十余年时间，大陆民宿已经历了几个时代的变化，产生了全新的业态方向和行业格局，并且变量仍然不断生发。民宿的三个时代发展，反映的是一个大时代——民宿的变化，是中国经济高速发展的产物。

莫干山第一家民宿的主人，也是“开始众筹”中进行民宿众筹的“借宿”版块 CEO（首席执行官）夏雨清说：“民宿是青春的行当。”

这个时代刚刚开始。

“房间里的旅行”如何获得新鲜而舒适的体验？

大乐之野碧坞店。
摄影 _ 陈颢、唐徐国

大乐之野安吉店。
摄影 _ 陈颢、唐徐国

莫干山裸心谷。
供图 _ 裸心集团

寒玉
猪栏酒吧民宿主

有人认为开民宿赚钱，有人认为开民宿是个浪漫的事，但那都是想象。它不仅是诗和远方，还是对你的**耐心、耐力和十八般武艺**的考验，是一个考验自己的漫长过程。

我觉得民宿更具**活力**，对外呈现的方式没有标准，它只是把你当作一个回家的家人，或者一个访亲走友的亲戚，完全是朋友关系。

夏雨清

戚山山
建筑师

民宿的出现打破了那些尖锐冰冷的、令人麻木的“界限”，它是居所，但又有别于传统定义的居所。它是一处可共享的“居”，相较火柴盒式的“格子间”，民宿更为开放和释放，也更能让人产生**归属感**。

民宿一开始的发展是多元的，但发展到一定程度，它的**边界**应该被清晰界定：民宿的载体应该是民宅。有了这个边界的区分，才能有利于政策的聚焦与调整，有利于这个行业的规范和发展。

吴文智

吕晓辉
环保建筑师

民宿是设计和生活的混合体，它可能是被设计过的，但一定需要带有生活的**烟火气**。

潘敬平
过云山居民宿主

云南的民宿和江浙一带的不一样，云南的民宿是自下而上、由民宿主自由租房发展起来的。江浙一带，除了莫干山最早是自由发展之外，其他很多地方都是**自上而下**发展：当地政府预先做了民宿规划，政策法规比较完善，对行业的扶持比较好，这大概是未来几年各地房地产开发的一种趋势。

王子一
建筑师

民宿应该是一种**媒介**，一种可以深度全景浸入的、有效进行双向沟通的媒介。住客和主人可以借助民宿这一媒介了解到多门类、多层次的地域外信息，这是一般媒体媒介难以达到的。

乐童
民宿培训人

我们做民宿培训，第一个要讲到的问题，是**风险控制**。

境·地

Constellations

中国各地的民宿圈出现的时间或早或晚：早的如台湾民宿圈，在 20 世纪 80 年代初就已初露端倪；晚的如京郊民宿圈，羽翼至今尚未丰满。民宿圈的形成过程也各有特点：比如滇西北、川藏线、厦门等民宿圈，最早受益于热门旅行目的地的影响；而江浙民宿圈，特别是其中的莫干山民宿带的崛起，直接带动了大都市周边的休闲度假之风；湘西、黔东南、徽文化等民宿圈的发展，则更多地借助了地域或民族文化元素。

滇西北，民宿风云三十年

文 袁銮

从大理到丽江，再到迪庆，在这条狭长的地带上，民宿主生活的跌宕起伏，映射着三十年来国内民宿发展的每一个历程。

➪ 丽江古城夜景。
摄影 _ 关海彤

一、风起

①
尼玛的 MCA

1984 年，大理正式对外开放。后续几年，丽江和香格里拉也相继打开大门。20 世纪 80 年代，国内旅游市场尚不成气候，而流连东南亚的欧美背包客却不畏云南的山重水复，早早闻风而来。因而无论是最早的大理，还是后来的滇西北，最初为旅行者服务的住宿地，都带着浓浓的“洋气”。

开宾馆接待外国人需要涉外证。开放初期，私人要办涉外宾馆困难重重。外国人到大理，得入住护国路的国营大理第二招待所。尼玛是大理人，他后来在文献路开的 MCA 酒店大名鼎鼎，往来鸿儒，甚至有点背包客“朝圣地”的意思，但那也是 1995 年的事情了。其实早在 1986 年，尼玛就成为旅游服务业的一员。那时的外国人住护国路，他就在护国路开了个咖啡馆，名字叫 Tibetan Café 。咖啡馆里有酒、咖啡、可乐、酸奶等饮品，外国人喜闻乐见，但当年其中大多数在大理还是稀罕物，甚至连进货渠道都没有。每隔一段时间，尼玛就得拿着外汇券坐 18 个小时车去省城的友谊商店进货。

不久之后，旅馆和咖啡馆渐次在护国路出现，外国旅行者云集。护国路就变成了后来大家俗称的“洋人街”。护国路变成洋人街，尼玛亦有贡献。

经过十年的旅游业浸淫，尼玛得以有钱在文献路买下一片地，建了 MCA 酒店。MCA 虽然叫酒店，但更像国际青年旅舍的格局，有廉价而安全的床位，有大片公共空间可社交，酒店中间，还有一个标志性的大大的泳池可以畅游。但和一般的青年旅舍不同的是，MCA 里还有艺术氛围浓郁的画廊。MCA 的全称，本来就叫作“湄公河流域文化艺术中心”。1995 年，大理的旅行市场依然是外国背包客的天下，而同时，“礼失而求诸野”的国内先行者们，亦已蠢蠢欲动。在 MCA，尼玛最热衷搞泳池派对。大家喝酒、唱歌、聊天，兴致来时，便一头扎进泳池里。人们常怀念当年的 MCA 酒店，大都是因为这个独特的泳池派对。在泳池边弹吉他的年轻小伙子，他的名字可能叫许巍；拿着相机的，或许是曾拍过三毛影像的肖全；和尼玛一起碰杯的，有时会是艺术家叶永青。这个泳池派对，一直持续到 2015 年 MCA 改成价格不菲的精品民宿前。作家土家野夫、导演张扬这些后期成为“新大理人”的名家，都是泳池派对的常客。

➪ 改建后的 MCA 精品酒店已没有了当年的热闹，尼玛也已很少回去。图为尼玛坐在 MCA 庭院中。
摄影 _ 关海彤

⇧ 早年间尼玛在 MCA 办的泳池派对。
供图 _ 尼玛

⇩ 2000 年，Tibetan Café 搬迁到了人民路。
摄影 _ 赵康才

⇦ 一些当代艺术家在尼玛画廊参加画展。图中左侧起分别为赵青、岳敏君、叶永青、方力钧、尼玛。
供图 _ 尼玛

⇨ 尼玛的儿子艾伦和导演张扬在泳池旁。
供图 _ 尼玛

②

老谢和弯豆的 YHA

丽江老谢和尼玛完全不是一个路子：尼玛定义自己为质朴的学者和艺术家；老谢就喜欢拿着各种工具在自己的青年旅馆里独自敲敲打打。2000 年，莫干山人老谢在丽江古城和合伙人开了一家真正加盟的国际青年旅舍（YHA），名字叫丽江古城国际青年旅舍。虽然这已经是国内第 13 家 YHA 的加盟店，但老谢坚信国内的青年旅舍现在的风格其实是他创出来的：他将青年旅舍的公共空间做得很大，有足够的交流空间；在屋后的流水边做了一个海子书吧，提升它的文艺氛围；在天花板上挂满云南的草帽，融入当地文化。当旅行者问他为什么在天花板上挂斗笠时，他就会说这不是斗笠，是锅盖："云南十八怪，摘下斗笠当锅盖。"

早期的丽江旅行者，都喜欢在老谢的 YHA 里聚会，地位和尼玛的 MCA 类似。丽江对外开放的时间比大理晚不了多少，发展轨迹却不大一样。资历深的旅行者，总是能想起徐霞客、顾彼得描绘丽江古城的曼妙句子，甚至在 20 世纪 90 年代初，BBC 拍《云之南》时，丽江还是一个纳西人繁衍生息的中国小城。但对于大多数旅行者来说，大家知道丽江古城，还是因为 1996 年的丽江地震。人们轻松地说，丽江是"地震震出来的"。纳西人却在一种很具体的悲痛中疗伤，他们翻修自己的房子，将主道铺宽，并且在河边重新种上了杨柳。2000 年前后，丽江才慢慢又有了生机。

⇧ 老谢一家三口。
供图 _ 老谢

⇩ 丽江国际青年旅舍的公共空间。
供图 _ 老谢

老谢的第一家 YHA 和后来的丽江老谢车马店，都在丽江古城密西巷一带。那里的老房子比主道新华街更多，曲径通幽，有旧时丽江的格局。那些年，在老谢的 YHA 里，也是外国背包客云集，于是又有人称密西巷是丽江的洋人街。

弯豆进入滇西北的时间比老谢晚不了多少，但他始终认为老谢是他的前辈。1999年，老谢的浙江老乡、旅行者弯豆沿着一条如今基本废弃的公路前往香格里拉。香格里拉，当时还在中甸。这条公路抵达中甸的最后一个垭口叫冷冻坡。弯豆翻过冷冻坡，小中甸的高山草甸跃然于眼前。直到今天，弯豆还记得当时的美好，并且背诵着民国时期刘曼卿女士描绘的中甸场景：

> 忽见广坝无垠，风清月朗，连天芳草，满缀黄花，牛羊成群，帷幕四撑……

这趟旅行，让弯豆决定放弃杭州的工作，到香格里拉来。弯豆之所以说老谢是他的青旅前辈，是因为老谢在丽江开 YHA 风生水起的时候，他只在香格里拉找到一个门面，开了个酒吧名字叫作“中甸旅行者俱乐部”。中甸旅行者俱乐部时常被弯豆想象成一个自由的地方。街上的无牌汽车到处乱串，那些早期进入香格里拉的旅行者云集于此；酒吧门前，还得设计拴马柱，因为藏族青年会骑马骑牛来到酒吧里尝鲜。而等到 2002 年旅行者乔阳进入中甸的时候，弯豆已经在香格里拉的独克宗古城旁边开青年旅舍了。香格里拉是藏区，海拔高，温度低。乔阳对弯豆最深刻的印象，就是没完没了地去锅炉房里烧热水。在 YHA 里享受畅快淋漓的热水浴，是让人满足的奢侈体验，更不用说在环境尚且恶劣的藏区了。

弯豆、老谢和尼玛的旅舍虽然开设的时间不一，风格各异，但殊途同归，都是从当地旅行刚成气候的时候，就开始服务背包客的。

➪ 机车旁抱着猫的弯豆。
摄影 _ 关海彤

夜幕降临，松赞塔城的灯光亮了起来。
摄影 _ 关海彤

⇧ 白雪覆盖着的松赞绿谷。
供图 _ 松赞酒店

⇩ 松赞绿谷藏式风格的内部空间。
摄影 _ 沈卫新

③
白玛多吉的松赞

乔阳好好的一个川妹子，却喜欢叫自己为乔公子。乔公子同样是滇西北旅游服务业的“开荒人”。2002 年，她是第一个到德钦飞来寺开酒吧的人，那个酒吧的名字叫“季候鸟”。酒吧门口，毫无遮拦地正对梅里雪山的 13 个白雪皑皑的峰顶。飞来寺因为瑰丽的雪山景色很快成名，成了设施齐全的集散地。乔公子又躲到更偏僻的雾浓顶，开了一个季候鸟旅馆。

开旅馆之余，她也喜欢到香格里拉县城晃悠。除了热衷在弯豆的 YHA 里洗锅炉热水澡，她还是城郊松赞林寺旁克纳村一家名为松赞假日酒店的常住客。这家旅馆不贵，开始卖 80 元一晚，后来翻了一倍，也不过一百多块钱。这家店的主人叫白玛多吉。那个时候，他还是纪录片导演。BBC 拍《云之南》时，他就是参与者。松赞假日价格不高，新建的藏式建筑踏实而厚重，白玛多吉在各处收集回来的藏式家具、地毯和佛像温润有质感，伙计们谦和且热忱，乔阳感觉特别好。同样感觉很好的还有香港商界的小超人李泽楷，他和一众名流来到中甸时遇到松赞。他特别惊讶，惊讶于如此美好的住宿地居然只卖 160 元一晚，而且是人民币。小超人甚至担心主人生活无以为继，临走的时候一行人买光了店里的工艺品以示支持。

这就是赫赫有名的松赞系列酒店的发迹史。从 2000 年的松赞假日开始，白玛多吉在这条路上已经走了 17 年。很多人说他做的松赞系列酒店是“国内最好”的；他本人在某种意义上已经是国内民宿界的领袖之一。但像乔阳这样的、早期喜欢白玛多吉的人，并不是因为他广厦万间，而是襟怀坦荡。

襟怀坦荡就是不藏着掖着，我有什么东西，都热情地展示给你看。2009 年，乔阳正在雾浓顶建造她的季候鸟旅馆，白玛多吉已经将松赞系列酒店修到了雾浓顶不远处的山坡上。那个村子叫谷几浓村，一个只有五六户人家的藏族村庄。白玛多吉一如既往地踏实造房子，自己选址，自己设计，然后让当地工匠用传统藏式建筑的手法，一一完成。即便是工地，白玛多吉也是对乔阳和好奇的人完全开放的。乔阳没事就钻到白玛多吉的工地里，看到有什么不懂的营造问题，工人们甚至会停下来，跟乔阳一一细讲。

松赞的香格里拉环线酒店建成之后，这些选址于乡野之间的美妙山居分布在大香格里拉地区的每一个县域里。旅行者这才惊讶地发现，在迪庆州各个隐逸的乡村角落里，藏着几个让人击节的山居酒店。白玛多吉却说：“不，我不是在建酒店。我只是希望用这些美好的酒店将香格里拉串起来，去重新发现香格里拉的美好。我起酒店的地方，可能就是香格里拉的‘地之肚脐’，或许美好的香巴拉，可以通过‘地之肚脐’（小说《消失的地平线》中写到的传说中的理想国）去发现。”

但显然乔阳是比大多数住客对“地之肚脐”更了然于心的。现在她是松赞的旅行产品经理，一个月有半数时间，她都待在松赞在丽江刚开的酒店里，给客人讲解如何通过松赞用酒店和山居串联起来的线路，走进“地之肚脐”，走到白玛多吉营造的那个香格里拉旅行世界里。而剩下的半个月，她会回到自己的新落脚点：大理洱海边的新家。

⇧ 大理民宿集中地之一——洱海边的双廊镇。

⇩ 洱海边的民宿关停后，双廊镇的街上，几乎只剩下了本地人。
摄影 _ 张律堂

④

嘉明的双廊海地

大理洱海边在某种意义上是近些年的大理旅行“再发现”。嘉明2007年在双廊开海地生活时，那还是外地人在双廊开的第一家住宿地。那时的嘉明哪里能想到，十年之间，确切地说是2012年后的五年之内，会有2000多家住宿地挤在洱海边。

相比尼玛这些知天命年龄的前辈，嘉明只是一个80后后辈。开海地生活前，嘉明在北京秀水街买一套翻版的北脸冲锋衣就非常满足，穿着它到处旅行。那些年，嘉明在江湖没什么履历，到哪里都是小弟。嘉明小弟后来想安定下来，要在西安开YHA，于是跑到“创造出国内青旅模式”的丽江古城YHA学习。学习之余，嘉明跑了一趟大理，这趟大理之行彻底改变了嘉明的人生模式：他喜欢上了大理这个地方，并留了下来。

嘉明的客栈起名叫海地，是有他的某种精神寄托的：嘉明的朋友丽萍在不通公路的苍山上开了个高地。那时的双廊，同样交通不便，同样纯粹美好。一个在高山之上，一个在洱海之边，高地和海地遥遥相望。后来，洱海边的住宿地被人们称为民宿。2012年前在双廊开民宿的掌柜们，都和嘉明一样，描述过当年那个作为偏远小渔村的双廊镇：那是一片美好的乡村图景。双廊的耕地极少，当地的白族人以打鱼为生，日子穷，但人心宽，有信仰也有精神寄托。每家每户，还养着可爱的奶牛。

那时的嘉明哪里能想到，2012年后的五年之内，会有2000多家住宿地挤在洱海边。

除了喜欢双廊并决定留在这里开民宿的人，有些人只是想在双廊生活。上海画家沈建华、著名导演张扬和早几年的舞蹈家杨丽萍都是双廊的早期生活家。2012年的时候，沈建华和杨丽萍等一众人发起了名为《双廊·双廊》的乡村画册。前媒体人卓玛是主要撰稿人之一。2010年，卓玛和丈夫红点也在双廊开了民宿。卓玛也很乐于奉献自己的专业技能，负责了这本画册第一、二期的大量采编。大家用心地记录洱海边的社区生态，留下当下的美好。

2012年，又恰好是双廊开始裂变的一年：资本闻风而动，他们感觉洱海边的民宿，可能会成为大理旅行的新热点。于是从2012年开始，给这些早期新移民递名片的人，有越来越多的房地产商和投行人士。洱海边一些民宿的经营者已不是追求生活方式，而是从事一种纯投资的行为。

完成了从背包客小弟到洱海民宿带头人的身份切换的嘉明，心思却不在海地了。他留下一套白桌子，对着洱海。无心之举，却成了洱海民宿带的标志性景观和同行竞相模仿的模样。彼时的洱海边，早已暗潮涌动。

二、云涌

①

十年饮冰

“十年饮冰，难凉热血”显然不是形容民宿人的。旅舍业更新迭代之快，让人咋舌。自20世纪八九十年代开始，无数从业者在不同的时间段从四面八方而来，又消失得无影无踪。偶尔听说，有人死了，有人疯了，有人大隐于市，有人继续流离浪荡，有人回到故乡。旅舍经营者有各种各样轰轰烈烈的活法，但总是消失得特别快。能在这个行业里坚持十年，依然站在一线的人们，他们的境遇可能各异，但都总有敬意。更何况，大理的尼玛坚持了 30 年。

认识尼玛的人都说尼玛变老了，谁不是呢？文献路车水马龙。围绕着 MCA 的每一条巷子，当年是连路灯都没有的普通人家，如今已密密麻麻地挂满了住宿的招牌。当年尼玛血气方刚，说他在哪里开店，哪里就有外国人聚集。可是现在的文献路，到处都是穿着碎花长裙、系着花辫子的游客。MCA 旧时的泳池保留了一部分，半深不浅，成了一个象征。MCA 的建筑推倒重建，装潢讲究，变成了一个精品酒店。这间全新的 MCA 保留了尼玛的房间，但他很少回去住。尼玛开车走出拥挤的文献路，街区的熟人和尼玛打招呼。红男绿女匆匆走过，当年那些可爱的外国背包客早不见了踪影。街上的旅人，像是对这个世界一点也不好奇的盲流。

尼玛老了，但热情还在。大理迄今依然生活着大量的艺术家、建筑师、歌手、作家和诗人。每隔一段时间，他们就云集在小区周边一个叫山水间的食肆里。尼玛和夫人总是活动的热心人，点菜送茶，像当年 MCA 的泳池派对一样。

老谢还在丽江敲敲打打，老谢车马店从丽江古城出发，最远的时候甚至还开到了腾冲。但现在，老谢只保留了三家车马店，在丽江的古城和新城，以及香格里拉的草原边。他不希望将店开得更远了，因为店里有什么问题，他还是愿意自己拿着工具去敲敲打打；离得太远，他怕来不及。2010 年，对于 YHA 来说又是一个转折点。智能手机对旅行方式的影响越来越大，YHA 的大堂变得空空荡荡，旅行者匆匆回到自己的床位，拿手机刷旅行攻略。YHA 变成了卖廉价床位的地方。旅行者已经不大喜欢和中年人老谢聊天。老谢种花养草，在 YHA 里修建了一个儿童屋，并刷上鲜艳的色彩。

弯豆的中甸旅行者俱乐部和藏地 YHA 都成了历史。弯豆在家乡浙江辗转了三两年，还是返回了云南。这一次，是大理。弯豆在客运站边租了两层楼，装修成一个民宿。然而在大理 1 万多家的民宿海洋里，弯豆的大理漫步民宿甚至有点泯然众人。翻开住客的评论，对老板热情大方的称赞不绝，环境优雅的褒扬也众多。大理不需要烧锅炉，热水器里的热水同样畅快舒爽。大家已经忘记了弯豆曾是那个在香格里拉开辟一方天地，从青丝变得胡子花白的民宿老人。

尼玛、老谢和弯豆分别目睹了三个地方从旅行的荒芜之地变成一片热土。早年，他们的店里都摆着几部破旧的电脑，旅行者围着电脑，通过初期的互联网将这个荒芜的旅行世界传递出去。他们都曾是外国旅行者眼前的红人甚至救命稻草，

➪ 松赞酒店的员工大多数来自本地，他们自身就是藏族文化传播的载体。
供图 _ 松赞酒店

背包客们都围着他们转。他们又营造了属于那个背包旅行年代的廉价、安全和激情的空间。

然而这一切都过去了。当年的老背包客们偶尔回到故地，找到他们，青春的记忆又起涟漪。他们嬉皮笑脸地说：“来，我们搞点酒。”

②
松赞模式

松赞给人示范了一个本土的精英如何在自己的家乡去做一个优秀的住宿地。首先你得是一个类似白玛多吉这样的人，受过良好的教育，有广阔的眼界又无比热爱自己的家乡。还要慧眼识珠，比如在昆明的国营宾馆里找到当时25岁的张敏，然后将建立松赞酒店服务体系的任务，委手于这个年轻姑娘。

张敏常被松赞人称为“嫁给松赞的”“没有个人生活的”人。她一门心思就是考虑如何继续提升松赞的服务品质。松赞的大多数基层员工，都是被国际酒店管理集团判断为“培训不出来”的服务员，他们受教育的程度低，见识少，多来自酒店周边的村庄、边远的牧区。白玛多吉是大家长，爱他的松赞家人并且循循善诱，让他们爱松赞和松赞的客人。张敏是大管家，告诉他们如何得体地做好每一项细节服务。在松赞，员工不会给你露出职业化的笑脸，但每一个人都那么热情，且殷勤得体。在松赞，职场是没有天花板的，初中生可以位列高管，研究生也有可能从门童开始。

本地关系也十分重要。松赞奔子栏建在一个新通公路没几年的小村庄里。因为松赞的到来，这个村庄的木漆器艺人开始得到松赞客人的珍视。这种在藏区赫赫有名的木漆器，又焕发了新生机。松赞回馈社区的例子有很多，聘用社区里的人作为松赞的员工，帮村里修建公共设施，甚至为了保持酒店周边的生态，给村民生态补贴，条件是不能砍酒店周边的树。前些年，政府打算修一条横穿松赞茨中的路。松赞认为这条路完全没有建设的必要，跟政府说：“修路就要砍树，砍树我就得找村民赔偿我们了。”

资金也不是问题。白玛多吉将自家祖屋修成松赞假日之后，认同松赞理念的投资人就不在少数，经常有投资人登门拜访。白玛多吉总是说要找印钞机免谈，我们首先要踏实地做事。近几年，民宿众筹之风兴起，这成了宣传民宿和筹措资金的又一渠道。松赞也去试了两把，松赞丽江的众筹项目 3 个小时筹了 3000 万元；松赞拉萨更快，1 小时完成了 5000 万元的认筹。丽江和拉萨这两个 2017 年开始营业的松赞林卡酒店，意味着松赞开始走出香格里拉，走向更大的区域。

你问白玛多吉什么是松赞模式，他会告诉你如果有松赞模式，那就是本地旅行和酒店的完美融合。松赞酒店分布在迪庆大香格里拉地区时，白玛多吉将之命名为“寻找香格里拉地之肚脐”。如今开疆拓土，要打通滇藏线，白玛多吉又说这是松赞的 2.0 版本。用这个版本，他打算继续践行香格里拉精神。

当下的民宿时代云谲波诡，类似松赞这种连锁、非标准住宿的集团式实践在云南也不是个例。杨丽萍在双廊建的太阳宫赫赫有名，后来她也交给了某个精品酒店管理集团打理。松赞的 1.0 环线酒店版本，是白玛多吉去不丹体验安缦酒店时获得的启示。而同样是藏族人，扎巴格丹的阿若康巴也有要做连锁精品住宿地的雄心，从香格里拉到丽江逐步布局。但扎巴格丹更愿意效仿精品酒店，比如发迹于巴厘岛的 Alila，快乐而轻松。赖国平的既下山系列酒店也已经从大理出发，在各个旅行目的地安营。他们梦想做成一个开放的“地中海俱乐部”，让酒店之外的风景，都成为住客的乐园。

它们未必是民宿，但肯定不是传统的酒店。在国内各种民宿论坛上，它们的主人都是贵客。民宿业主听他们布道传经，心向往之。民宿这条路道阻且长，而白玛多吉等前辈的话语，正是惆怅的民宿从业者们的心灵安慰剂。

洱海沉浮

民宿从业者的惆怅，在洱海边纤毫毕现。和松赞这种步步为营的做法不同，洱海边的民宿业主们，几乎都是见招拆招的疲于奔命者。最近这几年，洱海边陆续挤进了 2000 多家民宿，人们开始给洱海的人群归类。人们说洱海边的民宿业主是一群城市中产，怀着诗和远方的情愫，在逃离北、上、广的风潮下，纷纷踏足洱海边。

⇧ 曾万家灯火的洱海民宿群，如今淹没在黑夜中。

⇩ 停业中的一家洱海民宿。

在“不如一路向西去大理”的歌声中，旅行者涌向洱海。这里房价不菲，但依然一房难求。大理因为洱海边民宿的兴起，重新回到了顶级旅游集散地的中心。洱海看上去，的确有点像是“中产”的生活状态。但洱海边的民宿业主中对这种“中产”定义很反感的，大有人在。民宿洱海醒来的掌柜袁小兵对“被中产”就颇为不屑，说：“我哪里来的中产，我做深度调查记者十来年，拿着仅有的 30 万元，再东拼西凑，和合伙人一起开的民宿。”

2017 年 4 月 7 日，洱海边的民宿全线喊停。业主们在开始时并不特别忧虑，自己给房间贴上封条，封条上写着“保护洱海，自行停业”。他们都以为，这或许是应付行政部门的临时需要，可是将近半年过去了，洱海边的民宿似乎都没有重开的希望。洱海弥漫着惆怅。民宿业主们拿出环保部门的洱海监测数据不停地问：“你来告诉我，洱海的污染原因是我们民宿吗？我们的民宿关门了，洱海的监测数据有变好吗？”

嘉明的海地生活在 2016 年就彻底关门了。洱海这十年，嘉明见证过美好的乡村图景，又眼看着安静的古镇变成一片喧嚣的工地。民宿人的常见烦恼他都有过，甚至和房东打过官司，和有关部门有过来回。2016 年 10 月 25 日，有关部门一纸公文，海地生活“私设暗管，将污水直排洱海”，责令整改。半个月后，疲倦不堪的嘉明关上海地生活的房门，停掉花十多万元买回来的污水处理系统。属于嘉明的海地生活，不再营业了。

没有人知道这些民宿会在什么时候开业，又会在什么时候戛然集体停业。

袁小兵则感叹“乡村图景的破灭”。资本进入之后，那个被他视为“美好乡村图景”的双廊不再那么纯粹，开始有收到高额房租的农民过着暴发后的酒肉生活，因早期房租相对较低而颇感吃亏的老乡则以各种理由涨房租。记录这个渔村原生文化的画册《双廊·双廊》早已停刊，双廊镇上多了几个霓虹闪现的酒吧。一切的声色犬马，本不属于这里，却方兴未艾。

嘉明虽然草草结束了他的双廊生活，却对双廊房东们的变化表示理解。“如果这么大的一个经济诱惑放在我的家乡，我觉得我们那边的人会干出更差劲的事来。”嘉明说。嘉明对双廊失望的原因，显然不是当地人。

2017 年 4 月 7 日之后，摆在洱海民宿业主面前的矛盾，显然不是难缠的房东们。洱海民宿兴盛时带来的丰裕收入已经消失了半年。袁小兵开着崭新的陆地巡航舰，买了山水间的房子。客栈停业了，一切的收入就停止了，房贷、车贷却并不会因为洱海醒来的停业而中止。这个看起来过上了中产生活的前媒体人，似乎又回到了“伪中产”的不安生活状态。比袁小兵还困苦的洱海民宿经营者大有人在，没有人知道这些民宿会在什么时候开业，又会在什么时候戛然集体停业。

8 月的一天，洱海的阳光一如以往般晴好。那些还在停业的民宿业主默默地在阳台上晒床单。有人说，这是对即将可以营业的憧憬。也有人说，这是他们在表示对这个世界投降了。

三、活法

在大理、丽江和香格里拉，有数以万计为旅行者服务的住宿地。它们的经营者背景各异，故事不同，有多少人，就有多少活法。当风起云涌时，人们只记得那些在风口浪尖的人。在民宿的世界里，岁月未必静好，但人们总是独特地活着。

人物：熊猫阿姨

年龄：71

籍贯：贵州省兴义市

前职业：银行职员

在白沙的民宿圈，“阿姨”这个词是有特指的，就是熊猫阿姨。“老师”这个词也有特指，是宁勇老师。阿姨2003年来到束河，帮儿子高宇照看一个叫“熊猫小堂”的客栈。那时的束河是个游客不多的古镇。青龙桥边还有大片的开阔地。九鼎龙潭的流水，滋润着稀稀疏疏的人家。不久之后束河人潮涌动，阿姨就搬到了束河半山的小房子里，起名“束之高阁”。当束河酒吧的歌声响得半山也不安宁时，她就搬去白沙，客栈起名“天净沙”。白沙的平静生活不到两年便被游人打破，阿姨干脆搬到白沙旁边的丰乐村，盖个客栈起名“清平乐”。阿姨十来年间几度搬家，不想离开丽江，又想图个安静。

阿姨人好，国庆也不涨房价，客栈收入一般，赚的钱基本都是靠转让客栈得来的：将热闹的房子溢点价转出去，之后在租金便宜的地方重新建一个客栈。老师和阿姨素昧平生，2004年，老师在云南骑车受伤，就去阿姨家养伤，之后便一起搭伙吃饭，共同修房子，凡13年。而在阿姨家搭伙吃饭的远不止老师一人。那些随后过来想开客栈的人、在周边工作的年轻人、间歇性回阿姨家长住的人，都是阿姨家的搭伙伙伴。这些人来来去去，有的成了当地的民宿和各种旅行服务经营者；有的最后回到了城市，成了各个行业的精英；有的迄今还困顿在旅途里，终日各地游荡。活着的，死去的，成功者和失败者，都是阿姨眼中的小朋友，都曾被细心照顾。每年大家谈起往事，赞扬那些搭伙年轻人的成长，阿姨都会高兴得掉下眼泪来。阿姨年纪大了，又想转掉清平乐，但找不到接手的人。她和宁老师去年又看中了平乐村村头的房子，修了个书店。那个村没什么人，大多数时候都是宁老师一人在书店里看书。

人物：阿玲

年龄：40 上下

籍贯：云南省昆明市

职业：服装设计

阿玲 20 世纪 90 年代就在大理开了个卖服饰的小店，用亚麻作为主布料，衣服特别舒适，很受旅行者青睐。她也是早期大理古城旅行生态的见证者。当年的阿玲年轻又文艺，有人说她是大理文艺圈的“四朵金花”之一。2006 年，她以 5 万元一年的价格租下离束河四方街不远的当地人的房子，开始经营客栈。

2014 年之后，她成了“民宿上访户”。那一年的 4 月 6 日，束河经历了轰动一时的大火，三栋房子烧剩一栋。因房租问题早有嫌隙的房东趁机找来推土机，最后的一栋房子也灰飞烟灭。在这场租赁纠纷中，房东的断电、泼粪甚至双方的肢体冲突，阿玲都经历过。阿玲本是喜欢穿裙子的文艺女青年，如今已经变成了只穿牛仔裤的剽悍女人，随时准备为这个租赁官司奔走。这场旷日持久的官司迄今尚未结束，阿玲一直在等待她想要的结果，尽管无论结果如何，过去的三年，都补不回来了。民宿租户和房东的纠纷在各个旅行目的地都不是个案，有很多民宿经营者以惨淡离开收场。阿玲是为数不多坚持数年，并一直要求给最后说法的人。

人物：姜珊

年龄：34

籍贯：河北省

姜珊大学毕业即进藏区开客栈，起初在拉萨仙足岛经营了几年民宿。2008 年之后，她一直在稻城生活，并在县城经营了一家拥有一个大院子的客栈。院子里长满了格桑花，一直很受旅行者欢迎。姜珊信佛，她在稻城的客栈里还有自己的佛堂。她还有一只叫妮妮的狗，去哪里都尽量带着去。她一共在藏族地区待了十年，过着文艺青年都向往的那种自由生活。

2015 年之后她选择留在大理，在文献路的横巷里租了个房子独自过活，基本和客栈生活没关系了。她现在的生活是遛狗、念经，去云南各地寻茶。这些茶或者姜珊喜欢的土特产都会寄到全国各地的客户手里。对于姜珊来说，十年的藏区生活透支着自己的能量。她身心俱疲，在大理静静地疗伤。

……

阿鹏，上海人。她曾在束河的仁里巷里和云南知青郑老师一起开了一个叫仁里小弄的客栈。客栈租期满后，她们也来到大理生活。二人在苍山边的一个村庄里租了一栋房子，围绕着房子有一两亩菜地。阿鹏负责种菜养花，郑老师则喜欢写毛笔字，她抄佛经，一年可以抄几十万字。

曼地，艺术家。她最热爱的乡村生活全都在沙溪。早年她在沙溪开了一个客栈。结束这段客栈生活后，她又回到了上海，是艺术圈颇有名气的策展人。

黄鹤，四川人，早年也是熊猫阿姨家搭伙吃饭的年轻人之一。草草结束了客栈生涯并经历过数个职业后，如今的他成了纪录片导演。

阿明，泸沽湖和德钦都有他的客栈轨迹。随后他远离客栈圈，结婚生子，移民加拿大，偶尔回中国，有时间都会回故地会会老朋友。

另有，客死异乡者若干。

从1984年大理对外开放算起，30来年的时间，各种类型的旅行者纷至沓来。这片土地自始至终没有缺席过民宿发展的每一个历程。发展早，数量大，类型多，似乎没有一个地方比这里更具民宿发展的样本意义。即便在以上挂一漏万的人物里，人们依然可以看到民宿人的喜悦、收获、困顿、愤怒和沉沦。

旅行者正是通过一家又一家的民宿，洗去路上的风尘，又赶往下一程。民宿主人清理客房，换上干净的床单，迎接下一批旅行者的到来。

你说拥有一家民宿是风花雪月，可开民宿的人，却甘苦自知。这30来年是民宿时代的开始，黎明尚未到来。天亮之前，没有人知道，谁在民宿这条路上伤痕累累，谁又在这条路上衣锦夜行。

莫干山民宿外史

文 夏雨清

莫干山是中国高端民宿的发源地。一本有关民宿的书，如果不着重写写莫干山，那一定是个极大的缺憾。“民宿”这个词，在大陆最早就是用来称呼莫干山“洋家乐”的。“洋家乐”是莫干山土造的词，听起来太过乡土。所以在丽江、大理还叫客栈时，有人引用日本和中国台湾的称谓，把莫干山这种颠覆性的业态叫成了民宿。

➪ 莫干山的夜空。
供图 _ 晓辉设计工作室

英国人，马克

莫干山民宿的兴起一般都归功于裸心谷，其实英国人马克·基多才是幕后推手。

初见马克，是在 12 年前的莫干山。他独坐在咖啡馆前，闲望远山，一条黑色的拉布拉多伏在脚下。看到我们，拉布拉多一跃而起，摇着尾巴颠颠地跑来。

它跑到我身后，和正在迟疑张望的千寻套近乎。

千寻是我的狗，一条金毛猎犬。

2006 年的那个黄昏，在山上居住一年后，我等来了第一个新邻居。

现在的莫干山，是中国高端民宿集聚地，热闹非凡。而十几年前，门可罗雀。马克的咖啡馆 The Lodge 孤零零地守在荫山街一隅。

那一天卖出了两杯咖啡：一杯是我喝的，一杯是我请马克的。当然，都是他亲手做的。

这个避居莫干山的前英国皇家卫队上尉，没想到自己就此开启了莫干山中兴模式，也无意间让莫干山成了天下仰望的民宿高地。这是后话。

那会儿马克操心的，是如何招徕客人。他想到了一个笨办法，利用以前在上海滩编英文杂志的资源，把上海的老外吸引到 300 里外的莫干山来，到他的咖啡馆喝上一杯，吃上一份意面、松饼或培根之类的简餐。

他别无选择。

在后来的报道里，都说马克携妻将子来到莫干山，是归隐山林，“过上了英国人最想拥有的生活：一个家庭，一条狗，隐居山野，亲近自然”。大家熟了，他的中国妻子吴宁华就说：“什么归隐，那是谋生。”

在后来出版的书中，马克写到了在中国做生意被骗之事：他被中国合伙人踢出了杂志社，怀揣仅有的几万元，来莫干山开咖啡馆为生。

老外陆续到来，咖啡馆生意越来越好。但马克又遇上了一个麻烦：从上海到莫干山要三个小时车程，不可能当天返回，需要住下来。莫干山是避暑胜地，店家只做半年生意，国庆黄金周过后，旅馆、饭店纷纷关门歇业。

到了秋冬，老外来了没地方住。我所居的房子颐园，就这样成了老外借宿之所，而后蜕变为莫干山第一家民宿。

颐园是一栋建于 1930 年的旧宅，房子不大，三间两层半的别墅，中西合璧：有西式的阳台，模样却还是中式的。颐园有个大大的院子，种满了槭树和金桂，这些都是 1930 年以前的旧物。秋天的时候，穿过民国风格的台门，石阶上飘着一层金黄绯红的树叶，而桂花的香气飘散开来，恍若仙境。院子下有泳池，有网球场——这两样当年的时尚，现在被一泓小溪淹没，汇成了银铃池。

颐园只有五个房间。2006 至 2008 年间，80% 的客人都是老外。我以前在

⇧ 夏雨清（右）来到莫干山，已是十几年前的事。他也因此被众多民宿人称为“莫干山民宿第一人”。
摄影 _ 陈杰

⇩ 夏雨清的颐园，被包裹在一片绿色之中。
供图 _ 夏雨清

颐园里钉了张世界地图，上面标注了客人的国籍，有四五十个红点，他们都是慕马克和 The Lodge 之名而来，就像裸心的高天成。

南非人，高天成

很多老外来了，喜欢上了莫干山，也就想租一栋房子，开个咖啡馆或者民宿。高天成不是第一个动这个念头的人，也不是我第一个陪着在山中看房子的老外。

莫干山名列民国四大避暑胜地，和北戴河、庐山、鸡公山一样，也是晚清时被传教士发现的。从 1896 年第一栋传教士别墅建成，到 1937 年抗战爆发前，这 40 多年，莫干山的繁华，仅次于上海滩。

3 平方千米的山上，建着几百栋别墅，有几十个泳池和网球场，三处教堂，有育儿所和小学。在杭州还是一片漆黑的时候，山上已有发电厂，有灯火辉煌的德国巴布旅馆，有每周一场的音乐会，有电报电话局，有几家银行，几家旅行社，几家百货店，三家书店，几家西餐厅，每天至少要杀一头牛，供应牛排。

据当年的一份报纸报道，最多的一天，莫干山上有 5000 个老外。

1949 年以后，山上的老房子都归浙江省政府下属的莫干山管理局了。按政策，老外是不能租赁的，马克咖啡馆的门面是从一个旅馆业主手中转租的，当时并不合规。

裸心谷成了中国最赚钱的酒店，也再一次点燃了莫干山民宿之火。

山上的房子租不得，退而求其次，老外就往山下去找。山下归德清县管辖。以前，莫干山仅指管理局所辖的风景区部分，即山上；山下是农村，很穷，没有人看得上。高天成找到了半山腰一个几近废弃的村庄：山鸠坞。在这里，他掘到了民宿的第一桶金。

高天成用每年 8000 ~ 15000 元一栋的租金，在村里租了几栋房子，每栋花了十几万元改造，“经过简单翻修的土屋里没有豪华舒适的设施，没有空调，只有简单的床铺和用一切为二的旧水缸做成的洗脸池”。那时候他也没钱。

这样的一栋“土屋”，三五个房间不等，周末全包定价都在 1 万元以上，一个月就收回了投资。住过的人、来考察的人，都惊傻了，这也太赚钱了。莫干山民宿就此风起云涌。

这些民宿在有了裸心谷后，被改名为裸心乡，此前它们叫 Naked Home Village，但中文名叫“莫干山 395”。395 是村名山鸠坞的谐音，也有蹭流量的意思，看上去像是莫干山 395 号。

真有一些订了“莫干山 395”的老外上了山，因为“395”迷了路。莫干山以门牌编号，像颐园是 92 号，却偏偏没有 395 号。有几次被我遇上了，就穿越半小时的山路，把他们领到老高那里。

山下的村民都叫高天成为老高，尽管那时他还很年轻。

我经常去山鸠坞遛狗，路过民宿门前，见到老高，总要打个招呼。那时的老高，总是亲力亲为，接客人，记账，收银，端菜，修马桶，什么都做。有一次，他介绍了几个老外住在颐园。老外想喝一种在他那儿喝过的红酒，老高二话没说，扛了一箱红酒，爬了半小时山路送来。

当然，没喝完的几瓶，我又扛回去了。

⇧ 裸心谷的主人高天成。
供图 _ 裸心集团

⇩ 傍晚时的裸心谷。
供图 _ 裸心集团

“莫干山 395”爆红，老高就又在山下找了个山沟，开始打造他的裸心谷。施工时，我去过几次现场，还真看不出现在美好的样貌。像后来获奖无数的夯土小屋，也许是考虑建筑牢固度，是先用混凝土浇灌，再覆上夯土的。

那段时间，不断有老高的传说，说他拿了一只基金的 600 万美元风投，说他就靠这点钱，把裸心谷建成了……后来我碰到很多自封裸心谷投资人的人，十个以上，如果他们都是真的，那也只是这只基金的 LP（有限合伙人）吧，自封投资人还是要脸红的。

裸心谷的一间房，一年的收益超过 100 万元，是国内最高的。裸心谷成了中国最赚钱的酒店，也再一次点燃了莫干山民宿之火。

法国人，司徒夫

几乎和高天成同时，司徒夫也在莫干山下找到了一个废弃的茶厂，把它改造成万株玫瑰簇拥的法国山居。

高天成说，夯土小屋是他南非老家的记忆。司徒夫也说，在法国山居能找到法国南部的味道，那是他从小成长的地方。

在莫干山，高天成和司徒夫总要被人相提并论。除了他们的妻子都是香港人以外，两人并无相似之处，高天成更商业，会随机应变；司徒夫更固执，他甚至不愿意区分周末价和周中价。

司徒夫乐于贩卖他的法式乡村生活，听说我常常到山下遛狗，就邀我下次徒步到法国山居，“不到两个小时”。然后，一头扎进游泳池，喝个下午茶，带着狗，晃悠悠地回到颐园，“这就是我们山里人的生活”。

对，他把法国山居所在的地方，称为“莫干山里”。

在莫干山开民宿是一件很幸福的事，比如定价上，随便写就行，1000 元起步，2000 元不高，因为有裸心谷和法国山居给你罩着呢。

裸心谷常年三四千元，法国山居旺季 6000 元起——对，这都是一间夜的价格，还是普通间。大一点的房间，都要上万元一晚了。

有这样的定价在，民宿主还怕什么呢？有人嫌贵，只要介绍他们去裸心谷和法国山居就行了。

早两年，莫干山民宿都很傲娇，价格的尾数都是整数，像 1200 元、1500 元或 2000 元，不会标 1190 元、1490 元这样看起来引诱性的数字。不打折，一口价。司徒夫就是这样的人。

吕财宝在莫干山开出租车，熟悉山路，车开得飞快。司徒夫经常叫他接送客人，我有时也叫他接。他不止一次向我抱怨：“法国人太死脑筋了，一分钱也不打折。与其让房间空着，不如便宜点。”

一副恨铁不成钢的样子。

吕师傅的潜台词是:“又没住满，干吗不优惠一点给人住——人们就都来了。”吕师傅会在半路接到临时找民宿的人，对这些上门讨价还价的客人，司徒夫的做法是“请”（请去找别家）。

我最近几次见到司徒夫，都是在莫干山。他在山上风景区里开了家甜品店，到了晚上也是酒吧，就在马克咖啡馆边上。周末的时候有驻唱，生意好，会看到他忙碌的身影。

⇧ 在法国山居，司徒夫找到了自己的“家乡”。
摄影 _ 陈杰

⇩ 法国山居全景。
摄影 _ 陈杰

上海人，杨默涵和吉晓祥

莫干山的民宿，前期是裸心乡和法国山居这样乡野的“洋家乐”唱戏，到了大乐之野的出现，画风一变，一下子走小文艺、小清新路线了。

第一次知道大乐之野，是听颐园阿姨说的。那是 2013 年的冬天，阿姨说她家在的碧坞村，新开了一家民宿，很漂亮，还有“温泉”。

有关温泉的消息陆续传来，不过等我去看，已是一年以后了。大乐之野要开 2 号楼，邀请一帮人去联欢捧场，我跟着同事蒋瞰去了，她后来成了大乐之野微信公众号的主创。

我因此见到了长得像李宗盛的吉晓祥和害羞的杨默涵，那会儿，他一说话就脸红。

2013 年是民宿爆发之年，对莫干山来说尤其明显。那一年，老外已经难得一见，国内客人却源源不断地涌来，一房难求。

这一年的元旦，杨默涵和吉晓祥，这对同济的同窗好友，踩在了点子上。他们踏雪驱车来到莫干山，在镇上吃了一碗滚烫的面后就去了碧坞村。于是在这个“被遗忘的美好之地”，有了大乐之野。

现在看来，碧坞村的大乐之野 1 号楼也不过尔尔，那个当年传得神乎其神的“温泉”，也就是一个小小的玻璃泡池。但大乐之野的设计风格，深刻地影响了民宿后来者：在莫干山，到处可见大窗、白墙，简约的“大乐款”。

从一栋房子四个房间，到碧坞村六栋房子 23 个房间和一家餐厅、一家咖啡馆，再到莫干山镇上 15 个房间的“小镇姑娘”，大乐之野成长为莫干山民宿标杆。它也见证了莫干山民宿的飞速发展史——从 2013 年的三四十家，到 2016 年的 800 多家。

⇧ 大乐之野合伙人团队（左一杨默涵、左二吉晓祥）。
摄影 _ 陈颢、唐徐国

⇩ 大乐之野庾村店。
摄影 _ 陈颢、唐徐国

当地人，钱继良

完整见证了莫干山民宿发展的，其实是老树林、西坡、枫华和香巴拉们，他们比大乐之野来得更早。在“莫干山 395”一房难求的 2009 年，老树林就在老高的几栋民宿之间开了一家，和老高的主力店一墙之隔。

在我看来，老树林当时的设施比“莫干山 395”更好，却惨淡收场，据说是受到了老高的打压。我想更主要的原因是，它与周遭的民宿太同质化，难以脱颖而出。在没有自媒体的当年，老树林没法推广，只能坐等客人上门。几年后，老树林出走安吉，在偏僻的山川乡的船村，却一鸣惊人。

珠宝商人钱继良回乡时，听说了南非人的传奇，就动了小心思，请来给老高操刀的设计师吕晓辉，为他设计第一家民宿：西坡 29。

吕晓辉也参与了裸心谷的设计，他在莫干山的第一个作品，正是马克的 The Lodge 咖啡馆。据说马克是在德清县城找到他的，二人一拍即合，做了那家英伦风味浓郁的咖啡馆，由此开启了莫干山民宿头牌设计师之路。

和老树林不同，钱继良刻意同老高保持了一定距离，在通往山鸠坞的劳岭村租了几栋房子。我那几年多次去西坡、枫华和香巴拉，都没碰到老钱，他很少管店。只有一个腼腆的小管家，也不知道叫什么名字，想想可能是现在莫干山民宿圈很红的小毛，大名毛东。

西坡一栋栋民宿逐渐开张，都是吕晓辉的手笔，从第一栋玉芳家到第六栋康敏家，可以见到一个设计师的成长，也能映射莫干山民宿的迭代。

在莫干山民宿的迭代潮中，西坡从模仿到引领，成为莫干山民宿最大的赢家。可能别家房子设施更好，入住率更高，但服务一定比不过西坡。

合伙人刘杰的加入，让西坡有了一骑绝尘的味道。刘杰此前是法云安缦私人管家团队的创建者，也在裸心谷待过，他的“正规不正式”民宿服务理念和实践，提升了整个民宿的服务水准——至少，民宿有了榜样。

2017 年 6 月，大乐之野在莫干山镇庾村开出了新民宿“小镇姑娘”，在设计上把莫干山民宿又推上了新高度。几乎同时，西坡也走出莫干山，在千岛湖开了一家“一开业就是旧的”民宿。这个夏天，裸心谷也在莫干山上开了一家裸心堡，预订依然火爆。法国山居在一个附近的小山坡上，新开了八个房间的二期，一间夜 12000 元，还不单订，必须全包，10 万元一晚。

在山中成为作家的马克，几年前离开莫干山，带着一对儿女回国念书，再也没有回来。他的咖啡馆还在，按工商的要求，改了个中文名字——“马克咖啡”，就像“莫干山 395”，总觉得不伦不类。他在 2007 年开的民宿，当年不为人知，现在更是无人提及，不过他无意播下的民宿种子，却在莫干山蔓延成片，到现在应该已超过了千家。

只是，民宿是青春的行当。一不留心，当年赫赫的民宿，就要渐渐湮没了。

⇧ 莫干山是民宿西坡的成名之地。西坡主人钱继良，是莫干山本地人建造、经营民宿的一位典型人物。图为与好友围坐在篝火边的钱继良（右一）。
供图 _ 西坡

⇩ 绿林环绕的莫干山西坡。
供图 _ 晓辉设计工作室

江浙民宿，千江有水千山月

文 潘瓶子

江浙一带的民宿，常使人感受到一种文人士子式的对生活的玩味。有的闹中取静，一木一石地摆出一方园林；有的寄情于“险远”山水，出行唯有渡船；还有的从传统遗存和前沿设计中汲取营养，把玩着种种跨越时间、地域组合的可能性。众人玩味的内容不同，说起来却都有种衣食无忧后的悠然和对生活细节的专注、品味。在这里寻一家合心意的民宿住上几日，可能就是让生活变得更为精致的开始。

➪ 在旅游胜地千岛湖，西坡闹中取静的选址是一个别致的所在。
摄影 _ 人像图书馆

江南人喜欢民宿，如同蜀人喜爱美食。应着这份情，江浙一带的旅游胜迹，这几年密集开出众多精品民宿。莫干山民宿圈可谓江南民宿的鼻祖，进而带火了整个天目山。苏州人开始筑园，住在园林里远比买张门票逛拙政园来得有趣。若你偏爱旖旎的水光，富春江、千岛湖和楠溪江有你的临水别苑。若你还想感受海边度假的悠闲和海岸线外的辽阔视野，请移步嵊泗、象山和石浦，大海是你的无边泳池。

关起门来的姑苏

同为“人间天堂”，杭州胜在“城中纳天地四合”，西子湖让人一见倾心。相比之下，苏州则是一座“关起门来的城市”，如早年曾住在网师园里的陆文夫先生所言：“苏州这个城市很奇怪，在外面看破破烂烂，这个门一推就漂亮极了，里面是一个大花园。”

苏州的民宿，便是关起门来“坐井观天”的生活道场。古镇同里是明代造园宗师计成的故乡。计成的著作《园冶》被人们奉为造园宝典，是正福草堂主人陆誉夫的枕边书。正福草堂是陆誉夫信手拈来的作品，正对着同里古镇最热闹的明清街，好在一道墙就能隔开喧闹与安宁。园林知四季，一亩大的园子里有蕙兰飘香、清潭映翠，茶轩里摆着线装版的《梅庵琴谱》，住客在堂前自饮明前碧螺春，他坐在中庭的青石上拨弄《关山月》，主与宾、伯牙与子期之间并无寒暄，茶香照应琴声即好，这是苏州庭院民宿里惯见的默契。

姑苏城外不只有寒山寺，还有八百里烟波浩渺的太湖。在小家碧玉的苏州，太湖算得上野性江南的异数，以西山缥缈峰、东山莫厘峰领衔的洞庭七十二峰里，不晓得藏着多少湖光山色的村舍。其中游客光顾最多者，便是夫差和西施相邀弄月的明月湾，以及明代名臣王鏊的故里陆巷古村。年轻人不破不立，于是李俊峰在明月湾的古码头和千年古樟的深处盖了一幢纯白色的房子，取名“无居无束”。坚固的外墙换成玻璃幕墙，窗外是瓦檐的海洋，顶楼露台上的橘亭仅留钢构的骨架，坐在其中自有清风送爽，与拙政园著名的荷风四面亭有异曲同工之妙。

苏州民宿人有耐心。陆巷古村的许青冠和陆惠霞夫妇，花了十年时间来建造自己的园子，大概是国内最花时间的民宿。园名“宝俭堂”，系宋代词人叶梦得的故园，夫妻俩筑园时，在西花园里挖出南宋古井，泉眼涌出汩汩清泉；后又挖出碑文，上书“月明风静鹤归来”“水绕山回龙起伏”。看来时隔千年，苏州人对于庭园生活的精神诉求从未改变，而修葺后的园子，也终于恢复了叶梦得笔下“谈笑独在千峰上”的逍遥之境。住客也有幸，可以在西花园的画舫里用膳，月上西楼时走一走醉花径，才晓得苏州园林从来不是用来看的，而是用来住的。

苏州园林从来不是用来看的，而是用来住的。

⇧ 在亲自设计的正福草堂小院里，陆誉夫和夫人养护着一盆盆兰花。琴声、茶香、花香、家人、友人，让生活安宁而有趣了起来。
摄影 _ 阮传菊

⇩ 正焚香抚琴的陆誉夫。
摄影 _ 阮传菊

⇧ 简约明快的建筑风格、宽敞的公共空间、大大小小的窗中洒入的阳光，这样的无居无束，或许可以扫清住客心中的杂乱，真的让他们感受无拘无束的自由。
供图 _ 无居无束

⇩ 黄昏时分的无居无束。
供图 _ 无居无束

杭州，众里寻他千百度

自古以来，大江南北有两个地方，最能代表中国文化的至刚与至柔，刚者如岱宗，西子湖则柔到骨子里。西湖有白居易、苏东坡，有许仙、白蛇……也就有了不断造访的游人。于是，以旅游业为根基的民宿行业，也成了今天杭州城最兴盛的产业之一。2017 年 2 月的数据显示，杭州全域有民宿户 2885 户，床位突破 5 万张，全年经营收入超 10 亿元，着实让人刮目相看。

虽守着省城，杭州大部分民宿仍可归为野趣度假的范畴。杭州的城乡接合部，好就好在“身居闹市而有林泉之致”，民宿聚落从白乐桥、杨梅岭、四眼井、满觉陇、玉皇山一直延伸到钱塘江畔，沿西湖左岸渐次排开。从旅游向心力来看，民宿的选址总是倾向于附着在热门旅游景点的周边，从灵隐寺、上香古道、龙井村到虎跑，民宿寸步不离。真正懂得选址的民宿，和景区之间保持若即若离、恰到好处的距离，以更好地保护住客的私密性。

民宿一多，如同后宫佳丽三千，住客选择起来就颇费思量。其中真正受追捧的，还是由设计师主理、自带艺术范儿的民宿，如轻工业风和田园风合二为一的蜜桃小院、由老厂房改造的虚谷、主张“不设计”的山舍、白到让人心无杂念的留白。

一江春水向东流

浙江多江，北有钱塘，南有瓯江，岸芷汀兰，自然也成了隐居民宿最好的选址和归宿。

钱塘江与上游新安江、中游富春江原属一脉。提及生活，唐人总是艳羡王维的辋川别业，而宋元人则活在黄公望的《富春山居图》里。这幅长卷，哪里仅是一幅工于技法的江山水墨，画意里其实藏着国人淡泊清雅的居住愿景。有关富春江之美，郁达夫在游记《钓台的春昼》里写得酣畅淋漓：“真也难怪得严子陵，难怪得戴征士，倘使我若能在这样的地方结屋读书，以养天年，那还要什么的高官厚禄，还要什么的浮名虚誉哩？”

⇧ 西坡为住客还原了一个“喧嚣”之外的千岛湖。
摄影 _ 陈小苍

⇩ 和煦阳光下的西坡院落，一幅静谧的乡间景象。
摄影 _ 人像图书馆

在船上用餐，是西坡为住客提供的独特体验。木舟上摇曳的生活里，有着与平日不同的时间感。
摄影 _ 人像图书馆

郁达夫的慨叹，成了民宿主耿侃的日常。他在富春江最美的孤独半岛打造了富春俱舍，徽派院落浮于江上。四顾无路，住客上岛唯有渡船。要知道渡口和轻舟曾是富春江上唯一的交通往来，建德、桐庐、富阳诸城皆因徽杭水道繁盛，如今高速公路遍野，江上摆渡倒成了奢侈体验。

渡舟渡人犹如渡心，主修哲学和佛学的耿侃自然明白这一点。客房朴素，处处是留白的禅味，强调的是窗外的翠水与翠山。客舍的名字也有江水韵味：渚、泊、清、舟、月、烟，都出自孟浩然的《宿建德江》。

⇧ 在沃洲湖畔的三间半艺舍，可以体会千百年前诗句中的意境。
摄影 _ 张樟林

⇩ 三间半艺舍宽敞通透的客房。
摄影 _ 张樟林

芦茨村和严子陵钓台隔江相望，村子定位为慢生活体验区,甚至有自己的慢生活管委会。五六年前，香草爸和香草妈就在村里用自家宅基地改建了一家名为“芦茨土屋”的民宿。当时精品民宿的概念在国内还少有人知，两岁的香草小朋友也并不晓得，自己的父母想在富春江畔构建一个艺术村落的模型。身为设计师，香草爸的愿景是村落里只有家人，享有共同价值观的朋友们以群居的方式回到村落，分享价值和土地上的快乐。村口溪水旁有棵 1300 多年的香樟王，艺术村落就坐落在香樟树荫翳蔽日的华盖里。向往航海的新村民盖了船屋，喜欢童话的则盖了蘑菇房，时光回到童年。

千峰出芙蓉的千岛湖,其实是钱塘的上游。湖畔是五星级度假酒店扎堆的江湖，却不妨碍人们在千岛湖西坡活得逍遥自在。贺城和狮城因为新安江水库的修建而沉入湖底，库区最早的移民房、榨油厂、船厂和粮仓经过改造之后脱胎换骨，成了如今的千岛湖西坡。项目选址很僻静，姜家镇三面环水的半岛远离千岛湖旅游核心区，村舍用了几十年的橙黄老瓦敷贴在坡顶房上，看起来颇有意大利托斯卡纳的异国风。

西坡成名于莫干山，以 1:1 管家和细节服务在民宿圈享有好口碑，创始人钱继良也是地道的德清人。民宿的经营爆点向来离不开地理风物，千岛湖新店临水，于是老钱便想出了湖畔露天电影、木舟下午茶的点子。在旧木舟上摇摇曳曳，吃司康饼、喝红茶，才是逐水而居的好日子。

⇧ 站在尚仁善居身后的五加山上，远处便是观音峰，脚下云雾飘逸。
摄影 _ 一半

⇩ 尚仁善居临韦羌溪而设。住客在水中享受着清凉夏日。
摄影 _ 一半

⇧ 曾少有人问津的枸杞岛，因为旅游火了起来。一座座白色的建筑，在深色背景下格外引人注目。

⇩ 住客悠闲地躺在境舍·阡陌的露台上，近处是绿色的藤蔓，远处是蔚蓝的海。
供图 _ 境舍·阡陌

浙东唐诗之路

学者竺岳兵在20世纪90年代初提出了“浙东唐诗之路”的文化概念，这条线路从山阴会稽沿曹娥江、剡溪至新昌、天台和天姥山，覆盖会稽山、四明山、天台山和括苍山，囊括了浙东山水名胜。诗仙李白的《梦游天姥吟留别》，可以看作唐诗之路的导游词。

唐诗之路沿线的民宿人，也在尝试重建唐诗里的诗意栖居。新昌沃洲湖是唐诗之路的精华之地，自由画家陈惠青在湖畔营建了“三间半艺舍”，客房的床背墙上布置了他所钟爱的山水花鸟画，露台上点缀的陶罐却不是清一色素面朝天，统统抹上了色彩斑斓的色块。陈惠青专攻流行色，面对眼前如唐诗一般清丽的沃洲湖，他更希望用轻快的色调来烘托度假的氛围。曹娥江则是唐诗之路的主线，上虞陈溪乡的山溪缓缓流入曹娥江，村里的深谷中有瀑布飞溅，水花远观如飞雪，得名“雪花谷”。“谷主”王炜荣显然相信此等景观有桃源仙境的气度，于是邀请法国、美国和中国香港的设计师，用三种不同材质修建一组W形民宿群。建筑整体如同绵延的山谷，以诗意的方式与自然连接。

江南最玄妙的仙境，当属仙居的韦羌山。仙居人相信，《梦游天姥吟留别》中的天姥山并非新昌县境内的天姥山，而是自家的韦羌山。天姥之争孰是孰非暂且不表，但住客只要站在尚仁善居民宿的露台上望一望韦羌山的观音峰，大概都会深信不疑：天姥就住在山顶，云深不知处。

仙居显然在颜值上更胜一筹，观音峰一柱擎天，柱高200余米，身形如袁家界乾坤柱（阿凡达山），周身仙气附体。尚仁善居民宿和观音峰之间，只隔着陇陇稻田，女主人一凡精于酿酒，东魁杨梅泡在玻璃缸里，酒味和果味交缠在乒乓球大小的杨梅里，若太白酌饮三杯，恐能写出更美的绝句。男主人名叫一半，穿着朴素，平日爱在茶室里泡武夷岩茶或福鼎白茶给住客喝，夫妻俩和住客一起睡在民宿里，日日膜拜隔岸的观音大士。

舟山的夏日嬷嬷茶

2000 年，电影《夏日嬷嬷茶》上映，很多钟情于大海的人被唤醒：原来海滨和沙滩不仅可以游泳，一间面朝大海的旅店、一把吉他、一杯鸡尾酒的日子竟可以如此美好。2014 年，《后会无期》捧火了孤寂而美丽的东极岛，小岛迅速被韩寒迷攻陷。

原先比东极岛更孤寂的枸杞岛，因为一组绿藤爬满老村的阿凡达式照片而不再孤单，后陀湾甚至被英国《每日邮报》评为全球 28 处被遗弃的绝美景点。最新的消息是，绿色的废村已经开始收门票了。枸杞岛也多了一些头衔：中国的爱琴海、中国的夏威夷。

无论如何，枸杞岛变成了超现实的存在，大量渔家乐与少量海景民宿杂居混生。少数来自都市的民宿造梦人与多数渔民之间有着不同的海居态度，也正因如此，去过的人对这个网红岛的评价可谓毁誉参半。这并不妨碍“境舍·阡陌”一房难求。这间海景民宿 2013 年开业，270 度海景露台正对海上牧场，主人小豪觉得自己的民宿和大海一样就是一个“容器”，容器里装什么，住客来决定。比如，你可以看中国最早的海上日出，可以拍星轨和银河，可以海钓，可以放空，可以吃海鲜吃到扶墙，甚至有风暴迷专门来追逐台风。当然，大部分时间里，这个近乎偏执的旅游热望无法得到满足，船会停航，房费不退。

枸杞岛北方的花鸟岛，如今也开出了调性更高、更有设计感的“境舍·伍码”，岛居嵊泗的游客估计也会纷至沓来，毕竟这里是距离江浙沪最近的蓝色海岛。

松阳板块逆袭

村落固执地活在炊烟里，对于游客，这便是近乡情怯的乡愁。

松阳县古属括州，因地处长松山南麓而得名。丽水所辖的县、区、市，旅游资源各有所长，景宁有畲族风情，缙云有仙都奇峰，云和的梅源梯田可与元阳哈尼族梯田媲美，龙泉更有宝剑、青瓷在手。唯独松阳，在旅游界原本默默无闻，游客光顾此地通常不会住宿，最多看一看唐代道教天师叶法善修道的卯山，或在明清古街的铁匠铺和草药铺间逗留片刻，标准意义上的“浅浅行”。

逆袭几乎在一夜之间发生。2015 年起，松阳崭露头角，一跃成为浙江旅游的网红目的地和热搜词。理由其实很简单，这个总人口仅 30 万的小城，竟“私藏”了上百个不食人间烟火的古村落，其中被住建部列入“中国传统村落”名录的就有 71 个，位居全国第二。松阳古村落，风物各有千秋：杨家堂村远观如“金色布达拉宫”；西坑村看起来则是一颗圆润的“心”；山下阳村布下九宫八卦迷局；小竹溪村正月里有江南难得一见的摆祭长街宴；吊坛村既有吊脚楼，又有神奇的百年红豆杉林。松阳的村落，每一个都有辨识度，而且不同于游客扎堆的江南古镇。这里嗅不到刺鼻的商业氛围，村落仍旧固执地活在炊烟里，对于游客，这便是近乡情怯的乡愁。

乡愁既生，就有了安放乡愁的山乡民宿。松阳古村落的风格较为统一，势如梯田，多为分布在山谷或山腰间的坡地阶梯式村落。质朴的干打垒黄泥墙虽远不

隐匿于云雾中的平田村
摄影 _ 萧遥

及徽派封火墙显贵，却是大地土壤的肤色，可谓素颜中的超高颜值。但凡叫得上名号的松阳古村，如今几乎都有精品民宿进驻或即将进场：杨家堂村三座院落被改造为乡宿，院落按照本村文史及风物，分别取名“樟交堂”“红柿院”和“芸椒阁”；同在三都乡的酉田村，新开了茶田上清风徐来的酉田花开民宿，主人林森原是古建设计师，古宅修缮自然是他的看家绝活，由牛栏改造的咖啡馆以女儿的名字“朵儿”来命名，女主人金瑜平日里负责打理民宿，一家人已经告别杭州，正式开启山居岁月。

四都乡和三都乡隔着一座山头，网红民宿过云山居便生根于此。开业两年多，入住过云山居的住客里，约有 20% 是民宿主和准民宿主，他们与其他住客一起，见证了过云山居全年 100% 入住率的业界奇迹。前来取经的民宿主很好奇，来自上海的游客何以能够驱车五六个小时，在过云山居住一晚，再开五六个小时回家……只为一睹过云谷里的云海万象吗？

问题显然没有标准答案。但可以肯定的是，作为后生，松阳民宿对游客而言有着先天的新鲜度，且出手不拘一格。云上平田慢生活民宿区在整体改造之初就请来海内外众多大腕设计师，特别值得一提的是由中央美院何崴设计的“爷爷家”民宿，空间没有使用常规隔墙来分割，而是选择半透明材料构成“房中房”系统，每个居住单元，可以根据住客的需要在建筑中水平移动。凭借“爷爷家”超前的设计方案，云上平田斩获众多建筑设计大奖，来此采风住宿的客人里，也不乏建筑爱好者。

因为成绩斐然，松阳模式已经成为国内空心古村落活化和复建的样本，松阳周边县市如武义、遂昌、庆元、龙泉，一座座民宿村也正在崛起。山穷水尽和柳暗花明，变得从未如此触手可及，唯愿若干年之后的山乡里，依旧有采菊东篱的民、素年锦时的宿。

⇧ 从外观看，爷爷家与周边的民居建筑浑然一体。
摄影 _ 叶大宝

⇩ 相对于“住宿”，爷爷家更像是一个用于互动、交流的公共空间。
摄影 _ 叶大宝

川藏线民宿的梦幻十年

文 沈明笃

自川藏线徒步、骑行成为热潮后，在川西的甘孜、阿坝藏区，一些民宿群落逐渐兴起。这里是国内背包客文化最发达的地区之一，以青旅为主要形式的民宿随处可见。这一现在看起来极为繁荣兴盛的行业，在当地落地不过是近十年来的事情。十年间，民宿行业变化巨大，从“给旅行者一个睡觉的地方”变成了为客人提供住宿、餐饮、户外活动、宗教文化全方位体验的“平台”。

➪ 山丘上的贡嘎宗庄园酒店，采用的是传统的木雅石木民居工艺。
供图 _ 贡嘎宗庄园

十年前，说到四川旅游，绝大部分人脑海中浮现的是大熊猫、九寨黄龙、峨眉山。谁也不会想到，随着 318（特指 318 国道川藏段，即成都至拉萨的川藏公路南线）骑行的大热，川藏线会成为一颗如此耀眼的新星，几乎撑起了西部旅游业的半边天。尤其是甘孜州、阿坝州，这两大四川藏区上接安多，下衔康区，近年来风头无二，旅游及相关产业发展之快令人瞠目结舌。

川藏民宿处女地

2007 年的藏地对很多人来说不啻另一个星球上的存在，遥远又神秘。那时成都到拉萨的 318 国道上，过客以朝圣者和卡车司机为主，或有极少数的自行车骑行者，他们堪称文艺青年的先驱。当年骑行进藏最大的困难是沿途补给，自行车一天也就能走百儿八十公里，而路上极为简陋的餐饮住宿点往往相距数百公里，骑行者常常面对前不着村、后不着店的困境。即使在有商业设施的县城，你也可以想象其住宿环境：八九十年代建成的招待所一般墙壁斑驳、床单本色难辨。好在当时的背包客、骑行侠以吃苦耐劳著称，只要有张床睡觉，有个屋檐遮风挡雨，外加价钱便宜，他们便别无所求。那时候 317（川藏公路北线）还默默无闻，在知道它的旅行者圈子里，它以路烂而著称。

“5·12 汶川地震”对四川旅游业是一个重大打击，但大批涌入的志愿者和记者同时也发现了这片土地的美丽，媒体聚焦加上口口相传，川藏旅游从此进入了高速发展的快车道。原有的盘山公路在地震中受损严重，当地政府索性将其废弃，直接修建了高速。其他路段的道路条件也在震后得到极大改善，这也是自驾游客逐年攀升的重要原因之一。

最早的尝试

地震次年，白杨来到了因修建 318 国道而显得灰头土脸的新都桥镇。当时镇上的基础条件对并无藏区生活经验的他来说简直是远离文明社会的另一个世界：水电都不稳定，最近的稍大点的商店在四五公里之外，只有几家当地人用自家房子开的招待所，卡车一过漫天烟尘。但这里有木雅风情、浪漫星空，以及甘孜州腹地主干道交会的地理位置。厌倦了城市生活的白杨决定留下来创业，换一种活法。不久后，雅克青年旅舍开业了，这栋只有 40 个床位的藏式小楼无意中开启了新都桥的背包客新时代。在这之前，新都桥只是一个休息点，而雅克的超大公共区域给大家提供了交流的空间，因而吸引了众多的年轻人，生意和口碑双双爆棚。虽然后来有诸多模仿者，但雅克取得的成功难再被复制。

➪ 川藏南线上的骑行者。

与此同时，川甘两省交界处的郎木寺逐渐进入大众旅行视野。2010 年，老黎来到这里时，郎木寺还鲜有游客，只有极少数藏区深度游的过客在此逗留歇息。老黎以资深户外玩家的敏锐断定，郎木寺周边山水灵秀自然，宗教氛围浓郁，未来会吸引大批像他这样的户外爱好者。于是，神仙居青年旅舍自诞生之初便以户外活动为特色，白龙江源头、红石崖甚至更远的扎尕那、迭部神山，处处都留下了老黎带着住店客人前往徒步游玩的足迹。真是无心插柳柳成荫，当时很少有人预见到，有一天“带客人玩”的综合旅行服务会成为经营民宿收入的主要来源之一。

➪ 雅克青年旅社的内部空间。
供图 _ 雅克青年旅舍

全盘精致化的转向

谁也说不清“波尔攻略”（2008 年开始在网络上流传的一份川藏线骑行攻略，之后每年都会更新）是怎么火起来的，仿佛一夜之间，川藏线骑行就流行开来，越来越多的人看到了其中的机会，民宿行业的竞争开始激烈起来。以前找一栋当地老乡的房子，装修出简单的公共卫浴设施，再买些家具和床上用品，20 万元左右的启动资金即可开一家青年旅舍。但短短数年，经营民宿的资金门槛已经提升到了 50 万元甚至上百万元。旅行者们也不再满足于仅仅有个地方睡觉，他们要求的额外设施越来越多，24 小时热水、Wi-Fi、停车场、餐厅、有情调的公共区域、酒吧，每一样对民宿老板来说，都意味着数万元甚至更多的支出。与此同时，住宿收费并没有大幅增长，甚至同样的价格，需要额外包括早晚两餐才能吸引到客流。不少人意识到，之前的经营模式遇到了瓶颈。

2012 年，四个留学归来的木雅年轻人在自己的家乡新都桥筹建了贡嘎宗庄园酒店。这是一家主打文化细节的高端民宿，他们的很多经营理念借鉴于当时的藏式酒店翘楚——松赞，通过精心打造将木雅风情无处不在地融入吃穿用度的每一个方面，让客人既能享受现代生活的便利，又能体验到自然风景天人交融的美感。贡嘎宗从动工到建成开业经历了四年多，时间和资金成本都相当惊人，但这一做法无疑是成功的，酒店一经推出便惊艳了四方游客和众多媒体。鲜花盛开的山丘之上，一栋碉楼与三栋两层小屋错落有致，所有酒店建筑均采用传统的木雅石木民居工艺，而且石头、房梁、地板等建材都是从真正的当地老房子中移拆而来。这样有情怀、有温度、有时间沉淀的作品，游客自然乐意为之买单。虽然每晚近千元的单价并不便宜，但每逢旅游季节，贡嘎宗都一房难求。

市场占有者：从“小而美”到行业巨头

不是所有的经营者都有这样深厚的藏族文化背景或大笔的资金，但同一时间，他们也在摸索着自己的路径。川藏地区的民宿生意是一块巨大的蛋糕，虽然竞争者众多，但眼光独特或者能够做出自己特色的人不难分到一块。

李双和他的妻子丫头在旅途中相识相爱，传说世界末日会到来的 2012 年，大多数文艺青年都梦想开一家咖啡馆或青旅，而他们干脆利落地将梦想投射进了

⇧ 带客人徒步中的神仙居主人老黎（图中视线最近处）。
摄影 _ 达仓

⇩ 郎木寺位于川甘两省交界处，南面隔着一条小溪，与四川境内若尔盖县的格尔底寺遥相呼应。图为郎木寺夜景。

⇧ 院落外鲜花盛开的贡嘎宗。
供图 _ 贡嘎宗庄园

⇩ 贡嘎宗的藏式客房。
供图 _ 贡嘎宗庄园

现实。因为川藏南线青旅已呈现饱和趋势，他们便选择了相对冷门的川藏北线。风陵渡青年旅舍的第一家店开在马尼干戈，两年后第二家店在德格开业，前者是几条主干道交叉的路口，后者是甘孜藏区的文化中心。近几年，318 上夏天的进藏旺季几乎都要堵自行车，于是有不少骑行者和背包客选择了相对清静的 317。沿途鲜花盛开、草场肥美，壮美的田园风光不输 318，寺庙多、古迹多，外加人少、车少，人域康巴逐渐声名远扬。之前 317 全线一直在修路，令自驾游客头疼不已。现在工程接近尾声，一路上的水电路况都有大幅改善，可以想象这条线路在未来会有多大的发展空间。

2014 年才开始经营民宿的邓师选择在原有的职业生涯之外另辟蹊径。之前，邓师是泸定一带方圆百公里内有名的摩托车修理技师，把摩托车化油器调整到高原模式的手艺在业内有口皆碑。摩旅进藏的热潮比自行车骑行要晚上几年，当越来越多的摩友路过，邓师经常从早忙到晚都调试不完那么多车辆的时候，他便顺势开了一家民宿。虽然设施一般，但以摩旅文化为依托，加上在车友论坛上推广，生意做得很红火。在很多民宿经营不下去的今天，邓师却计划扩大规模，将客栈升级成酒店。同时他还设计了不少周边短线出游的摩旅线路，这样既能增加一笔旅游收入，又无形中延长了客人在这里逗留的时间。

2015 年伊始，民宿概念在全国大热。随着各大地产商的强势关注甚至进入，中小投资者已无力与之竞争或抗衡。他们大手笔地圈下距离景区最近、视野最好的大片土地，自己牵引水电网络，有些资金雄厚的甚至自己修路，通往山背面数百亩的世外桃源。现在你驱车沿着川藏线观光，时不时就会看到这类建筑工地，据说这些酒店将大部分是独栋别墅，每晚单价数千元。

他们为此投资了大笔资金，也在激烈的竞争下显得压力重重。

每年数以百万计的旅行者从成都出发，沿着各条主干道前往藏地，他们的经过实实在在地改变了川藏地区的经济模式。现在川藏地区的民宿如夜空繁星，数不胜数，一个县城长约一公里的主街上开有几十家宾馆是常态，据统计仅康定境内就有民居接待户 500 多家。关于这一地区民宿行业的现状，在采访过程中，“竞争白热化”“行业洗牌即将到来”“疯狂”是我们经常听到的形容。但问到关于未来的发展，大家又不约而同地充满了信心，“会变得更规范、更好”“会提供住宿之外的多元化服务和体验”“未来会有更多人来，来的人会停留更长时间”，以及“有特色又用心的最终一定会得到市场认可”。

如果你十年前在川藏进行过深度旅行，十年后再次前往，你会惊讶于这段时间这片土地上发生的翻天覆地的变化。道路拓宽改善，水电网络都不再是问题，设施现代化的高档酒店越来越多。那些在时间上抢得先机的民宿经营者也不遗余力地在原有基础上升级改造，白杨的雅克青年旅舍现在变成了一个拥有四栋楼的藏式院落，餐厅、停车场一应俱全。老黎的神仙居青旅在郎木寺镇上延伸出去的道路边盖了新楼，硬件条件鸟枪换大炮，大幅提升。他们为此投资了大笔资金，也在激烈的竞争下显得压力重重。“今年生意不是太好”“旅游环境配套还不够”“我们周边的旅游资源很丰富啊，但开发和宣传得还不够”，类似这样的观点也算得上是行业共识了。不管怎么说，道路蜿蜒，雪山巍峨，十年在时间长河中只是一瞬间，大家都在负重前行，痛并快乐着。

厦门民宿，远去的盛夏文艺梦

文 黄达隆

在厦门，最早吸引大批游客的，是沙滩、阳光、风格各异的建筑，以及一度兴盛的文艺小清新浪潮。随后的过度商业化，则带来了旅游的低端化和徒有其表的文艺假象。此时厦门的一些民宿，也经历着从单纯的文艺化、个性化到更为成熟的精品民宿的转变。回顾厦门民宿十几年的发展历程，也只有在入住体验、服务品质、资金运转、个性风格等方面综合考虑、谨慎经营的民宿，才真正经得起时间检验。

➪ 鼓浪屿全景。
摄影 _ 林乔森

在中国所有的东部沿海省份中，几乎找不到一个像厦门这样有着得天独厚优势的地方：江浙一带靠海的地方冬天太冷，舟山更像是一个岛乡而非城市；海南三亚的定位早早地往度假型城市靠拢，经济和城市的发展规模远不如厦门；广东一带，具备这种岛城属性的只有香港。只有厦门，气候适宜，常年温度在 10 ~ 35 摄氏度。作为东南沿海的门户，闽南的海洋文化影响深远，闽南人“下南洋”带来的与东南亚国家的民族与文化交流，成为厦门特色的闽南文化中重要的组成部分。早年间的厦门，作为一座人口密度不大、生活闲适、环境清新优美的岛城，被誉为“海上花园城市”，是一代人心目中的旅游胜地。

在旅游业刚刚兴起的 20 世纪 90 年代，鼓浪屿是厦门最重要的一张名片。这个只有 1.91 平方千米的小岛，背后有着重要的文化意义：在 1840 年的鸦片战争之后，厦门作为五口通商口岸之一被迫对外开放，鼓浪屿作为当时厦门的公共租界，接纳了大部分的外国人和使领馆。在跨越近百年的历史中，鼓浪屿上兴建了大量风格各异、中西结合的建筑群，这些建筑有的是使领馆，有的是当地华侨的住所，但无一不具备一段娓娓道来的故事和精美的建筑外观。而这也成为鼓浪屿将来进行民宿发展的重要基础。

鼓浪屿 Style（风格）的从 0 到 1

鼓浪屿的第一家民宿诞生于 2005 年。在僻静的鼓新路 48 号，经过一个斜坡高地的岔路口，有一栋形似古船的南洋风格建筑，设计师将它命名为“船屋”。这栋造型别致的房子建于 1920 年，房子的主人是鼓浪屿本地人黄大辟，他也是鼓浪屿救世医院的医生。黄氏一家人后来逐渐迁往海外，一直到 2005 年，黄大辟的孙子黄孕南从香港回到鼓浪屿，这时候的他已经是个功成名就的商人，游历过西方各国，有着足够丰富的阅历与见识。回到鼓浪屿，一方面，带着保护祖宅的使命，另一方面，当时来到鼓浪屿的游客，基本上都是当天来回，岛上只有两家宾馆提供住宿，西方早已成熟的家庭旅馆的形式给了黄孕南新的启发，这个气候宜人、生活闲适的小岛，是否存在赋予其新生的可能？

黄孕南花了 200 万元对船屋进行了改造，重点在于修复屋顶与外墙。当黄孕南拿着建筑图纸，到各个相关单位去报批的时候，没人对家庭旅馆有概念。他只好在门口挂上一块招牌，只在中间写上一行隐秘的小字“欢迎入内居住”。有好奇的游客逐渐地推门而入，被花园式的洋房和新鲜的家庭旅馆模式吸引，船屋的生意渐渐变得越来越好。在经营船屋的 12 年里，黄孕南一直秉持着不过分商业化的想法，依靠自己的想法与审美来经营船屋。这种方式更接近于欧洲的“B&B”，即提供早餐与床。一直到现在，船屋的早餐都是朴素而实用的清粥小

➪ 杨桃院子如今已开了几家分店。图为杨桃院子中华红墨店。
供图 _ 杨桃院子

➪ 杨桃院子的内部空间、院子中的杨桃树、船木做成的桌子。
供图 _ 杨桃院子

菜。黄孕南也一直坚持自己进行管理，让住客来到岛上之后，能够真实地感受到本地文化。但是在鼓浪屿，真正实现了本地人自己经营民宿的成功案例并不太多。

对于鼓浪屿的民宿来说，真正具有开创性意义的是娜雅家庭旅馆。在 OTA（online travel agent，在线旅行社）还未成形的十年之前，在鼓浪屿上娜雅一房难求，常常需要游客提早几个月进行预订。对于很多人来说，这近乎天方夜谭。娜雅的开创者是厦门人林潇，在来到鼓浪屿之前，他在厦门做航海俱乐部。在几次户外旅行中遇到一些家庭旅馆之后，他认为鼓浪屿是一个适合开家庭旅馆的地方。经过半年考察，他以独到的商业眼光租下龙头路上原德国领事馆的房子。这里临近鼓浪屿码头，往来厦门本岛交通便利，在大多数房间可以看海。同时，他们用鲜明的粉色、蓝色、黄色粉刷了房间的外墙，并用不同的主题对房间进行包装，这种方式在当时堪称颠覆性的创举，在后来也成为一众民宿模仿的对象。

除此之外，林潇还在娜雅开张的第二年，以他在鼓浪屿上收养的一只名叫张三疯的流浪猫的名字开了岛上第一家欧式风格的奶茶铺。慢慢地，在鼓浪屿上“住娜雅、喝张三疯、吃 BABYCAT（鼓浪屿上一家著名的甜品店）”这样的潮流渐渐在媒体的渲染中流传开来，成为早期的一种鼓浪屿 Style。

一次短暂的政策机遇

如果说 2005 年到 2009 年是鼓浪屿民宿发展的第一个潮流，那么杨桃院子的女主人吴瑾则抓住了第二个进入鼓浪屿开民宿的机会，成了鼓浪屿民宿改造与经营的典范。2009 年，随着《鼓浪屿家庭旅馆管理条例》的施行，资本市场伺机而动，当年就有 100 多家符合标准的民宿取得了经营执照，杨桃院子就是其中之一。

吴瑾在鼓浪屿安海路看中了一栋房子，房

➪ 造型别致的船屋，将街道一分为二。
摄影 _ 吴俞晨

子中间有一颗百年树龄的杨桃树，这也是民宿“杨桃院子”名字的由来。房地产业出身的她对老别墅的改建比别人更有远见。她极为看重原本房屋建筑中的老物件与老材料的重新利用，在对老别墅进行改造的时候，把地上的花砖、老门板、马赛克样式的玻璃窗收集起来，一一进行编号，在修缮完成之后，根据设计师的想法将老物件与经过设计之后的民宿进行结合，赋予老物件新生。第一栋位于安海店的民宿，仅在改造上就花了 200 多万元，花费了将近一年的时间，这在当时来说是极高的人力与时间成本。此外，吴瑾在民宿中大量使用闽南一带的船木和漂流木作为桌椅和其他装饰。好的船木成本高昂，在气质上却与鼓浪屿的老别墅不谋而合，也让民宿的品质得到了统一和升华。

投入在其中的高额成本很快得到了高回报，民宿好评不断，吴瑾在几年的时间内又接连在鼓浪屿上开了两家分店，它们都有着同样的调性：具有历史背景的老别墅、宽阔的院子，以及区别于一般民宿的高格调。杨桃院子的房间价格在 400—800 元，在鼓浪屿民宿中算中等偏上，2016 年的入住率能达到 90% 以上。在吴瑾看来，在这一段时间内进入鼓浪屿的民宿主和投资者，更看重民宿本身的硬件提升和服务意识。他们有情怀、有资本、愿意花时间对老房子进行改造。除了杨桃院子以外，同期还有像红堂、巢庭 1919、鼓山栖、北屿这样的具有雄厚资本背景的酒店和民宿，在市场上也获得了认同。

➪ 梦旅人民宿的主人阿雷。
摄影 _ 杨戈

但是政策很快出现了收紧的情况。在发放了 100 多家民宿经营执照之后，问题出现了，各种实力不一的投资者开始来到鼓浪屿，民宿行业的低门槛，让原先设定的标准难以得到有效执行，有很多的民宿从业者“先上车后补票”，与房东签完协议、装修之后，再向政府报批。同时，基于保护鼓浪屿老别墅生态的目的，政府很快停止了向民宿颁发营业执照，在一定程度上抑制了不受控制的市场投机行为。

从文艺渔村到旅游景区时代

在鼓浪屿对岸的渔村曾厝垵，民宿的发展则呈现出另外一种方向。如果说鼓浪屿的民宿发展一开始就是以资本进入为主要模式，那么曾厝垵的关键词则是文艺、理想、生活与草根。

2004 年，一个来自漳州云霄的 27 岁年轻小伙子阿雷，在厦大白城往东不远的一个名不见经传的小渔村曾厝垵里，租下一套面积不到 100 平方米、共有 5 个房间、带着一个小院子的红砖厝，也开启了这个渔村的“民宿时代”。当时渔村里的路甚至还没有名字，他租下的这个地方是曾厝垵社 83 号。他为这家民宿起了个名字，叫作“梦旅人”，后来人们在提到这里的时候，都会亲切地叫它“老梦”。

阿雷可能做梦都想不到，这个连路名都没有的小渔村，在十多年以后会成为全国名声显赫的“文艺渔村”。

在开民宿之前，阿雷是个背包客，大学期间就多次背包到云南、贵州、西藏一带徒步。也正是在那里，他接触到了国内最早期的青年旅馆。他也是个典型的文艺青年，民宿的名字“梦旅人”得名于日本导演岩井俊二的电影作品。他以经

⇧ 梦旅人民宿的招牌，曾经是曾厝垵文艺青年的一面旗帜。
供图 _ 阿雷

⇨ 曾厝垵的后山上，“梦旅人”乐队的演出现场。
供图 _ 阿雷

⇩ 在海边玩耍的梦旅人住客。
摄影 _ 杨戈

营青年旅馆的概念布置了梦旅人，每个 10 平方米左右的房间，刚好能放下两张高低铁架床，卫浴都是公共的，民宿里所有的布置都是阿雷自己完成的。每个床位的定价是 30 元——这个价格，已经是当年云南一带民宿的两倍。

在阿雷租下梦旅人之前，曾厝垵已经成为一些艺术家早年的工作室，因为这里租金便宜，闲置的房间很多，一个月几百块的租金就能租到一套房子。当时，陈文令、曾焕光等一批后来在中国艺术圈闯出名气的艺术家，都曾经租住在曾厝垵里。梦旅人开张之后，迅速成为曾厝垵最早的聚会集散地，这个小小的甚至堪称简陋的民宿，是艺术家、音乐人、文艺青年的乌托邦。唱歌弹琴、喝酒聚会、海边野餐、出海捕鱼，成为了他们在这个渔村生活的绝佳体验。2004—2008 年，梦旅人成了整个曾厝垵名气最大，也是生意最好的民宿之一。

2008 年之后，阿雷因为租约原因，将梦旅人移到曾厝垵后山一处破落的老房子里，这里是整个曾厝垵的制高点。因为喜欢当时还比较小众的独立音乐，阿雷将这里改造成了一个 Live House（小型现场演出场所）+ 民宿的形态。当地早年间的地下乐队巡演的时候，多数会将场地选在梦旅人。在很长的一段时间里，梦旅人承担了厦门唯一 Live House 的作用，也吸引了越来越多志同道合的文艺青年聚集在这里，成了早年间厦门最重要的文艺地标之一。

2008—2012 年，曾厝垵在梦旅人的带动下发展起了一批民宿，以外地文艺青年在村中进行租赁和经营的形式为主：阿尔小屋、LITTLE INN、守望者青年客栈、喜堂、南乐家庭旅馆等，确实呈现出了百花齐放的文艺民宿风潮，最重要的是，它们都具备了民宿最重要的核心定义——民宿主人即民宿的经营者。他们将自己的审美和生活形式，通过民宿的形式表现出来。虽然他们没有大量的资金对民宿的硬件与软件进行迅速升级，但是通过独一无二、极具个人特色的生活形式，吸引了大批早年间的文艺青年来到这个靠海的渔村，并且在彼此之间形成审美与生活态度上的相互认可，以一种近乎乌托邦的形式，构建起了曾厝垵最早期的民宿业态，而这也正是现在曾厝垵“文艺渔村”这个名头的来源。

阿雷清楚地记得，在 2012 年左右，曾厝垵村里开始渐渐出现了摇着小旗、举着高音喇叭的导游带领着的旅行团。对曾厝垵来说，这是一个重要的节点，2009 年温福铁路、2013 年底厦深铁路的通车，从广东、江浙一带带来了海量的大众游客。2012 年左右，曾厝垵的民宿已经暴增到 200 多家。民宿集群效应带来的游客流量，让曾厝垵周边的业态悄然发生了变化：各类原本只存在于鼓浪屿上的精品店、餐饮店、伴手礼店，在曾厝垵成几何倍数增长。这也标志着曾厝垵从一个以民宿经营为主的普通渔村，正式迈入“非正式”旅游景区时代。

> 不管在『个性化』的壳里装的是什么概念，民宿的个性化都必须通过设计、服务等理念传达出来。

资本，是魔鬼还是试金石？

政府管理部门 2009 年通过的《鼓浪屿家庭旅馆管理条例》，以及向 100 多家民宿、家庭旅馆颁发的营业执照，让民宿合法化一度初现曙光。与此同时，曾厝垵在政府的鼓励下朝着“文艺渔村”的方向进一步迈进，大力完善村内的基础设施，原本没有名字的村中小巷，被重新设计之后冠以“五街十八巷”的名头，嗅到商机的资本市场开始往曾厝垵涌入。

政策的动向、资本的涌入，造成的直接后果就是曾厝垵的日渐商业化。民宿数量激增、投机者增多，让民宿质量、民宿形态、住宿体验变得越发良莠不齐。面对高额租金，曾厝垵村民纷纷将老房子出租给外来者。投机者以高价租下大量曾厝垵的店面，进行简单装修之后迅速转手，进一步哄抬了曾厝垵的物业租金。原本一个月只要千元租金的十来平方米的店面，租金迅速拉升到五位数以上。已然寸土寸金的曾厝垵，沿街的一排被改造成黄金铺位，民宿被迫后退藏身在小巷之中，在整个曾厝垵的民宿中，拥有一个院子已经极为罕见。

市场竞争日趋激烈，在曾厝垵已经日趋饱和的情况下，租不到房子的投资者开始向环岛路沿线的塔头、黄厝转移，依靠比曾厝垵更加低廉的成本优势大打价格战。与此同时，互联网的发展、海量的信息让第一次来到厦门且不具备筛选和分辨能力的游客，在曾厝垵“文艺渔村”的黄金牌匾之下，有了并不算太好的住宿体验。到 2014 年，面积只有 6.5 平方千米的渔村曾厝垵，民宿数量达到巅峰时令人咋舌的 400 家以上。

2014年之后，曾经一度风光无二的厦门民宿开始走下坡路。但不能否认的是，在国内整体民宿发展的时代大潮中，厦门依然借助其得天独厚的地域和环境优势，赢得了一批优秀民宿主及投资者的青睐。以无垠酒店、山海观、那宅为代表的各类设计型酒店、精品酒店、精品民宿，纷纷打出自己的差异性招牌，它们以“民宿”为最大公约数，在“非标准住宿”这个说法横空出世的同时，分别依靠独特的设计，标准化、高质量的服务流程，在市场上赢得了不少认可与赞誉。

曾厝垵民宿“喜堂”的经营者花耳，从 2007 年开始在曾厝垵经营民宿“木耳”。2011 年，她盘下著名的民宿喜堂，成为两家民宿的拥有者。她经历了厦

➪ 民宿热潮起了又落。这时人们发现，像山海观这样既有独特设计，又有高质量服务的精品民宿，才是民宿经营的长远之计。
摄影 _ 叶香玉

门民宿从雏形到巅峰，再到瓶颈的这十年。在她看来，在十年的发展之后，厦门民宿的发展已经成了一个僵局。过去曾厝垵那种个人化的民宿业态将会慢慢淡化，转移到周边及乡野，而精品民宿、精品酒店、设计型酒店这一类泛“个性化”住宿，将成为将来厦门民宿市场的主力军。但是她依然认为，不管在“个性化”的壳里装的是什么概念，民宿的个性化都必须通过设计、服务等理念传达出来。

十年时光飞逝，作为国内民宿行业的急先锋，厦门民宿经历了从早期的辉煌到阵痛，又在巅峰迅速滑落的过程。在这条探索之路上，他们是“文艺范儿”“小清新”系列的开创者，迅速地让这座岛城披上了一件清新的外衣，但这美丽的泡沫在廉价的抄袭和低门槛中，最终化作了泡影。

在某种意义上来说，最初的鼓浪屿和曾厝垵所处的地理位置，更像是城市近郊，既具备了城市的便利性，又具有本身的“小众”地域的独特性。民宿的发展永远与一地的环境气候息息相关，当厦门正在逐渐成为一个区域中心，都市的雏形初现，它正变得与大理、丽江、莫干山这些以旅游业为支柱产业的区域越发不同。在原本的“近郊”鼓浪屿和曾厝垵被纳入城市的版图之后，曾经的小众文艺范儿民宿必然远去，摩登和高端或许才是它最终的归宿。

京郊，一个让人充满期待的民宿群落

文 严锋林

在民宿圈内，京郊是一个让人充满期待的地方。这里坐拥着巨大的旅游、休闲市场，民宿供给却严重不足。面对这样一片处女地，无论是正在摸索阶段的本地力量，还是已在南方民宿市场积累了成熟经验的外地品牌、资本，都已经跃跃欲试。北京市场的强劲消费力和各种资源汇聚后可能引发的化学反应，足以让从业者心潮澎湃。

➪ 夜幕中，慕田峪长城脚下的瓦厂。
摄影 _ 龙马

对于很多国人来说，北京是一生中一定要去走一走的地方。而在国际上，长城、故宫、颐和园等名胜，也是吸引外国人来北京的利器。当市场传闻莫干山民宿是旅行圈的悲伤故事时，很多人开始遥望北方，认为京郊民宿有望成为民宿界的诺亚方舟。市场此起彼伏，高消费人群带动的市场比好山好水带动的市场更持久。

饥饿的北京市场

因为有着巨大的人流量，北京各种各样的酒店都在市场上有着不俗的表现。京郊民宿因其区别于城市酒店的风景和温度感，在整个酒店住宿行业内也有了自己的一席之地。不过一旦从地域之间的横向比较来看，譬如对比上海和北京，京郊民宿又呈现出不同的景象。

关于帝都和魔都的比较，从来都有众多精彩的故事。有人说，南方人精致、追求美好的生活方式，而北方人粗糙，吃穿住行都透着一股子土味儿。所以在上海 3 小时车程的生活圈内，莫干山成为了全国民宿的代言人，而北京坐拥 2000 多万消费人群，3 小时车程内却没有像样的民宿集群。这在消费升级的当下，让众多民宿从业者百思不得其解。就像业内的朋友开玩笑说："上海的海派文化很浓厚，小资的生活方式一般是从上海起步；北方人对美好生活方式的追求还是慢一些，但这些会慢慢地传到北京来。"

关于北京和上海在行业认知与生活方式上相差两年的判断，在众多行业中都存在。从房地产起步时期到 2006 年，上海的房地产发展都位居内地之首，其房价远超北京。随着房地产市场的成熟，北京的房地产无论是发展势头还是房价，都逐渐取代了上海的位置。

纵观全国民宿发展的几个节点：2013 年，随着自媒体兴起和消费需求升级，民宿逐渐为人所认知；2016 年，民宿的美誉度达到行业巅峰；2017 年，市场上已经有唱衰之声；截至 2017 年的当下，全国民宿的发展似乎都处于混沌期，各路民宿主人、各种产品都可以发出自己的声音。

作为一个行业而言，混沌期之后，关于审美、关于市场上的需求总会有一个相对稳定和标准的时期。这种稳定，也依赖市场需求的繁荣与稳定。

2016 年 8 月至 9 月，民宿业自媒体平台"佳乡学院"与大数据服务平台"海量数据公司"进行了为期 30 天的民宿行业大数据调研。结果显示，在全国范围内，北京关于民宿的搜索量与需求量占全国之首，供应却严重不足。似乎在全国的民宿圈内，都有这样的认识：北京有大量高净值用户，只要有好的产品就能拥有市场。

当然，在北京深耕多年的资深民宿人又有自己不同的见解。

➪ 姥姥家是少有的在北京南部选址的民宿。
供图 _ 姥姥家

瓦厂——最早的京郊“洋家乐”

2003 年，美籍华人唐亮和丈夫萨扬一起回到了唐亮的故乡北京。在胡同里走街串巷之后，慕田峪长城脚下的瓦厂吸引了这对夫妇的目光。萨扬虽然不是设计师出身，但凭着犹太人的聪明和对美的追求，将慕田峪长城脚下的琉璃厂打造成了北京最好的乡村度假酒店，不接待非预订客人。美国前总统奥巴马的夫人米歇尔曾到此拜访就餐，各国政要来北京访问的话也总要到这个乡村酒店坐一坐。

在瓦厂的 20 多间客房中，大部分区域都采用开放式设计，从客房的阳台上能望见大片的栗子树林。不论躺在卧室的床上，还是坐在客厅里，甚至是在淋浴房、厕所里，都能透过巨大的玻璃窗看到户外景致。如果天气好，还能眺望到慕田峪巍峨的长城。

作为最早进驻中国的“洋家乐”，瓦厂前几年的客人多是外宾。随着国人的下乡热，瓦厂近几年才开始慢慢进入国人的视野。

在 2016 年的时候，唐亮确信，中国乡村精品度假酒店是未来非标准住宿的方向，但随着消费人群的细分，只有不断发展新的营销模式和运营模式，才能赶上不断变化的市场形势。

➪ 怀柔区景峪村小学原址上建成的民宿渔唐。
供图 _ 渔唐

乡村的新活力

山里寒舍作为京郊民宿的代表，也有自己的传奇故事。

山里寒舍所在的干峪沟村位于北京密云区深处，曾经缺水少电，常住人口不足 20 人。全村 43 处宅院，大多处于闲置状态，村庄凋敝的程度日益加深。

2013 年，干峪沟的命运因为一个叫殷文欢的人而彻底改变。那时，殷文欢经营着一家食品公司，在干峪沟采购山楂果的时候，因为清新的空气、漫山遍野的红果而爱上了这里。企业家的情怀和魄力，让殷文欢几天内就决定和村委会合作，投资这里做乡野度假酒店。

山里寒舍开业后不久，一个叫陈长春的人让山里寒舍的品牌一度走上了一个新的台阶。陈长春，远方网创始人，2009 年起就开始做乡村度假的营销工作。专业的营销能力加上令人耳目一新的产品，使得山里寒舍很快就在业内打开了知名度，也在全国范围内成为京郊民宿的一张名片。

因为山里寒舍的巨大成功，陈长春萌发了自己做民宿的想法。北京的另一个网红民宿——山楂小院由此进入了人们的视野。

和山里寒舍不同，山楂小院开启了和村委会合作的模式。整个投资开发都由村委会负责，但民宿的设计、施工等保证颜值的工作都由陈长春团队负责。曾经参与过安缦（国际知名的全球连锁酒店）设计的金雷也在那时加入了远方网，在乡野设计上发挥出了自己的优势。山楂小院、姥姥家、黄栌花开、麻麻花的山坡等由陈长春团队主导的民宿在 2016 年一年时间内纷纷亮相。

高颜值的民宿再加上资深媒体人在营销上的发力，山楂小院、姥姥家等民宿在很短的时间内就变成了京郊民宿的代表。

设计师力量的进入

伴随着企业家和媒体人的纷纷介入，在全国范围内都是民宿主力军的设计师也在京郊民宿圈攻城掠地。长期为万科高端项目做设计服务的墨臣建筑设计事务所，就是第一个在京郊民宿圈吃螃蟹的设计公司。选址古北水镇旁，拥有 70 多间客房的大体量精品酒店——麦语云栖也成为京郊民宿圈尤其是设计圈口口相传的重要项目。

不过，虽然是设计院操作的产品，但因为村里整体规划的统一要求，设计师的全部才华和功力只能在室内和公共区域上发力，和村民回迁房保持一致的外观也使得麦语云栖难免有泯然于众农家院的尴尬局面。

相比于麦语云栖的大体量，另外一个设计事务所参与的小体量民宿——渔唐在京郊民宿圈内被越来越多的人认可。渔唐在怀柔区渤海镇景峪村小学的原址上建设而成，由设计师保证的民宿高颜值和合伙人在场运营的方式，以及亲子、团建、民宿游学等众多产品包的发力，使得其入住率呈现逐年提升的趋势。

扩大化的“民宿”，资本还是情怀？

无论媒体人，还是设计师，这帮对生活美学怀揣梦想的人，总是走在追寻美、发扬美的前沿上。当市场开始逐渐完善，产品由混沌期逐步进入平稳期时，资本或者说有眼光的生意人开始逐渐介入，使得整个市场呈现出百花齐放、百家争鸣的局面。北京微风山谷（后更名为“壹号院”）便是这样的产品形态。

作为和中国房地产同步发展的施工企业，北京山水人家旅游投资发展有限公司早在 9 年前就在北京密云区拿下了占地 600 亩的山地及民房。这里离古北水镇 10 多公里，从半山腰起就能俯瞰密云水库的美景，并且是去密云众多景点的必经之地。一期 10 个房间开业后，仅仅作为测试产品，单靠 OTA 上的自然人流量，整个入住率也高达 70% 左右。

北京山水人家的负责人代靖峰在长沙的儿童乐园——长沙松鼠谷在市场上的亮眼表现，使得代靖峰从生意的角度来审核非标准住宿和景区间的关系。北京人在外出游玩时不仅会考虑住的问题，吃和亲子游玩也是刚需。因此，在 600 亩的山地上，除了作为龙头产品的欢乐松鼠谷，与其配套的餐厅和 32 间客房的田园综合体也将于 2017 年底亮相。

最近一段时间内，各种特色小镇、田园综合体概念在全国范围内发力。但本质上，也还是以往的度假村。以民宿来命名度假村的原因很简单：情怀十足、满足市场的需求。无论住民宿，还是开民宿，都成了一件情怀满满的事。

因此，即便是加上高端住宿和餐饮的欢乐松鼠谷儿童主题乐园，在住宿区上也一定要冠以民宿的名字和概念。

无论住民宿，还是开民宿，都成了一件情怀满满的事。

本土力量与南方品牌的新战场

在市场传闻北京市场严重供不应求的时候，早几年就在南方驻扎并形成品牌之势的民宿也纷纷北上，以求分得一杯羹。深耕民宿行业七年，并号称人才储备居行业之首的西坡北上选址数次，而千里走单骑、大乐之野、过云山居这些拥有相关品牌价值的民宿已经在北京延庆落地选址，准备设计中。

无论房地产，还是餐饮行业，在北京市场上都有一个奇怪的现象：刚开始都是北京品牌在市场上发力，最终在市场上拥有最大影响力的却往往是南方品牌。当然，在乡下开民宿是和当地政策、相关资源密切相关的事情。这些北上的民宿品牌是延续南方的精致风格和极致服务，在北方打下一片天地，还是最终铩羽而归，还要留待市场和用户的最终选择来确证。

北京不少本土房地产公司早在几年前就拿下了怀柔、密云这些传统旅游胜地的优质地块。资本与土地相结合的方式使得它们习惯高举高打。在前期长达几年的政策研究和市场定位研究之后，一旦它们开始行动，将给京郊民宿市场带来异动。

诚如圈内人一致所言，“京郊民宿市场将是中国最好的市场”，“长达 5 个月的淡季是京郊民宿市场必须考虑的问题”，“北京民宿政策的不明朗制约着民宿的发展”。今天京郊民宿的发展仍稍显滞后，但北京市场的强劲消费力和各种资源汇聚后可能引发的化学反应却让人心潮澎湃。

为何京郊民宿多聚集在北郊？

- 随着北京的城市扩张，以及高校、高新产业的集群分布，海淀、朝阳等区成为城市经济发展和居民消费能力相对较强的地方，从而首先就为北郊的高端度假旅游提供了更充足的市场需求。这与房地产市场发展的道理相似。

- 除了距消费市场近，北郊的旅游资源本身也更具优势：一方面，北郊旅游资源集群效果更明显，十三陵、长城、古北水镇、密云水库、云蒙山、雁栖湖、神堂峪等人文、自然旅游资源扎堆分布；另一方面，怀柔、密云位于北京至河北承德的路上，便利的交通在一定程度上也照应到了承德的客群。

- 在这些因素的作用下，一些精品民宿在北郊选址，开始了建造和经营。民宿集群分布，往往可以更快地提升知名度、带来更大规模的客流量。所以，在北郊出现了几家广受好评的民宿后，有越来越多的民宿选择聚拢过来。这种聚拢，有助于在将来形成类似于上海周边的民宿群落。

徽州的民宿

文 [美] 沈家伟 (Christopher St. Cavish)
译 朱琼敏
摄 李佳 等

要让游人体验什么样的徽州？在这一点上，民宿主人有自己的想法：有的原汁原味地保存古建筑；有的把古宅群拆解重组；有的在保留建筑特点的同时，在居住舒适感上“小修小补”；有的淡化建筑，转而专注于当地美食、田园式的生活或徽州传统的文化活动。

➪ 夜色中的徽州古村落。
摄影 _ 刘学文

2004 年，在上海长大的艺术生寒玉第二次来到西递村，在这个梦想之地寻觅着自己的“新家”。不久，她买下了一座原本用来养鸡养猪的老房子。这是座典型的徽派建筑，白墙高耸，马头翘角，只是年久失修，愿意生活在这里的也就只有这些四条小粗腿、一个大鼻子的生灵了。她把房子重新装修了一下，取名猪栏酒吧，放上古色古香的中式镜子、家具、各种小摆设，纵身跳入了酒店服务业这个大潮。

四年后，在离西递村 20 分钟车程的小村落碧山，猪栏二吧诞生了。这回，寒玉接手了一座徽商古宅，连带一个传统木制内庭和一小片室外菜园。她把宅子改造成了乡野度假屋，里头共有九间客房，大堂里摆着马路那头用传统工艺制作的黑芝麻糖和当地产的毛峰茶，用以润口止渴。她和诗人郑小光游走在两处房子之间，请来的当地阿姨们则负责日常经营，从自家园子里摘些菜，向邻居买些肉，做做家常饭菜。

我对猪栏有特殊的感情。2010 年拜访了几回以后，我就爱上了这个地方。2011 年，我重返西递，在寒玉的帮助下，在那里喜结连理，不过我和我的爱人都不是安徽人（就此说来，甚至也不是中国人）。这里最吸引我的，是客栈主人寒玉身上的个性魅力。虽然那时还不会有人把她的酒吧称作“民宿”，但她与生俱来的热情好客和对文化遗产及当地环境的高度关注实际上就是这个词今天的定义。某个空气微寒的春日午后，郑小光带着我们穿过当地老油厂的废墟，那里到处断壁残垣，朽木杂陈。废墟上独独残留着一间堪称壮观的房子，横梁上 20 世纪 60 年代的政治标语清晰可见。屋外，颀长的油菜花遍布田野，明黄色的花朵正待绽放，白色的鸭子在附近的河里嬉戏。他告诉我，这里会是他们的下一个项目。

屋外，颀长的油菜花遍布田野，明黄色的花朵正待绽放，白色的鸭子在附近的河里嬉戏。

当时的我还不知道，与此同时，在碧山 65 公里开外的唐模村，还有一处古迹旅馆正在成形。唐模是一座完美如画的徽州村落，一千年来村民们傍水而居。这里聚集着一批从徽州各地搬移过来的古建筑，被整体改造成了一家拥有多栋建筑的旅馆。这家旅馆的官方名称为唐模法国家庭旅馆，以纪念法国环保主义者在旅馆修葺过程中付出的努力。这个项目从 2011 年开始，一些徽商古宅被一一细心地拆解开来，从最远 80 公里的地方运送到唐模，再依原样组建。2012 年，旅馆正式开业。

不过，直到 2016 年徽商巨贾程百万面积达 1130 平方米的家宅加入后，旅馆的最后一块拼图才得以集齐。程家大屋被命名为七天井，体量庞大，是徽派建筑的经典之作，木雕石刻精细繁复，内有家人住房、账房、私塾，共有住房 83 间。正厅为慎德堂，堂内刻有楹联一副，上书“读书好，经商好，效好便好；创业难，守成难，知难不难”。

人们步行 5 分钟后，便来到同属法国家庭旅馆的另一间民宿。这间民宿的

⇧ 猪栏酒吧的主人寒玉。

⇩ 猪栏三吧（碧山油厂店）外景。
供图 _ 猪栏酒吧

➪ 猪栏酒吧的客房格局，各个都不同。

⇦ 唐模法国家庭旅馆经理汪利锋。

⇨ 法国家庭旅馆民宿群，为住客塑造了单体建筑所没有的整体居住空间。

建筑保持了原址原样，由清末在浙江经商发家的唐模商人汪应川所建。近旁一株千年银杏参天而立，荫蔽着村庄。院外河上横亘一座木制廊桥，名为高阳桥。可惜这种古韵没能延伸到 13 间客房里，如果古时徽商有墙纸和地毯，或许那时候这些房间也会变成现在这样吧。不过，建筑的内庭和环境依然雅致，“极可意”（Jacuzzi）浴缸和中央空调终究让人难以抗拒。在民宿经理汪利锋看来，向当代品味做出的让步并不会让老宅的魅力减色一分。他告诉我，民宿的根在于乡野生活，而老房子光线幽暗，在此基础上，做点小修小补，加以改进，无伤大雅。

往北走一个小时左右就是汪克东的东园艺栈。这个民宿本身就是一道风景，四周不见古镇，也没有其他房子。汪克东的民宿于 2013 年开业，它的最大魅力就在于民宿自身及汪克东的殷勤好客。汪克东强烈支持民宿这一概念，直言民宿不能离开农民和当地人，否则，它只是个旅馆，不是民宿。“这里是我的家，我爱这里，也依靠这里的天然资源谋生。”他一边喝茶一边对我说。我们坐的地方是个两层楼高的大厅，同时也是客栈的大堂。这个大堂一部分被装饰成猎人小屋的样子，里面放着毛绒玩偶；另一部分则是苏维埃式复古风，有马克思、恩格斯、列宁和斯大林的照片，以及毛泽东的胸像和一颗五角星。木雕无处不在，仿佛向我们诉说着汪克东开办民宿的缘起。一天，他出门钓鱼。“你知道钓鱼从来都不是真正意义上的捕鱼，”他说，“而是让你自己放空。”就在自我放空的时候，他发现了一块节瘤特别多的树根。他放下鱼竿，喊上当地几个农民一起帮他把树根拔了起来。在没有受过任何培训的情况下，他开始按照树根的天然形状顺势进行雕刻。汪克东至今依然是一位根雕师，这项技艺让他得以入主我们所在的这栋建筑——过去村里生产队的大礼堂。大厅一端有个台子，放着一尊老年杜甫的弓形根雕，灯光从上方打下来，充满了戏剧感。

客房本身是崭新的，依然能闻到浓浓的松木味。汪克东民宿中最上镜的部分是它的外立面，类似于装饰艺术风格的设计，一色漆成了土黄。 不过在他看来，房

⇦ 东园艺栈主人汪克东。

⇨ 东园艺栈的内部装饰与外部建筑风格浑然一体。

子的年代感并不能用来定义民宿，定义民宿的是他自己。“如果在五星级酒店，你不会和老板交谈，”他说，“你办好入房登记，拿到房间钥匙，刷卡进门，就这样。”而汪克东从早到晚都待在民宿内，从他和客人的互动中可以看出他显然乐在其中。“这是赚钱的一种途径，”他告诉我，“同样也是鉴赏艺术和欣赏生活的一种方式。”

2014年，寒玉和郑小光花了三年时间，终于在我多年前走过的碧山的废墟中，建起了新房。猪栏酒吧老油厂店开业了。他们在20亩的土地上建了20间客房，风格极为低调，即使客满，还是给人一种整座农舍为我所有的错觉。这栋建筑，显然言说了他们的勃勃雄心。店内沉重的榨油工具四周就是一间完整的图书室，艺术类书籍汗牛充栋；到处都是用餐和休憩的地方，包括一间可容纳20人的禅房和一处俯瞰河流、仅容只身的瑜伽室。徽州的其他民宿大多失于粗糙，要不仿佛已经伫立了几个世纪，要不似乎近一两年才建成，寒玉的妙处在于打造了一个给人感觉不新不旧的地方，但似乎它又会永世存留。一如她经营的另两处民宿，老油厂店的房间里装饰着古色古香的物件，其中还有当地的织物布艺。每个夜晚，很久以前的政治运动中遗留下来的标语下方，都会有投影仪放映影片，将墙壁照亮。有一位美国客人在一扇门上留下了一句话：“世界上最酷的房子。”这大约就概括了这个地方。

次年，方院英在黟县的路尽头开了家六间房的民宿，取名半山闲客。方院英从小在一座徽商古宅里长大。随着人们搬迁、入住现代建筑，看着老房子失修倾颓，她于心不忍。在自己家被一场因燃放爆竹不慎引起的火灾吞没后，她决定行动起来，于是，2012年她买下了这个不起眼的商人之家，并花了三年时间将它修复。在拥有典型的暗沉木刻和白色高墙的同时，半山闲客也让这些老房子在设计上的缺陷一览无遗。这里并非人见人爱，隐私没有保障，有两个房间直接和起居室相连，另外四个房间则在楼上；在床上打个喷嚏，房子里所有人都能听到。徽商旧宅窗牖过高的遗留问题就是室内光线幽暗——这或许利于防盗，但和现代人对光

➪ 东园艺栈外观。

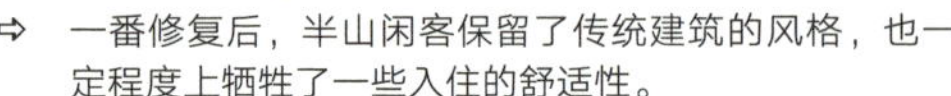

➪ 一番修复后，半山闲客保留了传统建筑的风格，也一定程度上牺牲了一些入住的舒适性。

和通风的偏好却不甚相合。也就是说，半山闲客是一个相对隐蔽的空间，也是人们在静谧村庄偷得浮生半日闲的好地方。对许多人来说，有机会在传统徽派建筑里小住的吸引力远大于在隐私和天光等方面要做出的小小牺牲。

安若酒店则截然相反。这是一家位于徽州古城的民宿。这个现代建筑群曾经是政府办公楼和歙县信访办所在地。当地私人开发商来考察时，这里唯一的住户是野狗，准确地说是七条野狗。政府在搬迁后意识到土地需要再度开发，于是公开招标。最后一轮剩下两个选择，一个是推倒这些房子，建一栋住宅大厦，而另一个开发商的建议则是保留这些建筑，改造成民宿。其中有些红色元素、苏式风格的建筑，修建时间可以追溯到 20 世纪 50 年代。政府选择了保留，2016 年酒店正式营业。

一眼就能看到也最让人惊叹的部分是礼堂。这个巨大的会堂过去用作政治集会，也用来放映电影和举办其他社交活动，这样的功能从 20 世纪 50 年代一直持续到 80 年代。现在这种遗迹非常鲜见，在大多数乡镇已经找不到这样的地方。安若保留了原先的木凳，加了个图书室和投影仪，还把前厅打造成了一个咖啡厅——这里无疑是徽州所有民宿中最美妙又怀旧的建筑之一。客房所在的另一栋楼虽然建成于 1953 年，却是民国式样，有着游廊和水磨石地面，还有宽大的木制楼梯。九位艺术家受邀每人各设计了两间客房，从而打造出了各种风格与布置混杂的效果。日式极简风的设计可能是其中最优雅的一种，但是也有航海主题，乃至更为现代的墙体内嵌各色电子品的布置。许多其他民宿的客人来自大江南北，都是在爬完黄山以后来歇脚的。安若酒店则不同，它自身就是一个景点，大部分客人来自杭州。酒店开发商之一章卫通说，定义民宿的不是建筑，而是民宿主人和文化的在场。“想要体验徽州文化，并不一定要住到徽派建筑里，”他对我说，“食物，生活方式，以及我们提供的所有活动，比如徽砚的制作，都是其中一部分。生活空间重要的是舒适和方便。”

余淮和她的爱人理念一致。他们都是淮南人，在深圳的一家高科技电子公司担任多年管理层职务。2011 年，儿子去美国上大学，就在他们为退休生活做准备，

➪ 安若酒店的礼堂外观和内部空间。

➪ 安若酒店不同设计风格的房间。

➪ 清溪涵月外的农田和温室。

要寻找一个僻静的住所时，黄山清溪涵月乡绅别院这个项目找到了他们。彼时当地政府在距离高铁站不到一刻钟路程的一个小镇建了 80 多座别墅，希望以此重新安置当地居民，但是这个计划并没有遂愿。他们询问正在这里找房的余淮夫妇想在这里做什么。未及确定具体规划，夫妇俩就租下了其中八栋别墅，踏上了成为别院主人的道路，将现代建筑和传统生活方式美妙地结合在一起。2016 年，第一批客房已开放入住。

这个由意外事件促成的机缘让余淮和她的爱人杜先生有了目标。他们这片有着 38 间房和一个由天然井水灌注的游泳池的地产，就是一个关于如何认真负责地种植粮食、蓄养牲畜的任务宣言。为此，他们用 150 亩土地来实践自己的这一想法。在新近建成的外屋处解释完这个民宿的来龙去脉以后，余淮带着我，花了大约一个钟头穿越农田。我们路过稻田、种植莲藕的荷塘、桃园、瓜地、葡萄藤、芋艿、秋葵茎，还有一种我不认识的高大绿色植物。余淮碰了碰它们的荚，沙沙作响，她告诉我这是芝麻；接着是为了给自家榨油种下的油菜花，以及一大片现代温室大棚，里面尝试用尽可能少量的水来培植作物；桌上则摆放着为孩子们准备的教学实验工具。白鹭翩然腾空，飞过屋边河流。杜先生强烈主张堆肥法，以及天然捕鱼法，而不是当地常用的电击捕鱼。他说在他和余淮经营别院的几年间，他们正在看到进步。“这是一种生活方式，而不是一门生意，”余淮对我说，“我们还是需要做点事情，只是不像城市生活那么复杂，这样的日子挺美。”

孙为民代表的是下一拨徽州民宿。他和他的地产开发商正在将屯溪城区的九栋历史建筑改造为一个民宿群。我们参观了其中规模最大的一栋楼，过去这里是一爿茶厂，后来又成了红军的医疗用品工厂，现在只剩下了木梁和砖堆。午后的暑气中，一些工人正在小憩，显然工地还在拆除作业中。楼外，率水河和横江在此汇合成新安江，滔滔而下，蜿蜒而行，流向杭州湾。尽管民宿尚在兴建，孙为民对民宿应该具备哪些元素而徽州又何以在这方面优势明显有明确的看法。“大多数人都看到过许多奢华酒店，”他说，“我们没法和它们比，但我们有的是文化，是雕刻、木石和建筑，徽州有的是传统遗产。”

⇨ 在保留了部分当地传统建筑风格的同时，清溪涵月也很注重住客的需求和体验。图为建筑外的泳池。

民与艺，黔东南民宿的滋养者

文 袁銮

和国内各地轰轰烈烈的民宿热潮不一样，黔东南的民宿迄今依然是波澜不惊的状态，当地居民始终是黔东南民宿业发展的重要参与者和贡献者。你可以看到在没有外界资本进来的早期，当地居民如何革新建筑格局和完善接待礼仪，也可以看到在外界资本开始介入后，苗侗民艺如何成为黔东南民宿体验的中心。民宿离不开“民”字，这一点，或许黔东南民宿可以给我们带来启示。

➪ 背山临水的老建筑，经过民宿主和设计师的一番改造，成为舒适而静谧的居住空间。
供图 _ 侗赏

黔东南毫无疑问是当今国内的热门旅行目的地之一，但这片土地的民宿起步却相当晚。20 世纪末，那些勇于尝鲜的中外旅行者来到这里，大多只能借宿于破败的乡镇国营招待所，即使在西江、肇兴这些当下黔东南体量最大的旅游集散地，也不例外。黔东南常被旅行者概括为“苗乡侗寨”，这种说法尽管有以偏概全的嫌疑，但苗侗两族作为黔东南的人口组成主体，依然可以算作管窥黔东南风貌的两大窗口，因此，西江苗寨、肇兴侗寨两地的民宿，堪称黔东南民宿行业的风向标。

直到 2005 年前后，西江苗寨才有了民宿的雏形。勤奋的苗家年轻女子阿浓、退休的小学教师李老师和农民画家李玉福等西江人差不多同期将自己在山麓之中的纯木结构的干栏式建筑改造成可接待旅行者的民宿。传统的苗族建筑是围绕传统农耕生活分区的：一楼为牛马等牲畜的圈养区，二楼则容纳了灶台、客厅和卧房，阁楼通常用于储藏粮食和其他生活物资。将这种农耕家庭建筑改成民宿，就得重新进行功能分区：一楼变成接待客人的大厅，二楼则改造成餐饮区和客房，阁楼空间有限，但依然可以做出不错的住宿空间。苗族的“美人靠”深得旅行者的青睐，这些早期的苗家民宿业主为了扩大建筑空间，顺势在房屋侧边建造两层的美人靠走廊。一楼可以作为厨房空间，二楼则是半露天的美人靠。闲时，客人可以坐在美人靠里感受山风扑面。在用餐时间，这条走廊就会用桌椅拼出一列长桌，让客人体验苗家的长桌宴。

西江苗寨的民宿文化内容之一，就是苗家特色餐饮文化。在长桌宴上，酸汤鱼、鼓藏肉、鸡稀饭等苗家菜肴一一摆列，之后西江男人吹奏芦笙，苗家女子飞歌飘扬，又少不了一杯又一杯的自酿米酒下肚，使风尘仆仆的客人大有“醉卧沙场”的豪迈感。这种略显粗犷的待客之道获得了客人的赞誉，也因此激发了西江民宿业主和餐饮业主的思考，他们在实践中不断发展着苗家的长桌文化和饮酒文化。当下在黔东南俯拾皆是的“高山流水”饮酒法，就是在西江近十年的民宿实践中逐步成熟起来，并影响到周边区域的。

肇兴侗寨的建筑主体同样为纯木结构的干栏式建筑，同样民族风情浓郁。但意外的是，这里早期的民宿风气，却和西江有天壤之别，这可能和一段著名的涉外婚姻有关系：20 世纪末，瑞典人阿斌来到肇兴，偶遇侗家女子陆新娅，二人坠入爱河并最终喜结连理。陆新娅的家庭也因他们的婚姻，得以深入了解外国人的喜好。彼时肇兴侗寨的旅行者主体为外国人。新娅的哥哥陆新风，决定将自己在河边的房子，改造成一个以外国人为主要服务对象的旅馆，取名叫“露露客栈”。差不多同一时期，肇兴侗族人田茂荣也将自己的民居改造成了主要接待外国人的民宿。这两家民宿，构成了肇兴民宿的雏形。

肇兴的这两家民宿在空间构造上和西江的民宿异曲同工，但在功用上却大不

⇧ 循美・半山木结构建筑的室内空间。
供图 _ 循美・半山

⇩ 循美・半山的画娘，正指导住客体验蜡染手艺。
供图 _ 循美・半山

相同。在肇兴，民宿业主更倾向于在这个西南腹地里，给外国旅行者提供类似在本土旅行的住宿体验，例如在大厅里供应咖啡、茶点等西式餐饮。这种帮助西方旅行者大解乡愁的民宿类型，同样大受欢迎。

陆新风的露露客栈发轫于 1999 年。从 1999 年到 2008 年这十年间，肇兴和西江两地的早期民宿业态，深深影响着黔东南全域其他的同行。2008 年，黔东南的旅行市场发生了一个里程碑意义的事件：西江苗寨进行了一次大规模的、面对主流旅游市场的改造。政府修建新路，新建了旅游设施，大大降低了游客进入苗疆腹地的门槛。与此同时，资本和外来经营者开始进入黔东南的民宿业。

> 在近几年开设的民宿里，越来越多的本地民艺符号在民宿空间中得到彰显。

青岛人刘斌是最早进入西江苗寨为旅行者提供住宿服务的外地人之一，他在苗寨开了一家名为“有家客栈”的旅馆，但他并不是最先将苗侗传统民居改造成民宿的实践者。当时他买下西江被废置的银行砖混房屋，改造成类似青年旅馆的背包客空间。到了 2008 年，背包客市场在西江开始消退，刘斌对有家客栈又进行了一次改造，将大通铺的房间改成了标准化的客房，各种软硬件都进行了大升级。2008 年这个时间节点，追求硬件质量和服务体验的非标准住宿在国内旅游市场如雨后春笋般层出不穷，刘斌的住宿地改造远非国内非标准住宿的先行者，但在黔东南，他却是率先“吃螃蟹”的外地人。

贵州本土的建筑设计师先锋则对侗族传统民居的空间进行了更多的思考。2009 年，先锋和他的合伙人成为露露客栈的新任业主，他对露露客栈进行了一次新的升级尝试，将过去追求尽可能多地容纳住客数变成追求给更少的客人提供更舒适的住宿体验。同样，在这个时期，不同的建筑设计师对苗侗民居的改造进行了不同的思考，但殊途同归，皆是希望给旅行者营造更舒适、更宜居的空间。

这种改造住宿体验有另外一种尝试：完全以旅行者住宿为诉求的新式民族建筑。这种新式建筑空间是以苗族民居的主体为主要元素，独立建造更大体量、更大公共空间的区别于传统民居的建筑空间。这些新式但和本地环境尽量协调的建筑群最先出现在西江半山民居下面的小坝子上，更大的资本因应旅行经济而涌入，一种类似精致酒店的住宿形式开始进入旧时相对封闭、传统和自成体系的苗侗社区空间。

到了近两年，民宿经营者的触角又伸向了更多的苗侗传统建筑空间，例如侗族的粮仓。

粮仓一般安放在侗族社区的边缘地带，为一进独立小木房，占地多为二三十平方米，底层为储藏粮食的空间，二层则是半露天晒谷架。这种空间自成一体、各不干扰，是规避苗侗民居建筑短板的良好示例。对粮仓的空间改造在黎平黄岗侗寨已看到雏形，建筑师意欲展现出一条新的居住路子，给人以不同的启示甚至是喜悦。同期，策展人左靖同样关注到侗族粮仓的建筑启示，在地扪侗寨进行了类似的粮仓空间改造实践。这些正在进行中的实践项目带着更多关于建筑、空间和传统传承与创新的思考。

黔东南的民宿业态区别于其他地域的，远非只在木结构建筑里对更舒适、更贴近旅行者熟悉的生活空间的追求。越来越多的民宿业主开始考虑如何将本地文化融入住宿空间。在近几年开设的民宿里，越来越多的本地民艺符号在民宿空间

➪ 客人可在西江苗寨的民宿中体验苗家的长桌宴。
供图 _ 循美 · 半山

中得到彰显。在西江，循美 · 半山将黔东南榕江地区的蜡染工艺搬进民宿空间里，有民间画娘对客人进行指导体验。在肇兴侗赏，箱包设计师谢思蕊则对侗布进行现代化的设计改造。越来越多的民宿业主，从满足客人三餐一宿的基本需求里抽身出来，让旅行者获得别处无法复制的本地文化养分。

最近几年，非标准住宿 / 民宿的营造大潮席卷中国各个旅行目的地，不少地方甚至有疲态的倾向，但在黔东南似乎还是方兴未艾。或许有一天，会有更多的人发现，哦，原来“诗意栖居”可能就是在这里。

湘西民宿，山水人文的新选择

文 易晓春

作为一个文化地理单元的湘西，不仅是指湘西土家族苗族自治州，它包括怀化、湘西州和张家界，甚至涵盖了常德的一部分。最为集中的湘西民宿群落，主要在凤凰和张家界两地：过去屯兵的凤凰城里，如今满是民宿客栈，江边吊脚楼和城中大宅大多成为了旅游从业者觊觎的对象；在张家界的大山深处，民宿则为靠山吃山的山里人提供了一种新活法。

➪ 沱江穿凤凰古城而过，放眼望去，两岸尽是吊脚楼。
摄影 _ 林帝浣

在没有现代交通的时候，进入湘西要走水路。沅水如一条银线般串联着整个湘西的市镇，这些市镇中河渡码头的人事场景，常在沈从文的笔下显露出来。湘西民宿的最初形态，就是这些河渡码头上的旅店、客栈，供船家、客商停脚过夜之用。沈从文笔下那个“戴水獭皮帽子的朋友”，就是沅水边杰云旅馆的主人。

凤凰——旅游潮下兴起的民宿群落

凤凰民宿的开始，正是源自这些美院学生的借宿暂居。

凤凰古城聚集着湘西最多的民宿。当年为了镇压苗民的反抗，清政府曾在此屯兵。古城城楼下，也曾是沈从文兴冲冲赶来看砍下“乱民”千余头颅的旧时刑场。一座记录着多次苗民起义的古城，一个光复军攻城的首选要冲，现在则是游人如织的风情之地、学子们手中画笔描绘的光影对象。

凤凰民宿的开始，正是源自这些美院学生的借宿暂居。当地老百姓将自家居室稍稍清理腾出，就可让出一方空间。价钱不贵，足以让这些学生住上足够长的时间，让他们用微薄的成本去支撑青涩的梦想。那是 20 世纪八九十年代凤凰旅游起步的时期。在随后的十年中，凤凰旅游逐渐兴起，江边开始慢慢有了零星的几家客栈。这些客栈稍显简陋，也停留在等客自来的状态。自家房子，人们还过着自家的生活，阴冷的冬日游人稀少，就支起火盆打一天麻将。比如当时位置最佳的沱江人家客栈，就是本地人包老夫妇一家人操持着。老包撑着自己的渔船，常带着客人们游沱江。

随着凤凰旅游越来越火热，家庭客栈已经容纳不下来自五湖四海的游客。自家房屋的自由进出、卫生习惯的不适、潮湿的被褥等，也都让主客之间难以适应。外地生意人就在这个时候进入了凤凰，渐渐主导了当地的民宿业。现在你再去凤凰走一遭，会发现古城的上千家民宿中，已经很少还有本地人在经营。本地人大多搬到了新城居住，乐呵呵地定期收收房租。

话虽这么说，留在古城的湘西人也还是有的。比如吴家弄的柚子客栈的老板，在三联书店做了几年《孤独星球》（*Lonely Planet*）旅行指南后，干脆回到凤凰，自己做起了旅行者的“生意”。隔壁经营着湖湘驿国际青年旅店的，也是位从海外回来的湘西人。因为重走过沈从文当年的回乡路，他常和人讲起沿途经过的箱子岩、青浪滩、骂娘滩、云庐……听众们似懂非懂间，一大杯自酿啤酒下肚，蒙眬间便难辨今昔了。听完故事，再去听湘西的音乐。一街之隔的南边街，有间“明日去山谷”民宿，也是间 Live House。主人二哥一边经营民宿，一边在山谷里

⇧ 墨岚艺宿的工作人员。
摄影 _ 黄雨桐

⇨ 墨岚艺宿中正在谈天的住客。
摄影 _ 黄雨桐

⇩ 墨岚艺宿的内部装饰。
摄影 _ 黄雨桐

玩自己的“鹿鸣于野——迷笛97届20年聚”。

沱江江景一线是众多精品民宿的扎根地。从江边的万名塔沿石阶而上，有“印记·风筝”和“山谷花间”，依靠着地标制高点——八角楼，古城江景一览无遗。若是走江边栈道顺江而下，可寻到枕水听江声的“墨岚艺宿”。站在此处望向对岸，山岚江烟，犹如缥缈灵动的水墨画轴，这就是“墨岚”的由来。如果你被江烟托着跨江而过，顺台阶而上至南华山腰就是沈从文的墓地。凤凰为大众所熟知，不能不说多半是沈从文的功劳。此时，他长眠于一块五彩石下，周边的喧嚣繁闹，像是与他毫不相干。

张家界民宿——大山深处人家的新活法

20世纪70年代末，一名画家硬生生地闯入还是蛮荒之地的张家界林场，挥毫泼墨画了一幅两米宽的《张家界马鬃岭》，后又作文记之道：“我辛辛苦苦踏过不少名山，觉得雁荡、武夷、青城、石林……都比不上这无名的张家界美。”这个人就是吴冠中。

张家界是座因旅游而兴起的城市。市区内的旅游设施齐备，大大小小的宾馆、酒店为众多团队游客提供住宿。当地的民宿，则最早出现在山环水绕的景区内。世居在大山中的老百姓将自家吊脚楼改建成客栈、旅馆，短期租给苦等云山雾海的摄影发烧友，也给不想进进出出折腾的游人以方便。

景区的承载能力有限，城市人的吃喝拉撒、供热取暖让脆弱的生态难以负载。最终当地政府花费近10亿元巨资，将老百姓“请”出了景区，严令景区内一切楼堂馆所关闭。之后一些民宿转战至周边的中湖乡等地，在当地形成了一个个民宿群落，仅杨家界门票站旁的中湖野溪铺，就有80多家民宿，“五号山谷”就

⇧ 五号山谷的住客们正在用餐。
供图 _ 五号山谷

⇨ 五号山谷外，与周边环境浑然一体的步道。
供图 _ 五号山谷

⇩ 居住在深山中，并不意味着要牺牲生活品质。图为五号山谷的一处木质阳台。
供图 _ 五号山谷

是其中之一。

五号山谷隐蔽在野溪铺的一处峡谷中。住客要沿着一条蜿蜒爬升的小道，翻越一座山梁才能进来。不过只要到了民宿前坪，眼前便会豁然开朗——田园屋舍，泳池酒吧，袅袅炊烟，恍如隔世。民宿的主人是一对神仙伴侣，男主人老陈是土生土长的土家汉子，早年走出这里去了北京，今又回归了故土；女主人婉儿则放弃了 IT 外企的高薪，随丈夫一起来到了这片山谷。

他们酿着自家的米酒，操办着农耕文化节，也推出了自己的养生课程。客人们沿着他们开辟的独家徒步线路，跟随向导进入少有人烟的野路山径。山谷中的老百姓以土地、房屋等形式参股，也可在民宿工作拿工资。民宿与土地上的人之间的互惠，让整个山谷的人文生态链得以良性延续。

靠山吃山，以山养山，由此成为大山深处人家的一个新活法。

➪ 土黄色的墙面，让五号山谷成为了峡谷环境的一部分，丝毫没有跳跃感。
供图 _ 五号山谷

"初见如故人"的台湾民宿

文 吴文智

在众多大陆游客和民宿从业者眼中，台湾像是个民宿界的朝圣之地。每年前去入住体验和参观游学的人都不计其数。即便在大陆民宿界经历了一番狂热，而后逐渐进入冷却、反思、升级阶段的今天，台湾民宿依然不温不火地稳坐在行业神话一般的位置上。其行业发展的背后发挥着根本作用的，或许不仅是技术细节和经营手段，更重要的是外部的社会环境和从业者的心态。

⇨ 夜空下的云山水，像是草坪上长出的一个童话。
供图 _ 云山水

民宿的起源有多种说法，一说是日本，一说是法国，还有一种说法是英国。有史可考的“民宿”一词，确切地说，来自英国。20 世纪 60 年代初，在英国西南部与中部地区，农民为了增加收入，开始尝试将自住房提供给旅行者住宿，这就是民宿的雏形，采用 B&B 的经营方式。中国台湾民宿是后起之秀，比英国要晚 20 年。

纵观中国台湾民宿发展史可以看到，中国台湾民宿用 30 多年的时间，便能比肩英、法、日民宿这些优秀的前辈，不得不说是一个奇迹。台湾民宿的口碑之好，以至于在世界范围内提及民宿，都不得不说起台湾。去台湾的旅行者，也认为民宿有着不同于五星级酒店的风韵。

据统计，2003 年台湾民宿只有 124 家，2007 年，已登记的合法民宿达到 1939 家，截至 2014 年 6 月底，台湾的一般旅馆和民宿首度突破 6600 家，总房间达 14.9 万多间，是观光旅馆房间总数的 5.7 倍，且仍在持续增长。

是什么造就了台湾民宿业态奇迹？

顺着历史的画轴重返 20 世纪，穿越到民宿发展之初。1980 年前后，许多类似于垦丁“国家公园”这样的游憩区，节假日期间大饭店、大旅馆客房供应不足，有些甚至还缺乏服务意识，让游人觉得店大欺客。一些登山旅游者开始尝试借住在山区农舍。受这些旅游者的启发，有空屋的农家灵机一动，挂出了民宿的招牌。由此可见，民宿的快速发展，首先源于旺盛的市场需求。

其次，从上面的台湾民宿起源可以看到，民宿好客的基因，是台湾民宿业发轫之时便流淌在血液中的。当大批热情的民宿主人亲自到饭店门口、车站等游客集中地招揽客人时，台湾民宿业便开始兴起了。这种由农家自住房转为客房的微型住宿体，经过 30 多年的进化，形成了一种独特的风格，不断吸引着游客前去探寻它的魅力。

在这段精彩的民宿发展史中，政府起到了关键的推手作用。1989 年，台湾当局为了改善山区原住居民的生活，也为了利用山区观光资源，推行了原住居民山区民宿，实施旅游扶贫。这一举动，促使民宿业迅速发展起来。

民间组织也是推进台湾民宿的重要力量。民宿发展之初，政府只是引导，并未参与管理。那时由于各部门持不同看法，民宿发展受到颇多钳制，步履维艰。后来台湾许多民间旅游组织抱团组建了台湾民宿协会，初衷是组织管理民宿，以便让民宿走上良性发展轨道。现在台湾民宿协会的功能已发生转化，以创新、营销为主，并主动与政府部门协调。台湾民宿协会的存在以及其职能的履行，加速了民宿在台湾各地的开花结果。

➪ 芯园的欧式城堡建筑。
供图 _ 芯园

“用心”的民宿

2015 年，我去台湾进行过一次为期六天的台湾民宿深度游学之旅，对桃园、南投、花莲、宜兰、九份以及台北等地的民宿做了深入考察。

第一天落脚的地方是福缘山庄，接待我们的是庄主钟爸爸。20 多年前，钟爸爸从城里来到拉拉山，买下五亩地，和爱人钟妈妈一起，开始了退休后的惬意生活。他们既经营民宿，也经营生活，从习惯了熙熙攘攘的都市人，超脱成逐渐融入福缘山水的乡野眷侣。我能看见他们在提及福缘山庄民宿时，眼中闪动着的热情和欢喜。

“好民宿更多地源于民宿主的热爱与投入，从事民宿也是一种健康养老的好方式！”钟爸爸带着我们在周边散步，微笑着跟我们说。得益于这份乐山乐水的情怀，如今已经 68 岁的钟庄主，让时光都停留在了 50 岁的盛年，他依然健步如飞，精神矍铄。

⇧ 与住客们共进晚餐的云山水主人丁先生（后排右一）、
丁太太（后排右二）。
供图 _ 云山水

⇩ 云山水家一样的公共空间。
供图 _ 云山水

我们在福缘山庄享受着悠闲时光，嗅着自然的芬芳，看猫猫狗狗们温顺地躺在地上。这些可爱的小生灵，听到声响便抬起头来瞟一眼，眼神中自带惹人怜爱的慵懒。手捧香茗，翻动书笺，于绿荫下的小阳台上静坐一下午，享受着浮生半日闲，再惬意不过。

台湾民宿之所以做得好，主观来讲，我最大的感受就是“用心”。

有些人分不清民宿与农家乐，总将两者混为一谈。事实上，民宿并不等同于农家乐，也非农家乐的简单升级。从台湾经验来讲，二者最本质的不同，在于民宿提供了一种入住体验，而农家乐大多仅提供客房。很多民宿主人都是半路出家的职场人，或是都市退休老人，有着较高的文化水平和宽广的见识。他们可以作为服务者为住客提供早餐，也可以作为朋友与游客把酒言欢。

好的民宿主人，往往是游客和当地自然人文的媒介，同时身兼厨师、管家、导游、司机数职。在台湾，民宿主人会提前询问你的到达时间，在你来到之前便安排好一切。游客一下车，就会发现民宿主人已经在车站外等候了。民宿主人这种殷切如老友的待客之道，让游客感觉自己不像外乡人，入乡即有亲切感。住在台湾的民宿中，几乎都会有一种“宾至如归”的感觉。这种感觉，正是台湾民宿主人孜孜以求的服务体验，其用心可见一斑。

民宿主的生活情怀与个性特色

在台湾，一个民宿就是一个用情颇深的故事，沉淀着民宿主人的生活情怀。很多民宿主人用数十年的时间，精心打造与经营着这个只有很少客房的半家、半酒店的空间。即使经营得很成功，民宿主人也很少考虑去别处复制一间，要的就是这种独一无二的感觉。在浩瀚世间，守一方乐土，静待有缘者造访。

闲暇时光，民宿主人总会琢磨要修葺一下自家的民宿。在小院里栽上两棵葡萄，待来年春天抽了芽，那一点青翠也会给整个小院增添光辉。把门前的阶梯修整一下，以便于游客拖拉行李。池边的青苔太湿滑，得围个小栏杆，做个警示牌。民宿主人把民宿当成自己的生活和精神家园，把游客当成倦游返乡的家人，以自己的真诚，让游客有一种神交已久的故人之感。

花莲是台湾民宿最多的地方。民宿不同于酒店，“民宿主自己要学会在轻松生活与营业中平衡，把民宿做成快乐的行业，自己塑造生活空间的价值，用心与客人一起乐享民宿生活，与客人平等交流，不卑不亢，保持自己民宿的品格！”云山水民宿主丁大哥在谈到这个问题时，曾这样跟我们说。年事已高的丁大哥结束了自己在台北的生意后，就创办了这所台湾第一人气民宿——云山水。

“养儿防老不如做民宿，做民宿就是给自己一个快乐的老年生活！”清境地区民宿协会的老理事长乐呵呵地和我们分享心得体会。他来清境已经有 20 年，认为做民宿就是要快乐，要把做民宿与经营自己的生活结合在一起。

“民宿已经远远地走在生活的前方，每一个人最好只做一个民宿，就像你只能过一种生活一样。”在宜兰，民宿协会曹理事长跟我们分享了他的经营理念，这也是 15 年来他一直坚持的理念。

芯园在台湾民宿中颇有名气，被称为“宜兰县第一花园民宿”。顺着小道走近芯园，远远地就会被它的外观吸引：整栋建筑以欧式城堡为主体，与周边环境完美融合在一起，如同一个沉默的英国贵族，让人一瞬间会怀疑自己是不是到了欧洲。建筑内外一致，外观上的欧式风格延续到了屋内，刚进入就会给人一种惊艳的感觉，似乎进入了童话故事中的城堡。在这里，无论男女老少，都可以实现自己的王子梦或公主梦。与芯园主人曹菀芯聊天，发现我们对民宿的理解极其相似，她告诉我，做民宿最重要的就是要用心，我亦深以为然。

考察过程中，使人印象深刻的还有台湾民宿具有的强烈个性特色。

台湾民宿的主人，既有回乡创业的青年，也有退休在家的老人，更有为了实现自己的人生理想而“换个活法”的建筑师、设计师、艺术家、教师。他们倾注全力打造自己的梦想田园，然后与游客分享这种甜蜜的生活。或许正是因为不忘初心，台湾民宿才会少了些商业气息，多了点艺术和人文格调。大陆的民宿，很多都聘请了专业的民宿管家，真正的投资人却不做民宿的主人，而是留在都市生活。

与其说是做民宿，不如说是精心打造属于自己的理想家园。

民宿主人对民宿生活往往有着深刻的感受，与其说是做民宿，不如说是追逐自己的梦想，精心打造一方属于自己的理想家园。他们做民宿的初衷往往不是为了钱。他们大多不功利，也乐于分享信息和经验。“台湾民宿的数量很多，属于‘僧多粥少’，每每到淡季的时候，总有许多家民宿的房间是空着的。”我与一位民宿主人聊天，他这么跟我说，“不过我们不会恶性竞争，反而会抱团取暖。我们私下里成立了‘联盟’，如果一家民宿满客了，这家民宿的主人就会帮游客联系另一家民宿。这样既能使游客满意，也方便民宿主私下交流。大家坦诚相待，一起把台湾民宿产业做好。”民宿主人的话让我很感慨，正因为经营民宿的是一些这样美好的人，台湾民宿才被打造成了一种温暖的所在。

这不单单是我的个人感觉，我曾听许多人谈论台湾民宿，出现频率最多的词就是“温暖”“感动”。远道而来，如同归家。在这里，你可以完全放松下来，在与民宿主人的谈话中，一点点了解和感受台湾民宿生活的美好恬淡。

离开前，民宿主人早早地给我们准备好了早饭，精致得像是一件艺术品，让人不忍下筷。我坐在车上，回望了一眼身后的民宿，蓝天白云之下的小屋分外亲切，我的脑海中闪现出了一句话：“与君初相识，犹似故人归。”

借鉴 • 台湾民宿

❍ 台湾管理部门颁布的《民宿管理办法》将“民宿”定义为“利用自用住宅房间，结合当地人文、自然景观、生态、环境资源及农林渔牧生产活动，以家庭副业方式经营，提供旅客乡野生活之住宿处所”，且规定民宿需由“建筑物实际使用人自行经营”。这些定义和规定，呈现出了台湾民宿的几个特点：“不限定民宿主身份”“鼓励以休闲农业带动乡村建设”“家庭副业经营”“主人文化明显”。

❍“不限定民宿主身份”，即经营民宿的可以是历史上一直以来的土地所有者，也可以是经过转让获得土地所有权的其他人。台湾民宿最早多是出租自家闲置空间，并不涉及土地转让。后来随着民宿产业的发展，逐渐有外地人、城市人租赁、购买建设用地来经营民宿。1990年，台湾调整了“土地法”，私有农地所有权转让的受让人，不再限定为自耕农。这一举措为城里人到乡村经营民宿提供了“法律”支持，极大地推动了民宿业的发展。

❍ 台湾民宿的发展，一定程度上与休闲农业、乡村建设是不可分割的。20 世纪 90 年代，台湾农村发展陷入瓶颈，人口外流、老龄化严重。台湾“农政部门”着手推动观光农业、休闲农业的发展，鼓励乡村居民利用闲置房屋和当地资源发展民宿。“家庭副业经营”，本质上也是指在从事休闲、观光农业的同时，开展民宿经营（后期由于资本进入，一些作为家庭主业的民宿进入了市场，使台湾民宿也出现了豪华化、高端化的倾向）。

❍ 观光农业、休闲农业将单一的民宿经济变为了集住宿、餐饮、娱乐、农业体验、物产销售等为一身的综合经济，使乡村居民收入变得多元化，也在很大程度上解决了年轻人的就业问题，缓解了人口外流，给乡村带来了新的活力。大陆虽早已有以农业采摘、餐饮、物产销售为创收渠道的乡村经济体，但多数经营方式和环境设计都较为粗放。大陆的民宿，也更多的是专职化的住宿经营，只有极少数与休闲农业相关。民宿是精致化的本地住宿体验，借鉴台湾经验，将民宿与休闲农业进行结合、升级，是建设乡村的一条很好的途径。

城市

City

不同的城市，不同的地域文化，造就了各地民宿差异化的居住生活空间与主题风格。如美国著名建筑师埃罗·沙里宁（Eero Saarinen）所说，城市是一本打开的书，从中可以看见它的抱负，以及这个城市的居民在文化上的追求。城市中的民宿就好像书的目录，是人们了解这个城市脉络的捷径。

城市民宿进化论

文 余弦

“因为离我出差工作的地方最近，而且离田子坊、新天地都不远，要逛街也方便，还和酒店一样能开发票，我就在网上订了这家民宿。”在民宿院子里喝茶时，常年出差的安安随口和我谈起这几天住民宿的体验。“住这儿可比我住酒店方便多了，我告诉你，从这儿走5分钟就能到我办公的地方，如果订酒店，就算我选最近的一家都得多走20分钟。”

“那儿有合适的民宿住吗？”不知从什么时候开始，无论是去乡间景区，还是去旅游城市，民宿越来越多地被人们纳入了考虑范围。点开旅行类App，民宿已与酒店一样成为了单独的类别被放在首页。像安安这样出差也会订民宿的人逐年增加。

“我住进民宿的第一天，出门去逛田子坊，因为方向感比较差，在弄堂里走反了。快折回到民宿时碰见个小女孩儿正在问路，我一听地址是我住的那个民宿就主动带她回去了。”聊起住民宿的体验时，安安兴致勃勃地说着。他告诉我，如果他住的是酒店，碰到这种刚好住同一家店的人问路，他是绝对不会主动搭话的。“住民宿总有种莫名其妙的亲切感。”

从云南古镇走出的民宿，在华东的乡村和全国各地的城市开了花

在中国，“民宿”是个很难厘清的概念。最开始把民宿送上热搜的是丽江、大理、香格里拉这样的“秘境”。在各种关于丽江客栈的营销文案、《一米阳光》等影视剧的推动下，21世纪初，丽江成了文艺青年们“不得不去”的地方，在民宿里发呆，也成了他们来丽江“一定”要做的事。

2015年，民宿开始更多地与“乡愁”“乡村旅游”联系在一起。那一年，华东不少乡村都开起了民宿。在露台上摆一张躺椅，“喝茶”“发呆”“和流云打情骂俏”成为了人们来这里最爱干的事儿。在这里可以体验到远离都市的慢生活与来自江南山水的魅力。与此同时，个性化的城市民宿也开始在中国萌芽。

这波新的民宿发展潮得从爱彼迎平台说起。这个靠个人房东把房子分享出来的平台，从2015年进入中国到现在已拥有8万套房源，其中多数在城市中。进入中国市场后，爱彼迎不断加快本土化速度，将当地特色旅游资源和文化融入城市民宿的发展。因为爱彼迎在城市中的迅速发展，带有爱彼迎风格，注重主人特色与当地风土人情融合

标准化，个性化城市民宿的新趋势

❶ 与本地（区域）文化相结合的独特设计，不同城市的差异化住宿空间
❷ 周到的管家服务
❸ 便利的交通
❹ 配备有洗衣机、微波炉等设施，营造出家庭生活化的氛围
❺ 走进当地市井之中，体验当地人的生活方式

➪ 靠近迪士尼的途家斯维登上海南京东路店，整体风格明快活泼，吸引了很多家庭游客。
供图 _ 途家

的城市民宿吸引了不少人的目光。国内的城市民宿也渐渐多了起来。作为一名爱彼迎爱好者，君达住过很多民宿，“我每次住爱彼迎上的民宿，就喜欢和老板聊天，这可能和我第一次住民宿是在美国有关。总觉得每一位民宿主都很有故事，和他们聊久了，就差不多摸到了这座城市的调性”。

住城市民宿的人，体验的是房东对城市的理解

刚起步的城市民宿，最开始没有一个清晰的样子。人们对它的认知还是“精品公寓”“青旅”……但这个时候它们已经有了一些今天城市民宿的雏形——让外地人通过住宿体验本地文化。

2011 年，还在杭州做设计师的林玮和朋友，打算做一间既出世又入世的房子，出租给来这里玩儿的游客。为了做得有特色，他们将杭州的茶文化融入了自己出租的 5 间客房。这间民宿开在龙井村附近，背靠茶园，房间里的床头墙上挂了一方农家用来晾晒谷物的苇席进行装饰，地上的木板取材于黄山上的老屋。虽然由于当时的整栋建筑为全木结构，未能通过消防等审批，直到 2016 年才真正开起了茶田吾舍民宿，但你仍可以把它视为民宿主对城市民宿的早期探索。

独特的城市文化是城市民宿区别于标准化酒店最明显的特征。在个人房东那里，他们往往像林玮那样有意识地将体验文化放置于民宿中。

在我们走访的一家成都民宿里，老板查洋就把成都的慢文化融入自己的民宿非宿艺舍。这座修建于 20 世纪 80 年代的别墅，不仅是游客的临时落脚地，也为他们提供体验老成都生活的机会。非宿艺舍是个带小院子的三层别墅，每个房间装饰各异但都有完整的茶具和成都特有的茉莉花茶，它既是民宿，也是茶舍。

这与乡村民宿的发展非常类似，无论是个人民宿主还是民宿预订平台都把个性化作为打造城市民宿的重点。

徘徊在个性与标准之间

除了个人房东，在国内的民宿市场上，还有像途家这样专门提供民宿预订的短租平台。相较于前者，除了注重城市民宿的个性化，后者还希望能让城市民宿在个性化和标准化之间找到一个平衡点。

比如途家旗下连锁品牌斯维登在上海迪士尼附近的南京东路店，住店的客人多数都是去迪士尼游玩的家庭旅客，因此斯维登在室内设计上采用了亲子风。除针对特定的旅客设计民宿软装风格外，在管理方面，斯维登还采用了标准酒店的管理模式。

像青岛这样的城市，既是热门旅行地，也是商旅城。因而除了当地八大关洋房、传统里院等特色民宿以外，也有像斯维登这样连锁化的城市民宿。它像特色城市民宿一样，为客人提供个性化的住宿服务，比如在房间内配备微波炉、洗衣机等设备，营造家庭式的住宿氛围。但在运营、消防、卫生等管理上又采用了类似于标准化中端连锁酒店的模式。

将商旅人士纳入民宿用户范围，成为了各地城市民宿发展的一种新趋势。相较于外出旅行的游客，这些商旅人士有更频繁的出行需求，能为城市民宿带来更加稳定的客源。无论是住宿还是出行，近两年各大公司都在想办法吸引这批用户。爱彼迎从两年前就开始与差旅公司合作，使选择爱彼迎的商旅人士可以如住酒店一般预订和报销，优步、滴滴也先后开始与大型酒店合作，吸引酒店用户用积分获取打车奖励。

近两年民宿业快速发展，相较于标准化的酒店，民宿提供了更多的体验式服务，

⇧ 为了吸引高端商务旅客，上海许多高端连锁民宿在房屋内增添了投影仪、会议长桌等商务设施。
供图 _ 梵舍城市民宿

⇩ 弄堂里的梵舍民宿。
供图 _ 梵舍城市民宿

商务化，城市民宿的新尝试

随着商旅用户的增加，一些连锁化的城市民宿品牌开始了新的尝试。

❶选址：除了城市本土特色建筑外，重视周边的商务区域。

❷设施：除了标准化民宿设施外，考虑商务人士会议需求设有会客室、会议长桌、投影仪、多功能打印机和商务办公用品等。

❸服务：提供定制服务（商务餐点、商务用车）

除了像斯维登这样在房间里添加家用电器设备，为客户营造家庭氛围之外，城市民宿还将本地文化融入了住宿体验。因而商务人士在订房时，也开始将民宿纳入考虑范围。

到今天，民宿在国内发展已有十来年历史，它早就走出了古镇，进入了乡村和城市。对于旅客来说，民宿已不只是旅行途中的住宿地，也成为了不少人旅行的目的地。

今天，当你拿出手机预订一间民宿时，你走进的将不只是一个住宿的房间，而是所逗留的那座城市。

住到北京胡同里，当回“老炮儿”

文 汪云

四合院作为北京在人们记忆里最深刻的标签之一，究竟有多少座？或许没有人能准确计算出来。根据清乾隆时期绘制的《京城全图》看，当时共有大小四合院26000多座。斗转星移，2016年，在北京市地方志编纂委员会编撰的《北京四合院志》中，保存较为完好的四合院仅有923座。

汪曾祺在《胡同文化》中生动地描述了老北京胡同。他写道，胡同和四合院是一体。四合院是一个盒子。北京人理想的住家是“独门独院”。北京人也很讲究“处街坊”，“远亲不如近邻”。

在过去半个多世纪的旧城改造中，很多老北京四合院消失了。现存的胡同，如今还保留着汪曾祺笔下的人间烟火气。穿梭在北京的胡同里，依旧能听见路旁的老北京人操着纯正的京腔相互问好：“吃了吗？您呐。”

随着拆迁改造，胡同里的原生居民渐渐搬离胡同，搬到四环甚至五环之外。当人们猛然间意识到四合院正在成为记忆，城市的天际线开始让人感到压抑的时候，有一部分老北京人开始想念胡同里的人情味。

“原本生活”的民宿主人就是这样，他轻叹了一口气，说道：“我对这里有一种情感，真的！我从小在这片儿长大，后来跟着爸爸、妈妈搬走了。可我就是不想离开这儿，所以回来开了这家民宿。我现在已经筹划第二家民宿了，想让更多的人体验北京的胡同文化，这是一种‘瘾’。”回忆起原来住在院子里的生活，民宿主人眼里流露出的都是

北京：

- 2017 年上半年最受欢迎的民宿目的地城市第三名
- 民宿数量：2 万多家
- 最受欢迎的民宿圈：前门 / 崇文门、中关村 / 五道口、后海

（数据参考途家发布的《2017 年上半年民宿旅游报告》）

怀念。他把自己儿时的记忆融入这家民宿，朱色的大门，小小的一进式院落，院内青砖铺地，房间内保留着原始的粗大房梁。

把胡同里的民居改造成民宿早就不是新鲜事，但要改得宜居、舒适还有设计感却是件难事。胡同民居空间普遍较小、建筑整体采光差、一般没有独立卫生间等，都是改造时很难克服的问题。

位于国子监附近的箫逸舍，低调的门脸稍不注意就会错过，推门进去却别有天地。庭院借用了些许日式枯山水的设计意境，在原汁原味的胡同老宅中平添了一丝侘寂的意味，就像主人描述的那样，“宁静和繁华，就是一转身的距离”。民宿主人不是北京人，从寻找合适的地段，到签订这个院子就耗费了两年时间，又经过近百稿的设计、一年多的翻建与近 10 个月的精心装修和软装配饰，箫逸舍才呈现出今天的模样。

充满着生机的四合院民宿，成了更多人到访北京时心有所念的去处。站在四合院民宿中，仰望鸽子来回盘旋，飞到东，看到东，飞到南，看到南……老北京人就是这样消磨闲暇时光的吧！

⇧ 老北京人对胡同有着特殊的情结，一部分人在搬离后又重新回到胡同中开起了民宿。
摄影 _ 王宁

⇩ 坐在露台上，眺望胡同中大大小小的四合院，是很多来北京的游客最爱做的事。
供图 _ 箫逸舍

隐于市井烟火里，体验成都慢生活

文 王静　　摄 樊觅韵

三花喝起，火锅吃起，龙门阵摆起，小街小巷逛起，成都日子里的市井气和鲜活劲儿就散出来了。这缕变幻无序的烟火气，才是成都的底色。你若嗅不到这缕烟火气，那你只是住在成都，不是活在成都。

成都的民宿大多藏在巷子深处，民宿主人们在市井和讲究之间找到了迷人的临界点，把市井拔高了一点点，又不过分精致，是那种会做回锅肉，也读《红楼梦》的姑娘，因而这里的民宿里里外外透着刚刚好的舒服劲儿。

在如今成都最老旧的别墅区，就隐藏着这样一个民宿——非宿艺舍。主人查洋说，这里不止于住宿，更是茶舍、生活体验馆，她把自己喜欢的生活方式都放在这里。查洋懂茶、爱茶，当时造民宿的初衷，就是想让更多的客人来非宿喝成都的茶。“很多茶都在深山老林，很多人没有那么多时间去，那就来这里啊，早上泡一碗盖碗茶，在大厅或院子里喝，都可以。”

非宿有九个房间，每个房间装饰不一，但都有一个茶盘和完整的茶具，配成都的茉莉花茶。茉莉窨制的花茶有股特有的清香，饮此茶就像闻到“春天的气味”。不想喝绿茶，就直接到一楼找主人，查洋的茶台在一楼落地窗边，她每天都坐在这儿泡茶，普洱、红茶、凤凰单枞、白茶，什么茶都有。开心的时候她会泡老白茶，水一开，老白茶那股米汤般的药香便顺着壶嘴在整个大厅氤氲开来。

成都是个很安逸的城市，在这儿待久一

点，难免落下慵懒的病，不是邋遢脏乱的懒，而是那种不挣大钱、小富即安的懒，我就做我的，耍我的，其他的嘛，“哎，管他的嘞”。这样的主人，做民宿也给自己营造同样的场。这房子也会染上慵懒气，享乐又节制，心满意足。

客家人三姑就是这样，她的民宿在荷塘月色附近，一切照着自然的样子来，木屋子，顶上铺着茅草。开始没有对外，也不供餐，很多朋友喜欢这里的安静，喝茶之后不想走，就让三姑做吃的。她做简单的素菜，熬一点汤，做广式打边炉，大家都很满足。2015年邻居老吴夫妇加入，疍民老吴擅长做菜，自此三姑民宿可以吃到成都最鲜的疍家菜。

三姑喜欢手工艺，也爱淘旧物，最近又

迷上了植物染，因而每间客房里都有木家具，有手绣、蓝染和旧物的痕迹。三姑不存钱，赚一点钱就去旅行。她说院子的春天最舒服，这些年她一直是睡到自然醒，然后坐在亭子里泡茶，播放音乐，不刻意，顺其自然。

成都：

- 2017 年上半年最受欢迎的民宿目的地城市第一名
- 民宿数量：2 万多家
- 最受欢迎的民宿圈：骡马市、红星路、宽窄巷子、万年场

（数据参考途家发布的《2017 年上半年民宿旅游报告》）

⇧ 成都大多数民宿主想方设法找有小院的房子，没有院子就收拾出阳台或花房，晒太阳，喝茶，享乐又节制。
供图 _ 三姑民宿

⇩ 花香浓郁、价格适当的三花茶是老成都人的最爱，在成都的民宿、茶馆中大多都能喝到。
供图 _ 非宿艺舍

茶与分享，西湖畔的禅意生活

文 蒋瞰　　摄 曾令洪

湿润的气候、适宜的土壤与丘陵广布的地形，构成了杭州产茶胜地的自然基础。随宋室南迁而来的中原茶文化，在这里从文人士大夫的雅趣转变为了百姓市井茶肆间的生活方式，并一直延续到如今杭州大大小小的民宿之中。

2016 年，在青芝坞最靠近龙井村的茶园里，设计师林玮和生活美学家小敏开起了茶田吾舍民宿。之所以起这个名字，是因为他们在寻觅到这幢房子时，一个说："叫茶田吧，反正咱这屋子背靠着茶园。"另一个说："叫吾舍吧，无论到哪儿，家的感觉都是最好的。"

茶田吾舍的主体建筑由竹子、实木、黄泥等构成。院子中间，是以太湖石为景观的长条状静态水景，配以枯山红枫，周围还种有樱花、芭蕉、竹子、桂花、腊梅……四季皆有美景。入得舍内，前台右手边是一个独立茶室，换鞋进屋，盘腿而坐，小敏做的新鲜果子配老茶正好。

圆形窗子面对院子敞开，洁白的沙石倒映出月光，温暖静寂。左手边是餐厅，长条水泥餐桌，开放的小型西式厨房，相对独立的中式厨房，在这里可以吃到由老板林玮亲自下厨做的地道的杭帮菜。黄铜洗脸盆，复古真皮沙发，打开窗户就是青芝坞的茶园，一年四季都是绿色。

同样喜欢茶和分享的，还有林灵和坨坨夫妇。在他们看来，茶有一股源于自然的灵气，是季节的象征，既然要做民宿，就要和茶园离得近。

在青芝坞最深处的石虎山路 18 号，曾

经的玉泉伞厂，只有两间客房被茶园环绕的拾时民宿就在这里。原本房子里只有一间夫妇自己住的卧室，有客人的时候便让出来分享。因为受到第一波客人的好评和鼓励，二人毅然把本来要做茶空间的第二间房改成了客房，起名为“茶”。

男主人坨坨喜欢做菜，醉心于挖掘食物本来的味道，每顿早餐都是坨坨亲自料理。管家鸽子每年冬天都会去植物园，采几枝灵峰的梅花插在花瓶里；夏日则会端一盘刚切好的梨子，轻轻放在桌上；有空闲时还会做梅花枣泥糕给客人吃，配女主人老家上好的武夷岩茶最好下口。在这里看四季茶园景色，和青山相映成趣，出得城外，小住，或者喝茶就是最好的人生。

青芝坞前半段这两年热闹起来了，向深处走到茶田吾舍、拾时便安静下来，再后面是大亩茶园，住在这里，在绿茶的清香中体验禅意生活。

杭州：

- 2017 年上半年最受欢迎的民宿目的地城市第九名
- 民宿数量：1 万多家
- 最受欢迎的民宿圈：西湖湖滨、西湖风景区 / 灵隐度假区、火车站 / 西湖大道周边

（数据参考途家发布的《2017 年上半年民宿旅游报告》）

⇧ 杭州的民宿几乎都与茶相关，或是被茶田环绕，或是设有茶室、备有茶具。
供图 _ 拾时民宿

⇩ 雅致的内饰，复古的实木家具……杭州民宿内每一处都经过主人的精心布置。
供图 _ 茶田吾舍

八大关与里院，青岛的民国时光

文 汪云　　摄 林帝浣

过去提起青岛，外地人都会想到八大关与崂山。现在提起青岛，年轻人似乎都会说上一句青岛话“吃蛤蜊，喝啤酒”。这两项与洗海澡一起被青岛人戏称为“幸福三宝”。

如今，八大关依然是每个来青岛的游客必去的风景区，似乎只有这里才是最能体现青岛的地方。临淮关路是八大关的十条马路之一，作为青岛唯一的龙柏小径，这里四季皆绿。马路两侧的建筑不多，在老街东段，3 号院院墙的石牌上记录着建筑的历史：“俄国乡村别墅，建于 1939 年。”八大关老别墅众多，以民宿形式对外开放的却只有几家，临淮关路 3 号占据一席。

沿着庭院内的小径走到院落深处，一个大大的“憩”字立在一栋白色的二层小楼前。民宿主人张航菘说：“自我看到它的第一眼便久久不能忘怀，坐在充满林荫的院子里，我找到了那种实实在在的安心感觉。”

张航菘还是位美食达人，做得一手好菜，让你足不出院就可以体验到“吃蛤蜊，喝啤酒”的乐趣。早起之后，去海鲜集市逛一圈，买上你见过或没见过的新鲜海洋生物，请民宿主人用这些食材做几样地道的青岛美食。

住在这里，就仿佛住进历史文化里，推开窗就能将整个龙柏老街的风景尽收眼底，每天早上会被窗外的鸟叫声吵醒。傍晚坐在院子中，吃一口海鲜，喝一口独一无二的袋装散啤。“这是真正的青岛。”民宿主人一语双关。此时的青岛，变得更加撩人。

同北京的四合院、上海的弄堂一样，青岛

青岛：

- 2017 年上半年最受欢迎的民宿目的地城市第十名
- 民宿数量：2 万左右
- 最受欢迎的民宿圈：金沙滩、市政府 / 五四广场 / 奥帆中心、中山路 / 火车站

（数据参考途家发布的《2017 年上半年民宿旅游报告》）

的里院也是这个城市的建筑表情。20 世纪初，外国人修建八大关别墅时，青岛人修建了自己的本土建筑——里院。这种将中国传统的四合院和欧式别墅小楼相结合的大院，呈“口”字形布局，一般为三层，每层有走廊，楼梯在户外。里院居民产生出一种“筒子楼”氛围，大家每日低头不见抬头见，过着幸福感相差无几的日子，形成青岛独特的市井文化。

里院 1903 客栈就是在原有建筑基础上整修出来的。主人王亮说，这座建于 1903 年的里院，在装修中，尽量保持了历史建筑的整体结构，旧砖、旧木材等都得到了最大限度的保留，他希望每一个来客栈的人都能够透过这些老建筑承载的斑驳记忆，

感受到建筑暗合的坚韧和平实的生活气息，这是老青岛独有的生活。

穿过满是照片墙的走廊，穿过大堂，站在天井仰望，廊上的雕花栏檐和细高的立柱充满复古味道，仿佛穿越回 20 世纪初的青岛，呼吸到青岛的原味地气。

⇧ 介于欧式洋房与中式大院之间的里院是青岛独有的建筑形式，现在里院建筑仅存六片，一小部分被改造为民宿。

⇩ 各式风格的百年洋房与四时不同的美景，是八大关最吸引游客的风景。八大关内民宿不多，憩・临淮关路 3 号是其中之一。
供图 _ 青岛憩・临淮关路 3 号

体验

Experience

宿于疯狂的想象之中

宿于美好的器物之上

在民宿，享用地道珍馐

在民宿，邂逅志趣相投

日日常新，一百家民宿有一百种“睡”法

旗袍坊里的宝贝们

文 王静
摄 任重

“宝贝儿，进来吃饭。”蒋姐姐招呼着。饭桌被摆放在旗袍师傅们裁衣服的车间里，工作台上堆满了布料和正在制作的旗袍，饭桌上则摆着山城的酒。桌边围着一群孩子，一位老太太坐在中央，倚着桌，白发盘起，穿着花旗袍，自顾自地喝酒，见人进来，不说话，认真盯着。

“宝贝儿，能喝酒吧？陪我们王主任喝几杯。”蒋姐姐口中的王主任就是那位白发老人——她的妈妈，“百年旗袍”的第二代传承人。重庆江津一带管“妈妈”叫“美”，在这旗袍坊中，“美”既是妈妈，又是师父。第一代“美”从清末开始制作旗袍，旗袍和技术由妈妈传给女儿，代代相传，如今到了第四代，第一代“美”活了105岁，于2016年仙逝。之后的这几代，2017年4月，在旗袍坊里做起了民宿。

收拾厂房做民宿

民宿的门铃是以前厂房上下班的电铃，楼下来客按铃，“吱”一响，整个空间震颤，像是回到了旧时光。

这个将近700平方米的房子在成为民宿之前就是传奇。

20世纪90年代，蒋姐姐开了重庆最早的制服公司，后来大环境不好，工厂开始缩减规模，之后一直专注做少而精的手工定制旗袍。工人少了，几百台缝纫机卖了，厂房空了，蒋姐姐的女儿嫣然想到了做民宿。百年旗袍第四代传承人是蒋姐姐的徒弟小张，蒋姐姐唯一的女儿嫣然从国外留学回到重庆后，没有继承妈妈的手艺，不过她想用“民宿”做表达方式，把旗袍介绍给全世界。蒋姐姐做了一辈子旗袍，最开始不懂什么叫民宿。“我问女儿，民宿是宾馆还是酒店？她说都不是，民宿是把不认识的人喊到家里来住。我说怎么可能！”

“我和妈妈翻修厂房，两天之内收拾出了第一间屋子。收拾好后发布在爱彼迎上，房很快被订满了，就收拾第二个房间出来。”嫣然说。从今年4月到现在，母女俩一共收拾出四间房，基本上是在原有的状态、风格上稍做修饰。蒋姐姐舍不得让别人装修，东西自己一点点从外面搬回来，墙壁自己刷。

➪ 蒋姐姐展示旗袍坊里的旗袍。

1.

蒋姐姐以前看到喜欢的料子，一定会扛回来。布匹太多了，堆在房间的不同角落，成了柔软的隔断装饰。以前的缝纫机、裁剪机、熨烫机，她都舍不得丢，就分放到每个房间做装饰，有些铺上一块好看的布料，成了桌子。浴室的镜子框是木质洗脚盆改的，门是老重庆人用的凉板席。再加上蒋姐姐从老家弄来的老家具和外婆、妈妈的嫁妆，整个房子有了独特的复古气质，就像穿上旗袍的女人，一粒扣子就是一个故事。

有间大屋子依然是车间，缝旗袍的徒弟们每天 9 点上班、6 点下班，蒋姐姐会一边盘扣子，一边和客人聊天。师傅、徒弟们在车间里工作，在大厅里玩——喝茶、画画、写书法、插花、弹古琴……客人来了，就邀请客人加入。

手作旗袍坊里的重庆女人们

1937 年，中华民国国民政府移驻重庆，爱穿旗袍的宋氏姐妹把她们的审美带到这山中安乐城。渝派旗袍有江湖气派，又有小资风情。重庆女人穿旗袍上山下山，有独特的韵味。王主任、蒋姐姐和徒弟们一年四季都穿旗袍。她们做复古旗袍，加一些现代元素，每一件旗袍都是单品，从面料、裁剪、印染、盘扣、刺绣到成衣，独一无二。

第一代“美”十多岁嫁人，夫家是裁缝，就开始学做衣服。“20 世纪 70 年代，妈妈正是像我这样漂亮的时候，也天天穿旗袍，很得意，因为她妈妈是做旗袍的。

2.

3.

1. 蒋姐姐在旗袍车间里弹古琴。旗袍坊里的几代人，都是琴棋书画，样样精通。

2. 蒋姐姐在给旗袍坊的客人量尺寸。

3. 有的屋子的墙壁被刷成斑驳的样子，嫣然说这样有新旧变迁的感觉。

4. 房内床上摆着为客人精心准备的日常用品，蒋姐姐亲手写下“宝贝，欢迎回家”。

4.

后来有人剪她的旗袍，批斗她，把她搞得疯疯癫癫的。她只有晚上把旗袍拿出来试，然后放在箱子底下，是这样把手艺留下来的。”蒋姐姐说。她 16 岁做了自己的第一件旗袍，那是件蓝色土布旗袍。她把布裁好，妈妈教她如何把布缝制成衣服。

王主任长期做工，手已经变形了，她现在不做衣服，负责检查成品，然后和来的客人“摆龙门阵”。天气热了，她就睡在车间的长凳上。有时，住客到达，打开车间门，会发现她睡在

➩ 旗袍上精致的纹饰，是一代代“美”一针一线亲手绣出来的。

里面。王主任像小孩做错事被发现般，急忙解释：“我喝了酒，睡一会儿啊。”王主任喜欢零食，喜欢酒，因为真性情，成了民宿的宝贝，大家都很宠爱她。

这几代手艺人性格各不相同，但都有重庆女人的骄傲、爽朗和坦荡。做民宿之后，冲着旗袍来的住客，喜欢上了王主任、蒋姐姐和嫣然。冲着传奇来的住客，在这里，穿上了人生中的第一件旗袍。“有个短发，满身文身的小姑娘，来这里住，穿上旗袍就哭了。”蒋姐姐说，如果来这里的每个女生穿上旗袍都能很得意，她这辈子就没白活。

“不过就是回了一趟家”

嫣然给住过她家的客人建了一个微信群，叫“曾经从重庆路过的你们”。蒋姐姐让大家多给她提建议，写在一个叫“无字天书”的本子上。“有人让我给房门配钥匙、配重庆公交卡，他们提了，我就改进，一点一点做。”有个客人叫瓶子，在这里住了很久，她走时王主任都要哭了，后来大家发现她的留言是：“不过就是回了一趟家。”

蒋姐姐像夏天的重庆，热情大方，不设防，跟谁都亲近。有很多住客还是学生，看到喜欢的旗袍，没有钱买，说回去打工挣钱，她一高兴：“你挑，挑上哪件，你说多少钱我都给你。”王主任喜欢“查户口”式的聊天，兴致来了也讲自己的故事。她高兴了，喜欢你，就给你买酒，拿出私藏的零食招待你：“就在这里耍，房子是我们的，我们有的是钱，你就住在这里，不收钱了。”到饭点，蒋姐姐会招呼所有客人来吃饭。“碰到什么吃什么，也不是特意给他们做。我们也要吃，就加副碗筷。后来大家都很开心，很多人自己到厨房给我们做家乡菜。”厨房很大，大家一起做饭，最后一起洗碗收拾。

王主任和蒋姐姐常常斗嘴，有时客人都忍不住要劝架。俩人吵一会儿，累了，一方认输，就和好了。这一大家人就这么过日子，有没有客人都一样。有人问蒋姐姐：“做了民宿，带客人辛苦不辛苦？”她说是客人在带她们：“以前我和我妈互相气，现在顾不上了，我们都有了全世界的朋友。因为他们，我在重庆认识了世界。”

蒋姐姐结婚时，妈妈选了块红布，给她做了件旗袍。女儿嫣然就要嫁到台湾去了，她给女儿选了红色的花罗面料，说忙完手头这批货就给女儿缝旗袍。若有客人来，她一定会和客人得意地说：“我在给女儿做嫁衣。”

瓯江，流动的传统

文 楼学

濯泥山房·梅子青时雨

一默的濯泥山房坐落于丽水大港头镇古堰画乡入口处的大樟树下。2016 年，一默将家搬到了大港头。大港头是一个因为商贸中转而兴起的古镇，宋元时期，龙泉青瓷的水路运输都以此为必由之地，本地的陶瓷烧造业也因此繁荣，古镇对岸的保定窑就曾是风行一时的地方窑口。八百里瓯江的两条支流在这里汇聚，北面的松阴溪可以上溯至一默的故乡遂昌，南面的龙泉溪则发端自龙泉窑的故乡，一默和龙泉窑的故事在这里顺理成章地合流。

客厅里，一面墙上摆满了一默的陶瓷作品。她随手拿起一件向我介绍："这是我第一次烧窑时的作品，不太好，被我妈妈拿来种些绿植。"她骄傲又抱歉地补充道："好的作品大都已经不在了，往往一出窑就被人订走了。"

濯泥山房的一楼是工作室。靠墙的木架上摆满了一默收集来的瓷片，每一件瓷片的年代、纹饰、釉色，其中的每一处细节得失，一默都如数家珍。在简笔勾勒的莲花纹饰中，她读到佛教的兴盛与传统文化的寄托；寥寥数笔的戏婴纹样，她解读出工匠心头的自在童真；磁州窑工匠绘制的鹅，则是他们心头暗生的情愫，北方女孩的名中多有"娥"字，这是他们隐秘的思念与告白。通过这些并不值钱的陶瓷碎片，一默重建起数百年前陌生工匠的内心世界，他们的谨慎认真，或懒惰懈怠，乃至他们的得意、自在、寂寞、失落，无法遮掩地全部写在其中。

龙泉的商人们因为这里的水陆之便而选此为中转之地，而一默喜欢的是大港头的山水美景。起先，她将城内的工作室搬迁至此，顺手为前来体验制瓷的朋友们配备了两间客房。

2016 年 2 月，濯泥山房开门迎客，当时来的都是好友或是老镇内路过的游客，然而无心插柳柳成荫，民宿渐渐成为朋友圈内的"网红"。房里装饰的马家窑彩陶罐、汉代瓷瓿、南宋龙泉窑青瓷盆、元代磁州窑瓷盏使这里成了古镇的热点。客房之中，一默指着书柜顶端的一件唐代寿州窑执壶，介绍其来历。

"你不会担心？"

"懂的人自然懂。"

1.

2.

这些“懂她”的客人十分愿意在这里搞得自己“灰头土脸”：配制瓷土，泥条盘筑，拉坯成型，浸釉上釉，窑炉烧制，每一道工序住客都可参与其中。最终的结果自然有成有败，但见证一抔泥土变成陶瓷的过程可以演绎出太多思辨，个中奥妙让人印象深刻。

没有接受过学院派的教育，一默的青瓷反倒不落仿古的窠臼，而多了一种畅快的写意。不少现代的龙泉工匠以模仿南宋为荣，但南宋挥洒自如、自由纵横的工匠精神在现代龙泉窑中变成拘谨小心的模仿复制，“摹本”终“下真迹一等”，言必称南宋，却离南宋远矣。

午后，一默常和朋友们雇船去瓯江对岸的半岛上闲逛。岛上几处老宅已经废弃，门口散落着不少古旧陶罐，可以捡回去自用或是送人，也许将来此地被开发，这样的日子也便不可复得。荷塘边堆着一些宋代的石像，古镇兴起的年月里这里曾有过显贵的大墓。一默下到荷塘里采荷，想着带回去做成客房里的小景。不过一刻钟，荷叶几乎枯透，反而有一种沧桑的美感。一默举着荷花、荷叶，笑称自己成了画像石上的执莲比丘尼。

在精神上，一默更接近南宋的趣味——自由、潇洒、简约。

遂昌·造瓷的“怪人”

2011 年，一默做了一个梦，“梦见自己在做青瓷，非常快乐自在。醒来之后，我就决定要做青瓷”。一默在小城遂昌长大，大学毕业后回到了丽水，在市区最好的中学任教。在她母亲的心目中，这几乎已经实现了最好的人生设想。

一默的母亲从小没有机会接受足够系统的教育，通过自学成为乡村教师。在制作青瓷这件事情上，一默展现了和她的母亲一样惊人的自学天赋。在那个犹如“天启”的梦仅仅数月之后，一默的第一窑瓷器在中学附近的工作室里烧成。这第一窑得来不易，从老师到陶瓷手

1. 住客在濯泥工坊体验做陶。
摄影 _ 王晶

2. 民宿内摆放着一默收藏的陶瓷。一默的大部分收藏都来自名气不大的民间窑口，大多数古瓷器并没有想象中昂贵，一默习惯把这些美好的古物传递给他人——每一件瓷器，都意味着一份喜欢的心情、一个相逢的时刻。将这样的感受传递出去，在一默看来，是功德。
摄影 _ 潘瓶子

3. 濯泥工坊出品的陶器。一默曾到丽水各地的山上收集各色泥土作为陶土的来源，与专门购买、严格配比的瓷土相比，陶土更为随性。一默会在一炉青瓷烧造中加入适当的陶器作为试验，多变的窑炉环境不能保证每一件青瓷的成功，但陶器的成功难度远低得多。这些色彩朴素、形制多样的陶器十分受人欢迎。
摄影 _ 潘瓶子

3.

➪ 瓯江
摄影 _ 楼学

艺人，其间的心酸难为外人道。在经历了几次偶然性的成功之后，一默频频遭遇“跳釉”，没有青釉附着的胎体小孔密布，有限的书本知识无法解决问题，同行间的提防更让人如鲠在喉。

2013 年春节，一默在大雪中提前回到丽水的工作室内，放弃了和家人团聚，每天在工作室内钻研到凌晨，再穿过寒冷的夜色回家。她成了小城里的“怪人”。生活的重心逐渐从讲台转移到工作室，一默最终辞去了人人歆羡的工作，专心钻研陶瓷。

一默家 · 山水有清音

正是立秋。8 月的浙南，7 点，夜色才慢慢降临。大港头老街上的游人渐渐散去，一默的另一家民宿“一默家”里却挤满了人。从 2016 年开始，生活在宁波的艺术家柴畇喆几乎每隔两个月都会驱车穿越大半个浙江，来到这里。他与一默共同创办的“风起古堰”国乐雅集已成为这个老镇的新时尚。

一年前，柴畇喆来镇上访友，在瓯江边吹奏了一曲《牡丹亭 · 皂罗袍》。汤显祖曾在遂昌为官六年，一默迅速地识别出了这与家乡有关的熟悉旋律。当晚，一默夫妇将柴畇喆延请至家中，谈至兴起，便立刻决定要办一场现场演奏。

科班出身的柴畇喆擅长多种乐器，但只带了洞箫旅行，他原本并不抱有太多期待，大港头却震撼了他。一默从镇上各家借来了古琴、二胡、大提琴，没人想到这个沧桑古镇上藏着如此多的音乐爱好者。酒足饭饱之后，一场全无计划却声势浩大的临时演出便在一默家中开始了。

这成了“风起古堰”的缘起。“国风”本就是民间的歌谣，通济古堰是大港

➪ 老宅变身为音乐厅，夜色缓缓降临，乐音悠扬升起。
摄影 _ 楼学

头的千年地标，在瓯江两岸，新的“国风”平地而起。由此，每隔两个月，一场不严格定期的国乐雅集就在古镇内的一默家上演，主题通常选取临近的节气。

办国乐雅集，一默有着不小的经济压力，场地、演出都需要不菲的支出，而在最近一次雅集之前，所有的演出都是免费的，观众们便是那些曾经出借了各色乐器的当地老乡，好友、民宿客人乃至路过的游客亦都参与其中。

立秋的这场雅集，因为临近传统节日七夕，主题定为了“古今爱情”。几位来自杭州、宁波的艺术家齐聚于此，演奏从江南的《梁祝》到边地的《彝族舞曲》，从戏曲中的《游园惊梦》到影视剧里的《画心》。每一首曲目前，柴昀喆都精心挑选了一首诗词作为介绍的引子，从《诗经》到木心，两千余年的诗歌传统，融合到山水间的旋律之中。

这是一个现代版本的“高山流水”故事。柴昀喆定期带着音乐家朋友到这里，大港头可以在一夜之间办起临时演出。一默的儿子听了柴昀喆谱写的《双声恨》，从此迷上二胡，拜柴昀喆为师。每周一次，一默都要开车将儿子送到宁波上课。一默并不打算在这样的活动中赢利，音乐改变了她儿子的生活轨迹，也让她与更多人的故事发生交集。更令人感动的是，成于偶然的雅集正在成为小镇的文化盛事，“外来”的音乐和有着深厚本土传统的青瓷一样具备强大的生命力。在大港头的古镇上，千年不变的是瓯江两岸的山水空间，不断生长的人文传统在其间潺潺流淌。

回应山房：一座山房，一泡茶，一段茶里人生

文 黄达隆
摄 吴俞晨

立秋刚过，闽西北的武夷山里，午后一阵骤雨，山色焕然一新。我启程去山中拜访回应山房的主人应红——武夷山茶叶制作名门应氏的第四代传人。

穿过阡陌小径，便看到坐落在仙店村深处土坡之上的回应山房。白墙黑瓦的山房檐角隐隐探出头来，雨过天青，颇有些“客舍青青柳色新”之感。山房由四栋徽派房屋构成，其中一栋作为茶叶生产的厂房，另外三栋皆为生活、住宿、体验之用。目之所及，四野辽阔。院前的小桥流水映着马头墙，院旁有一亭子，亭中一方茶席，山房的主人应红和他的丈夫吴忠华，正准备为我沏上一壶好茶。

应红不施脂粉，只一袭布衣长裙，活脱脱是山中走出来的茶姑娘。吴忠华则皮肤黝黑，精瘦干练，话不多。

①

武夷山，几乎家家户户从事与茶相关的工作，应家亦是如此。应红的祖上三辈都是茶农，近几年，应家在武夷山最权威的民间斗茶赛中接连折桂，是武夷山茶人中的佼佼者。

2014 年，应红和吴忠华自立门户，创立“回应”品牌。经过几年辛勤耕耘，从应氏一脉中独立而出的回应茶，获得了市场的认可。也正是在 2014 年，回应山房诞生了。

最开始，应红夫妇只想在这安静的山谷里，盖一座供一家生活、做茶的房子。应红夫妇对房子的品质要求很高，找过几个设计师，做出来的效果都不满意，最后亲自动手，花了一年时间才建起第一栋房子。

现在的山房，主体形式以武夷山常见的徽派建筑为主，高高的马头墙和背后的茶山相映成趣；房间内大量的落地玻璃，将山色迎进屋中，仿佛一格格小画嵌在其中。山房基础建筑用的材料，不少都是从老屋拆下来的。大木料取自应家居住过的天山禅寺附近，是盖庙用的好木料。吴忠华在福建各地搜罗了不少老物件，清代的木雕、明代的木门，摩挲起来有特别的手感，一推开门，吱吱呀呀的响声，牵动着记忆仿佛回到从前。山房里的几块大石叫“武夷红”，都是从“三坑两涧”里找回来的，泡过泉水，原来是长青苔、长茶的，它们在山房里焕发了新的生命力。

➪ 应红和女儿念念。

⇧ 到了 5 月采茶季，应红夫妇会带你入茶场，体验采茶。客人可以用自己采来的茶青，在山房制茶师傅的指导下，亲自制作岩茶。

⇩ 回应山房的茶场，在著名的武夷山“三坑两涧”，这里出产的茶青，被视作最具“岩韵”的珍贵上品。山场的特殊地形，既能保证茶树得到充足日晒，又不暴晒，日照时长刚好，溪水带来湿气，茶树底部厚厚的青苔和周围丰富的植被，都有助于这里出产茶的茶香和滋味的丰富性。

开工以后，应红夫妇想，每年有那么多的好友到武夷山小住、品茶，那么就多修一座房子，方便朋友们休息。每年 5、6 月是武夷山的采茶季，也是山房最热闹的时候。应红的朋友大多会选择在这个时候造访，看茶、学茶、喝茶。他们自己打点生活起居，周边有菜地，不远处有集市，只要愿意动手，就能成就一顿农家田园的野味。

随着“回应茶”的名声越来越大，夫妇俩的朋友越来越多。新老朋友们平时也会不时造访，于是，山房的建筑盖了一栋又一栋。人们不仅仅是为茶而来，而是在这样的氛围里，品茶、劳作、思考，完成身心的某种自洁。

应红说，朋友来的时候，已经不像是做客了，更像是回家，回应山房其实更像是“回家山房”。山房里面的交流，是人与茶的对话，更是彼此之间的回应。茶友们聚在一起说茶、说想法、说规划，不知不觉间，回应山房逐渐成长为一个以茶为核的“无墙博物馆”。随着慕名而来的爱茶之人越来越多，应红也在将山房逐步对外开放，同时，她还计划辟出空间来建立一个做茶学教育的书院，定时开办沙龙。工厂主体将转移到山下，和山房的功能区分开。喝茶的间隙，山间不时传来叮叮当当的声响，走到房边一看，山下的两栋建筑已完成了一大半。

②

晌午刚过，应红就领着我们去武夷山上参观茶场。

在回应山房的内容和形式不断充实、成长的这几年中，应红的生活也发生着变化，她的小家庭多了一个女儿，夫妇俩为她取了个小名叫“念念”，意为要有感恩之心，念念不忘，才有回响。念念长得活泼机灵，有股山里孩子的野劲儿。应红说，茶人的女儿，就应该是这副模样。

念念也跟着我们上山，她在前面带路，轻车熟路地往“三坑两涧”去。在武夷山所有的茶场之中，最负盛名的莫过于“三坑两涧”，即慧苑坑、牛栏坑、倒水坑、流香涧和悟源涧。武夷山区地形多变，植被丰富，在地貌、土质、气温、雨量、温度、湿度、日照、云雾、风速等影响下，形成一个个独一无二的“小环境”。应红的茶场，就散落在三坑两涧中。

行至牛栏坑，空气陡然湿润，两旁峭壁林立，一丛丛茶树沿着地势蜿蜒向前。应红告诉我，这里的岩石多为风化岩，雨水冲刷岩石，各种碎石散落到山场里沉积出特殊的砾壤。茶树的根系深入砾壤，吸收生长所需的特殊养分。武夷岩茶，最讲究的就是这一味岩韵。

在靠近牛栏坑的地方，是武夷山境内最大的佛寺——天心禅寺，应红就出生在寺庙里，在这里度过了童年时光。应氏一家都是天心村人，“文革”的时候“破四旧”，寺庙里的僧人被迫还俗，天心村的一部分人被迁入寺庙居住，应家就是其中之一。因为寺庙距离“三坑两涧”很近，采茶便成了村民们主要的收入来源。早年间商品经济和茶叶市场还未形成，采茶只能保证一家人的温饱，应红儿时的生活过得并不富裕。

1.

③

应红说，什么样的茶人，就会做出什么样的茶。

武夷岩茶的制茶工艺，大概是所有茶品类里，工艺最多、难度最高的，特别考验制茶师傅的心性。与极端发酵的红茶、极端不发酵的绿茶，以及白茶、普洱茶不同，其他品类可能茶叶本质好，就占了极大的优势，而岩茶是半发酵，除了茶叶本质，与如何处理茶青、怎么摇青、静置多少时间、焙火的分寸都息息相关，每个环节都需要制茶人自身的理解和感悟，背后是多年的钻研和经验积累。

应红的父亲应师傅是当地有名的茶农，为人忠厚，做茶的手艺扎实，他做出来的茶，就像岩石一样朴实无华，经得起岁月的考验。应红不仅继承了父亲的性格，也继承了父亲的手艺。从小在茶叶堆里摸爬滚打长大的她，还有改变自己命运的决心。她年纪轻轻就独自一人闯荡北京，而正是这段经历，让应红跌了跟头，也见了世面，开了眼界，对茶有了更深的理解。她做出来的茶，在时间的沉淀下散发出更柔软的气质。她最好的一款茶叫“念念不忘”，层次丰富，过水八次依然余香扑鼻。这款茶是应红为了纪念女儿的出生而制作的，她希望女儿能够在山房里长大，像自己继承父亲的手艺一样，将应家的做茶之道传承下去。

一泡茶，人一半，天一半，在武夷岩茶中得到了最充分的体现。

入夜，山谷里响起阵阵蛙鸣，院子里好乘凉。因为远离城市，没有了光污染，天幕之上布满星星，仿佛伸手就可以摘下一颗来。做茶的人睡得早，山房的灯渐

2.

3.

次灭去，仿佛一块沉睡于山间的岩石。居住在山房的日子是清静又忙碌的，白天学茶做茶，夜晚品茶修心，茶养人，山水也养人。

1. 在山房茶室里品茶，直接就可以进入围绕茶生成的小环境。

2. 山房墙上使用的材料里掺入了茶梗，除了有驱虫的功效，会使这里无论何时，都自然散发出茶香。

3. 山房的名字“回应”，是天心禅寺方丈所赐，“提醒我们不要执着于做茶，而要先学会做人，懂得感恩，便是回应”。

肇兴侗赏：一块侗布

文 袁銮

供图 _ 侗赏

在肇兴侗赏，民宿内的旅行是这样的：接待处在中间，这里提供了 20 余间可望见河水或者无限接近田野的客房；大厅，是提供餐饮的独立厨房；最靠河边的房子，核心是设计师的工坊，里面有设计师的箱包作品、从民间收集回来的布料和各色民艺品，住客可以在充溢着蓝靛自然清香的空间里享受一杯手工咖啡；后院则是真正的体验场——会定期举行民艺的体验班，住客也可以在这个空间里体验陶艺、染织等。

“我是因为一块侗布而来到了肇兴。”侗赏主人、身为设计师的谢晓蕊最开始的兴致，是民艺而不是民宿。

①

2013 年，在黔东南首府凯里看到一张质感厚重、有着神秘暗光的侗布后，谢晓蕊决定在侗布的原生地开一个民艺工作坊。

肇兴侗寨是黔东南侗族地区最大的一个村落，一条穿寨而过的小河、五座鼓楼、风雨桥和 1000 多户干栏式木楼人家，组成了侗区最大的经典建筑群。侗赏所在的地点，在肇兴侗寨的最上游，三栋侗族原生态木屋从河边一直延伸到山边梯田的保坎。谢晓蕊把想法和预算告诉建筑师，等待着工作坊落成那天的到来，这一等，等了四年。建筑进展到 20% 的时候，建筑师告诉她，预算已经花完了。

侗赏在当时毫无民宿营造经验的谢晓蕊焦头烂额的情况下建成。对于她来说，作为民宿，依然有遗憾。在当下设计和建筑用料越发讲究的民宿时代，它隐没在各具特色的建筑空间叙事中，算得上泯然众人。但在侗寨，侗赏是特别的存在。在“八山一水一分田”的贵州山区，房屋让位于耕地。但侗赏留出了足够的公共空间——在三栋木楼里，留出了客人休憩的空间，留出了民艺设计的展示工坊和陶艺、蓝靛体验的厅堂。

2014 年的肇兴，旅行方兴未艾，像侗赏这样的民宿，在侗寨凤毛麟角。

➪ 谢晓蕊在自己的设计作品中广泛运用侗布和黔东南少数民族的织、染、绣手工艺。

➪ 在侗赏的手工工作室，住客可亲自体验陶艺、蜡染、植物染、织布等手工艺。

②

贵州是民艺重要的发源地。无数民艺设计师和爱好者被贵州苗族、侗族、布依族和瑶族等染、织、绣民艺品中的古老纹样和曼妙的色彩搭配吸引。

从 2003 年开始的十来年间，最让谢晓蕊感兴趣的，一直是植物染和民族布料。其中，侗布是她最感兴趣的一种。侗族织娘种棉纺线，纵横交错的棉线在古老的织布机上组合，成为紧致的布料；靛蓝在染缸里发酵养成，给侗布的肌理染上第一道颜色；蛋清的加入，是成就侗布别具一格特色的重要一步，它堆叠在蓝布之上，却又不能完美地渗透到布料中；侗寨里响彻清晨和黄昏的锤布声，是正式完成侗布重要工序的仪式——在织娘的不断捶打下，蛋清真正成了侗布的一部分，让侗布变得厚重，散发着油亮的暗光。

谢晓蕊将侗布广泛地应用于自己的箱包设计里。成品中，笔直光整的侗布有了状如皮料的褶皱；紧实的侗布，在时间的作用下，有了状如冰裂的"伤痕"。这些取材于侗乡，又用之于城市日常的箱包，出现在她开设于成都、广州和北京的店面中。出乎谢晓蕊意料的是，她的客户对布料产生了巨大的好奇，追问布料的产地，并渴望到这个产地看看它原生的模样。

侗赏，这个一度让谢晓蕊沮丧的无心之作，成了这些对民艺充满好奇心的客

➪ 侗赏是在侗族传统木结构民居的基础上设计改造而成的，倚河而立，开窗见山。

户的落脚点。

谢晓蕊得到启发，将后山的房子的大堂整理出来，摆上染缸，让蓝靛在染缸里发酵。侗赏的基层员工多是侗人，照看染缸是他们再熟悉不过的事。那些好奇的客人从城市组团而来，不出侗赏，就可以观摩到一块侗布由诞生、成型到最终变成设计师作品的完整历程。

侗赏甚至可以被看成贵州地区民宿体验场的发端。旅行者来到这里，或是带着体验的目的，或是偶然遇见，都成了侗赏短暂的主人。营造这个空间的人，又将取自乡间的各种民艺美好集中起来，一针一线，在这个空间里呈现，让这些“主人”无须翻山越岭去找寻，况且可能寻而不得。

③

旅行者可以在有限的时间和空间里，体验到景致之外的关于民艺的愉悦。谢晓蕊的内心喜悦，则是拿着她设计的作品，回到创造出原材料的山间织娘身边。织娘们惊讶于她们做的“土布”在谢晓蕊的手中能获得新生，焕发出截然不同的光彩。谢晓蕊则感恩她们提供了充满人文和环境思考的创作原料。

“这是我们共同的作品。”谢晓蕊和织娘说。

侗赏远未走到尽善尽美的那一步，但它带来的启示，又的确超越了一个民宿和它给予的体验本身。在谢晓蕊和她团队的“沙盘”里，已经有了更大体量的民宿模型推演，有了更专业、系统的发展计划。或许有一天，“沙盘”会变成出现在侗寨山水间的作品。那一天，谢晓蕊站在群山之上，或许还能想起：2013 年，她看见一片侗布的惊喜，以及在面对一堆建材时，焦头烂额的自己。

当我们喝酒时，我们说点什么

文 蒋瞰
摄 阮传菊

从繁华的四川北路转到宽不过10米的山阴路，梧桐斜斜地撑向天空，将烈日遮蔽，路边零星散落些小铺子，人进人出，熟门熟路。门头清爽的鲁迅故居是山阴路的地标，但很少有人知道对面就是瞿秋白故居所在——山阴路133弄，东照里。对于从小生活在虹口的蓉达来说，这里是她小时候散步常会经过的地方。如今，在瞿秋白故居仅两户之隔，是蓉达的家、她的鸡尾酒工作室，还是开放的民宿。

几年前，偶然接触到调酒，了解到其内涵、知识的有趣和丰富性，蓉达决定到专业机构求学。后来，她从外企辞职成为一名专业调酒师。蓉达希望能有一个地方让自己坚持练习，又适宜和朋友小酌，顺便能向大家传授技能并传播知识，于是就有了这家鸡尾酒民宿。

最好看的摇壶环节——蓉达演绎起来简直风情万种。但这只是观者的感受，为了克服女生天生力量不足的弱势，蓉达一直靠举哑铃来增加臂力。

“调酒不像人们想象中那么简单。”

旋开酒壶，把酒倒入已经沾了糖霜的酒杯，湖蓝色的酒就像冰岛蓝湖温泉，摇壶产生的奶泡和糖霜造就视觉上若隐若现的迷幻之感。

蓉达不是个小心翼翼“服务”型的主人，她有自己的待客之道——每个住客蓉达都亲自接待，民宿的日常清洁、维护也是她和母亲分担，不假手于人。她和住客之间有个微信群，名叫“包租婆喊你吃饭”。通常群里一有人招呼，有空的小伙伴就会聚到民宿一楼客厅里聊天、看电影、玩游戏……蓉达拿出自家的三明治或糖水与大家分享，会“指挥”这个住客去洗杯子、那个住客去切西瓜，心情好时，她会说：“来，开瓶红酒！”

每天的鸡尾酒体验活动就在民宿一楼开展。餐桌旁的开放空间是调酒“工作区”，原本该摆放油盐酱醋的柜子里放满了酒、水、饮料、糖浆等原料，调酒要用到的器具——酒杯、调酒壶、吧勺、滤冰器、量酒器，在吧台分类依次排列。灯光系统也是按照专业酒吧的标准设计的。

“我只给和我特别投缘的住客调酒喝。”

下过雷阵雨，暑气退去，有人提议去院子里，边喝酒边完成课程最后的环节——讲故事。

除调酒动作、配料、口感、酒文化之外，蓉达更看重一款酒的呈现方式以及内涵，她认为，酒背后的人的故事更让人着迷。

一堂鸡尾酒体验课，晚上7点开始，计划时长3小时，但几乎从没按时“结束”过——上完课，大家就转移到客厅里品酒玩乐。蓉达开玩笑说，民宿里“夜夜笙歌”。

夜奔北京，一堂四合院里的武术课

文 张田小

8 月的一个周六，立秋不久，北京的天还很热。下午 4 点，武术课在民宿“夜奔北京”的四合院里开始，中间休息了两次，每次 10 分钟。

夜奔北京并不算大，是一个一进的四合院，现有 10 间客房和一个有客厅功能的咖啡厅。

来练武术的十几个人已经很熟悉武术课的纪律，比如累了渴了想喝水，只能在大家统一休息时进行，不能随意离开队伍去拎水瓶子。因为初来乍到，我不小心坏了规矩，黄鸿玺在队伍外一脸严肃地说：“这里不能随意喝水。”他在练武时对学生很严厉。如果哪个学生踢腿的时候偷懒，黄鸿玺会沉着脸让他回到原点重新踢一遍。

①

自从 2015 年黄鸿玺去“一席”演讲后，夜奔北京更火了，越来越多的人慕名去上他在夜奔北京里教的武术课。

起初，黄鸿玺的武术课只对客栈的工作人员开放，后来住客也开始跟着他习武。第二年，武术课对外开放，有兴趣的人报名就可以参加。

在“一席”上，黄鸿玺用 35 分钟讲述了自己的故事。这个故事后来多次进入不同媒体的叙述中，有点他个人小传的意味。黄鸿玺在中国台湾出生并长大，小学毕业那年和家人去了加拿大生活。高中时，因为加入一个叫“少林拳”的冷门社团开始接触武术。他讲了辗转回到台湾后的拜师感触，对当时台湾社会急功近利的氛围的回忆和思考，又如何开始做推广武术的“流浪者计划”，因此结交了天南地北的朋友，并最终决定扎根北京。因为“林冲夜奔”的故事，而他练的拳种也源自河北沧州，因此客栈取名“夜奔”；因为要谋生，自己也得找个地方落脚，所以“夜奔北京”做成了民宿。

大学毕业后，黄鸿玺从加拿大回台湾拜徐纪徐为师。初拜师，老师让他先打一些动作来看。一阵比划后，他听到的评价是“你不懂中国文化，所以练不了中国武术，也学不好”。

幸运的是，黄鸿玺最后还是找到了这句话的“解药”。在此后他学习武术的

➪ 2011 年，夜奔北京在灯草胡同建立四合院客栈，当时定下的规矩是“夜奔全体成员要习武，拳脚之间找分寸”。大家在工作之余，练拳、习字，都是修身。
摄影 _ 黄鸿玺

⇧ 这么多年来，不断有人问黄鸿玺，带领大家坚持练武是为了什么。是为了增加民宿的特色吗？是为了追求表演效果吗？他总是回答：“练拳只是我们生活的一部分。”
摄影 _ 钟权

⇩ 黄鸿玺称院子里现在练武的这个班是“武术共享 2.0”，他们之中有的已经连续上了 4 个月的课。他说，来练武的人来自各行各业，身份各不相同，都愿意在周末抛掉身上的“包袱”来练拳。
供图 _ 夜奔北京

5 年时间里，徐纪徐都让他“练非常基本的东西”——踢腿、打拳。此外，让他去看戏曲表演，比如京剧和昆曲；教他写毛笔字，让他读诗词，让他重新去了解中国传统文化。

他把这些所得归纳为“要把基本功培育好，再去做拳术练习”。

黄鸿玺是在 2011 年来到大陆的，而 2009 年和 2010 年，正是互联网行业大爆发时期。“我是来做最传统的产业的，在最接地气的地方，遇上整个国家天翻地覆，很巧也很不巧地看到了这个变化。”黄鸿玺说。

“台湾就很明显，我们的文化自信被剥掉了。我们每天都在说，我们的文化多丰富，这是假的。这是用嘴巴在讲，这不是用身体在做。” 黄鸿玺说，“这和我们上一代差很多。练拳就是，你到底是把自己讲得很厉害，还是我们一拳一腿来练。老一辈是这么出来的，新一辈不是，是看我们把饼画得有多大，先把照片拍得很漂亮，再去想我们的内容是什么。”

实干的精神和原则，黄鸿玺很坚持。在我表示要去拜访他的客栈时，他在微信上热情地邀请我参加课程。我表示“我不会武术”，他坚持说：“不开放参观，只欢迎一起练习。”

②

武术课正式开始之前，所有人都得站直了跟着另一位武术老师刘艺一起说“重道、尊师、爱同学”。黄鸿玺说，这是请大家在上课的时间和空间里，尊重武术的传统和精神，也感谢老师的时间与投入，互相友爱，一同努力。

刘艺是黄鸿玺来到北京之后才找到的老师，现在主要负责教课。黄鸿玺往往在队伍后面一起练习，“以习武之人的视角观察课程的效果”，只有遇到需要补充的时候，他才在后面说几句。

前半堂课的第一个动作，刘艺教了单脚站立：一只脚在地面支撑，另一只脚悬空上下画圆圈，越慢越好。这是一个模仿农家水车结构的动作，锻炼腰胯的整合与力度。接下来是蹲跳，上身的动作需要模仿蝙蝠落地的样子。

有时候一个动作讲完，学生们会围住刘艺，探讨动作要领。

在我们练习的过程中，黄鸿玺的画家朋友文那带着两个美国朋友来参观。两个美国人在观看了一段时间后，也加入了练武的队伍中，院子里的人越站越满。这就是夜奔北京周六习武的日常。自从武术课对外开放后，旁听的人越来越多，每节课都有新同学。有时候，学生要在胡同里排队，没有办法挤进来。

来的人太多，空间又不够，今年黄鸿玺也调整了课程安排。课程限定人数，先报名的人先上课，一次连续上两个月，再来下一拨儿。课程仍然免费，但为了督促学生，他设置了惩罚制度。

③

除了武术课，夜奔北京里还设有书法课和瑜伽课。

这两年，黄鸿玺把“夜奔”开到了大同和平遥。平遥的店铺和北京相似，是一个四合院，总面积比北京的大 3 倍。因为老城破坏严重，夜奔大同最终选址在老城外第一排的大楼里，22 层，可俯瞰大同古城。

2017 年，黄鸿玺做了一个新尝试，在“小长假”期间把北京跟着他习武的同学带到大同去，接连 3 天在老城下，早上和下午都连续练上 3 个小时。他说这样做是为了让学生们体会“古时候真正练拳的节奏”。

“或许，我在做从 0 到 1 的事情。0 到 1 做好了，1 到 10 做好了，他们要做的第 99 分才有可能。”黄鸿玺说，“武术没有捷径。拉筋，下腰，踢腿，不管你什么门派，都得做这些。”

花梨之家，阿夸的火山田园梦

文 梅眉
摄 宋国强 等

来时恰好遇到一场夏末的暴风骤雨，我开车至乡间水泥路的尽头，眼前是一条一车宽的碎石路，前方的荔枝木指路牌上写着“花梨之家民宿”。

依指示又转了好几个弯，看见了花梨之家的院子，那个叫阿夸的年轻人已经站在院门口等我们。阿夸是这间民宿的主理人。

雨渐小，我们坐在院子里的雨棚下煮茶聊天。院墙由火山石堆砌而成，长满了翠绿的蕨类。而院墙另一边，从广东自驾来的一家三口正在阿夸父亲的带领下颇有兴致地用火山石石磨自制黑豆豆腐。阿夸说：“晚上你们可以一起吃黑豆豆腐。”

走，去看野火山

雨停了，空气好得令人忍不住要多呼吸几口。阿夸带我们去看“比海口的国家地质公园马鞍岭火山口还大”的雷虎岭火山口。

雷虎岭尚未开发，如果不是阿夸带我们来，即使依靠现代的定位系统，也没办法找到这个火山口。雷虎岭为第四纪火山，因形似蹲虎而得名，海拔并不高，仅 187 米。我们跟着阿夸在灌木中的羊肠小路穿行上攀，很快登上了山口。海口地区为平原地带， 站在雷虎岭上与马鞍岭遥遥相望，向北看，能看见海口的城市景观。阿夸说，天晴、能见度高的时候，还可以看见琼州海峡。

站在火山口上，如同站在一个平底碗的“碗沿”上。“碗”的西北侧被打破了，呈现出一个大大的缺口。“碗口”的直径约有 300 米，规模比马鞍岭火山口大近一倍，雄伟壮观。清凉的水润空气自“碗底”扑面而来，“碗”的深度约有 70 米。“碗壁”竟然有阶梯状石阶可下到底部，底部十分平坦。除了野生的灌木和蕨类，当地农民还在周边种植了木薯、荔枝、黄皮果等作物，一片万物蓬勃生长的景致。这或许就是当地火山人家才会知道的秘境。

火山周边一般会有喷发时因热气散发而留下的隧洞，雷虎岭的西北侧就有两座。阿夸说，这是他们当地孩子自小游玩的火山乐园。南侧的洞口较宽，洞中有洞，洞顶、洞底也有洞，各洞相通；北侧的洞则是“嘴小肚子大”，洞中岩石被大自然塑造成千奇百怪的样子。从洞口爬出时，阿夸灵巧得像猴子，我们则很笨

⇧ 客人准备进入熔岩隧洞中探险。
供图 _ 陈统夸

⇩ 在阿夸的带领下，来到雷虎岭火山口。站在火山碎屑岩上，微风掠过，闭上双目，火红的熔岩轰鸣着奔流而下的画面仿佛就在眼前。
摄影 _ 李幸璜

1.

2.

3.

拙，习惯了洞中的昏暗，再见天日，有一种“天上仅一日，世间已千年”的感受。

逛，火山古村落

从山上下来，阿夸带我们去往附近的美梅村，一个相对保存完好的火山古村落。

古老的火山石民宅、炮楼、村门及各类牌坊散落在郁郁葱葱的幽深之中。除了石屋，村里还有各种石磨、石臼、石缸，均由火山石制成，只是现在多不用了，随意摆放在房前屋后。

村子里的人和阿夸热情地打着招呼，几个孩子嘻嘻哈哈跟着我们几个外来人，宁静的火山村顿时有了些许喧闹。

令人印象深刻的是村中的吴家大院，建于清代，至今已有上百年的历史。大院为一纵九进屋，倚在入户大门即可看到九进石屋的前后门，九屋相通，每进之间都有院子和天井。墙均由打凿成书包大小的火山石块砌成，石面平整方正。阿夸特别自豪地介绍：“这是会呼吸的墙，冬暖夏凉，比什么现代建筑材料都好。”

这样保存完好的火山古民宅，在海南全岛也是罕见的。

一座“耆年硕德”石匾牌坊，为 1922 年 2 月孙中山为吴家大院的主人吴汝功题颂，这是海南保存最完整的民国时期的石牌坊。除此之外，村中还有八角亭、儒学庙和梁仙娘娘行宫庙组成的庙宇群，依靠这些历史的记录者，阿夸在今日仍可以带领他的朋友去究寻火山文化的蛛丝马迹。

村口那颗巨冠如盖的“见血封喉树”下，有许多老人、儿童避暑。我们也来此休憩，阿夸砍来几个新鲜的椰子给我们，喝一口，清甜爽口，令人不禁产生归隐乡间的冲动。

1. 郁郁葱葱之中两栋清雅的小楼就是花梨之家。

2. 闲适的火山古村落。

3. 夜晚，在花梨之家的院子中抬头仰望，空中闪烁的，除了城市里难以一见的星带之外，还有随风飞舞的萤火虫。

1.

2.

1. 火山村村民世代辛勤劳作、努力钻研，将贫瘠的火山地貌改造成了适合耕种、产出丰厚的土地。

2. 火山火龙果长势喜人。

3. 阿夸带客人们去摘椰子。除了外出进行各种火山农事体验，花梨之家的院子里本就种满了各色植物和水果，有黄皮、荔枝、莲雾、金柚、菠萝蜜、小西瓜等，人们可以随意采摘享用。
供图 _ 陈统夸

吃，火山火龙果

走了小半天，阿夸和我们熟悉了，没有了初识时的腼腆，话也更多了。

海口周边、永兴一带，有不少火山村，离城市不过几十公里的路程，村子里大多数年轻人去城里打工了，留下的多是老人或儿童，像阿夸这样大学毕业后返乡的年轻人并不多。哥哥陈统奎曾是《南风窗》的记者，后来被称为“返乡 F4”之一，去过哈佛演讲。受哥哥影响，阿夸在北京上完大学也回到家乡海口博学村，2011 年开始办这个民宿。

这个面容黝黑的朴实本地青年，口中不时蹦出一些和自然环保相关的专业名词。阿夸是“全国绿色营”的自然讲解员，他的民宿也是多个环保团体的自然教育基地。他和我们介绍博学村的生态环境，介绍周边“羊山湿地”的生态物种，介绍稻田成熟时的美丽景象。他说：“我想做的不只是民宿，而是能体现火山文化和生态的民宿。”说到这些时，他的眼神中带着光亮。

我问他淡季闲暇都在做什么，他笑得有些狡黠，说：“我很忙啊！我正在火山石堆上种植生态富硒火龙果啊。”虽然海南雨水充沛，但火山地区少土、多岩石，雨水从黑色的火山石下渗为地下水，地表干涸少土，除了荔枝较能适应当地环境，没听说过这里可以大片种植其他作物。阿夸略得意地说：“我带你去摘！”

跟着他走过一段火山石古道和一片荔枝园，又爬了一个小山坡，眼前的景象令我瞠目结舌。

上万块火山石被垒成了排列成行的围墙，几千株火龙果正在黑色的火山石上欢愉生长。阿夸说，这里原来是一个乱石堆，经历了半年时间才整理成如今眼前的样子。他用椰棕固土，又用羊粪作肥，火龙果在生长过程中，根须就可以吸收火山石的矿物质。这样种植的火龙果，果肉不但甜，还富含硒和其他火山微量元素。最重要的是，可以保护化学物质不渗入地下，

3.

避免对原生态环境的破坏。而且火龙果的结果期时间跨度较长，可以给客人更好的农事体验。

他让我自己挑选了一个火龙果，切开让我们品尝，一口咬下去，多汁、香甜，有不一般的口感。

回民宿的路上，他如数家珍地向我们介绍博学村的变化，从一开始村民对他和哥哥做的事持怀疑态度，到现在跟着一起去日本等地考察新型农业项目。并且，在他们的呼吁和奔走下，博学村先后建立了山地自行车道、文化室，改善了水电设施，并在 2016 年用上了光纤宽带。这个过去与世隔绝的火山村，如今在维护生态平衡的前提下，发展得小有名气。

在阿夸眼里，民宿不过是个媒介，这份事业的内涵是他对这片火山故土的热爱。

当暮色降临，共用一餐原汁原味的农家饭后，来此体验的人们，彼此都成为了朋友。在荔枝、黄皮、香蕉、木瓜等果树围绕的院子，众人边聊天边看星星。阿夸拿出他的吉他，和着虫鸣，轻声弹唱。我躺在吊床上倾听，这份宁静令人动容。

这次，我们去山里不讲隐世

文 蒋瞰

摄 萧雨琛

骑行串门，深耕于此的私家路线

浙江莫干山镇主路和竹源路交叉口，岂遇运动民宿就坐落在路边，店名镂空刻在铁门上。

盛夏清晨，我和几个“骑友”约好在民宿集合骑行。穿黑色 T 恤、全身似乎没有一点赘肉、看起来非常精干的“大胡子”早已将闪电牌单车擦干净排好。他就是今天的带队人，民宿主人夏雨森。

上路，先是骑行一小段平地公路算是热身，接着，坡度不知不觉中逐渐增加，当我们觉察到吃力时，又回到相对平稳的状态。这是夏雨森设计过的路线，针对我们几个骑行菜鸟，不宜强度太大。莫干山的小景，又能被我们以全新的角度领略到。

2013 年，刚刚从贸易公司离职，天南海北玩极限运动的夏雨森从上海骑行到莫干山，一路灰尘很大，转入莫干山后，空气变得清新。之后的故事和大多数民宿主类似，夏雨森先是想在山里定居，后来开了间民宿。由于是运动专业出身，他把更多的精力放在身体力行记录山间路况上：弯道个数、坡度度数、车况分布……皆了然于心。适合速降、骑行还是越野跑，针对专业人士、入门选手还是爱好者，莫干山道路的每个方寸，他都能瞬间给出匹配的运动方案。

这一路上，我们骑着单车拜访了瑜伽大师，走访了设计师晓辉潺潺溪水边的工作室，路过茶园，经过水库，在“莫干山居图”的超大图书馆喝茶，还在其他民宿小憩。劳逸结合，对非专业选手可能略显枯燥的骑行运动，变成了到有趣的莫干山“人家”去串门，我们不得不佩服夏雨森的巧思用心。

运动爱好者的“会客厅”和“会诊室”

尽管在山里，我们也经不住酷暑，中午前回到民宿。午睡过后，大家急不可待地开始一堂私教课。上海体育学院科班出身的夏雨森，还没毕业已在各大健身房当教练，最夸张的时候一天奔波于六个健身房。岂遇二楼公共活动区私教室里，

➪ 作为岂遇运动民宿的灵魂人物，夏雨森正在试图将运动从“累”变得“好玩”。

1.

2.

3.

4.

TRX（悬挂训练系统）、瑜伽垫、瑜伽球、腹肌训练器、壶铃、弹跳凳、反应球、平衡板、按摩轴……器械算不上非常多，但能达到很好的效果，比如实心球，别看只是传球、接球几个来回，动作不难，却是对腰腹等核心部位进行有效训练，是岂遇员工们的首选健身项目。因为早上一直在骑车，我的腿部肌肉紧绷，夏雨森推荐我使用带齿轮的按摩轴放松肌肉。

“既然运动主题这么鲜明，为什么不直接做一间健身房，或是时下流行的工作室呢？谁都知道，做民宿，有客房和餐饮，总是牵扯到更多的人力和物力。”我问“大胡子”。

夏雨森说：“晚饭后告诉你吧。”

晚饭后来到负一楼，这里可以算是娱乐区，中间是椭圆环形吧台，一边有一张台球桌，一边支了个帐篷——这是夏雨森为即将开展的山地露营等活动做的准备。出门就是露天泳池，旁边是一个 5 米高的攀爬训练设施。

弧形餐桌旁三三两两坐着一些客人，仔细一听，正在这里“会诊”——白天速降时哪块肌肉受伤了、哪个部位不舒服了。夏雨森听到后说了句“稍等”，上楼取了几块平衡板，回来介绍：“对于初学速降的人来说，有了平衡感才不会心慌，说到底是训练核心力量。在平衡板上训练过后，肌肉会产生记忆，也就是天然的对环境的适应能力，即便摔跤，也会将伤害降到最小。”有客人说肌肉紧，夏雨森教了几个简单动作，比如脚踩空一半站在台阶上，或是腿部弯曲后脚跟支

5.

撑在地上，都可以帮助拉伸小腿肌肉。

“做民宿就是为了让大家有一个可以交流和休息的地方。运动后修复，比运动本身更要紧。”

冲着“大胡子”去就对了

岂遇运动民宿原是一个 2000 多平方米的 4 层老宅。夏雨森看中了满院的树木和满池塘的鱼，以及绕着屋子飞来飞去的燕子，生机勃勃。他把老宅租下来改造出 14 间客房，没有过度装饰，80% 的空间用作公共空间，加入大量运动元素。他还不计成本地使用了“无添加”涂料，这种涂料不含甲醛，还能吸附空气中的有害物质、调节室温，材料成本不菲。夏雨森还专门从大阪请来师傅装修，因为他相信运动和健康应该贯通。

第二天早上，夏雨森要带住客出去越野跑。提前报了名的住客整装待发，我打算休息一下，去三楼的吊床上看书。这张吊床是夏雨森对“一静一动”的诠释，到吊床上休息之前，还得想办法爬上去，正所谓“不是身轻如燕，不要轻易上网”。

当理想和人生被反复谈论后，人们还是回到了本能的需求——好玩。夏雨森就是这样的人，玩过的地方越多，越觉得国内为玩家而生的聚集地太少了，于是有了现在的岂遇。也不乏贪图住宿的高性价比、对运动主题熟视无睹的隐居型客人，但那些冲着“大胡子”去，并且憧憬“一定能玩得开心”的人，在岂遇总会有收获。

1.2.3.4.
民宿内的大量空间，都留给了运动。“也不只是运动，动静结合。”休息室里有整整两面墙的柜子，都摆满了书；还有一个背靠莫干山美景的会议室，“如果每天都在这里开会，是不是开会这件事也没那么讨厌了呢？”夏雨森笑着说。

5. 有人说，极限运动是少数人才能触摸到的世界。但夏雨森觉得，不要小看自己，更不要小看别人。

人樂：站在浪尖的快乐

文 梅眉

供图 _ 人楽

“每一个浪都不远千里来到你面前，你怎么能辜负它？”

在冲浪的过程中，你必须全神贯注，放空自己，忘掉日常俗务，与大自然亲密接触。看到有鱼在浪尖上和你一起跳跃，看到晚霞照在同伴的脸上，看到彩虹在海平面的尽头，那种美好令人动容。

吴竹说，冲浪并不是极限运动，每个人都可以去当个超级酷炫的“浪人”。

吴竹是成都人，是后海亼樂冲浪主题民宿的老板。亼樂位于三亚市海棠湾角的滕海村，后海同蜈支洲岛共处一片海域，海水清澈。这个海湾，浪没那么急，且浪域宽广，十分适合冲浪初学者，在国内冲浪圈小有名气。

亼樂二字就是“一人一板很快乐”。这个民宿是迎海而开的，由一幢白色的渔村民房改装而成。离海不过十多米，浪好时可以直接抱起板冲到海里。

亼樂每天都有热爱冲浪的“浪人”来来往往。这些皮肤黝黑、身材健美的“浪人”在等浪的时候，要么就在吧台听歌、喝酒，要么就在亼樂院内自建的小游泳池里嬉水，或者倚着院内的大树看书、休憩。五颜六色的冲浪板摆放在一旁，整个院子一派“时光就是用来浪费在美好的事物上”的气氛。

亼樂的工作人员大多是爱冲浪的义工，他们一天在亼樂里服务4到6个小时，其余的时间去冲浪。在他们眼里，吴竹不是老板，而是带他们到处找浪的“孩子王”。除了冲浪，吴竹和小伙伴们还在亼樂做集市、开派对，在夕阳或星光下弹吉他、唱歌，做一切与大海相关的美好之事。

吴竹说，厶樂并不只是民宿，而是为冲浪爱好者服务、推广冲浪文化的聚集地。三年来，他们将这项运动带给无数热爱生活的人，最小的刚6岁。就在刚过去的9月，他们接待了一位81岁的老爷爷来学习冲浪。那位老爷爷虽然没能在板上站起来，但是半撑着也感觉到了冲浪的快乐，上了岸还一直在笑。“我觉得我做了一件特别好的事。真的，我都被自己感动了！”

吴竹组建了亼樂冲浪队，这是一支由内部员工和职业选手组成的冲浪队。国内冲浪运动刚起步，吴竹会带着冲浪队去参加国内的各种冲浪比赛。在过去的两年里，为了完成朋友的梦想，亼樂冲浪队还赞助签约了中国国家队队员赵远宏，并发起众筹，拍摄了中国首部关于冲浪文化的独立纪录片——《追浪》。

我在山中，有间小屋

文 夏雨清
摄 陈杰 等

在浙大做完讲座，陈丹青赶到莫干山，已是晚上 10 点多了。

这是他第一次上莫干山。从车上下来，月光穿过叶子，照着竹径，走向颐园，陈丹青有些兴奋：“木心先生的《竹秀》写的就是这种味道。”

《竹秀》是木心的一篇散文，收在《哥伦比亚的倒影》一书中。解放初年，木心在莫干山住过近一年，按书中的说法，他家在山上有一栋房子。多年前，我在乌镇问过老人家，他岔开了话题，笑笑说：“写文章也是可以虚构的。”

那是 2007 年 5 月。站在月光下的颐园，闻着草木的气息，听着虫鸣和流水声，陈丹青觉得是一种奢侈的享受。

这样的“奢侈”，当时我已享受两年了。

颐园是我所居住的房子，一栋建于 1930 年的旧宅。

建筑师和房东

小隐隐于山。

我过去十几年的莫干山生活，可能连“小隐”也算不上——山中的这栋民国老屋，只是周末小住之所。到了暑假，女儿夏夏到山上避暑，我才会三天城中、四天山上，奔走于城市和山林之间。

莫干山在浙江湖州境内，从杭州过来，要一个多小时的车程，不远。

昔年的颐园很大，占了一个山谷，一条小溪从中流过，把仅有的两栋建筑隔开，四周有围墙，有精致的栏杆。两栋建筑之间，有泳池，有网球场，都是民国的时尚。

这些，杜承棋老人 1933 年初到山上时就见过。那一年他 15 岁，是随家人来山上造房子的。他老家东阳，那里的木匠天下闻名。老人做过莫干山解放后的第一任村长，住在山上最古老的别墅里，编号 545，是英国商人贝勒于 1896 年建的。

杜承棋说他在颐园的泳池里游过泳。岁月变迁，颐园的网球场，我来时已是一片菜地，泳池堆了假山，养鱼。早几年截流，这两处都被一泓池水淹没了。池边长满了杜鹃，春天开成一片红云，是山中最美的去处。

18 年前，我穿过台门走下长长的石阶，进入颐园，一下子就迷上了——在

⇧ 颐园。
供图 _ 夏雨清

⇩ 雨中颐园。

那个秋末，石阶上落着一层绯红的枫叶，桂花的香气飘散开来，恍若仙境。种满院子的枫树和金桂，都是 1930 年以前的旧物。

颐园是我租下来的居所。那时还没有民宿，也没有度假客，莫干山空空荡荡，无人问津，到处是倾塌的房子。听说我要租，身边所有的人都认为我疯了：“这破房子有什么用？”

我最初的想法很简单，在山上有间小屋，陪女儿慢慢长大。她可以养狗，养兔子，养鸡，养刺猬，养她想养的小动物。

住在山上，每一日都很悠闲，我就四处寻访和颐园相关的人和事。还真在山下的村子里，找到了造这个房子的建筑师——郑生孝老人，他那年 95 岁。

颐园是郑生孝独立营造的第一栋房子。他是莫干山上郑远记营造厂的少东家，年方二十时，被房子主人潘梓彝看中，对他父亲说：“你年岁大了，我这栋房子就叫你儿子来造吧。”

75 年后，老人还清晰地记得潘梓彝“胖胖的，很和蔼”。

1926 年，作家郑振铎从上海来山中度假，住在商务印书馆的房子里。有一天，他去游剑池瀑布，见到了这个拿着罗盘、四处踏勘的富商。潘梓彝对《易经》素有研究，所有来过颐园的人，都说风水奇佳，那是他历时四年选定的。

有关房东潘梓彝，主要的传说有两种：《到莫干山看老别墅》一书说他是宜兴商人，和潘汉年同父异母；而山上流传他是南洋兄弟烟草公司的老板。两说也许都是错的，南洋兄弟烟草公司的创始人是简照南、简玉阶兄弟，他们的房子在颐园下方，编号 62。画家潘贞则在《从师散记》一文中回忆：“1935 年，我父亲（潘梓彝）邀老师、师母和王世伯等人到莫干山颐居小住。”颐居也就是颐园。潘贞则是张大千大风堂入室女弟子，广东南海人，和简照南、简玉阶兄弟同乡，那么，潘梓彝是宜兴人的说法，也就不成立了。

我问过郑生孝老人——潘梓彝是哪里人。也许年纪大了，记不起来了，他也记不清潘梓彝是否一口广东腔。他在山上造过的房子太多了，据说全盛之时，莫干山一半的房子都是他家郑远记造的。

管家和唐伯虎

山居生活，春雷是最可怕的。一声声春雷，仿佛就在头顶炸开。遇到打雷，我就每个房间奔走，把电源线路全部断掉。山上的雷声，不仅仅是响，还有破坏性。院子里有一棵百年柏树，从中间裂成两棵，据民国时管家的儿子说，那是让雷劈的。

管家的儿子六七十岁了，他们几个兄妹都在这个房子里出生。据他说当年潘家在中堂挂了一幅唐伯虎的画，“比这个房子还值钱”。这幅画自然不知所终。

潘梓彝喜欢书画，和张大千有来往，有一幅唐伯虎的画，也不稀奇。不过这个故事，我是不信的。也许当年真有唐伯虎的画，但较可能是复制品。

黄郛的妻子沈亦云写过一部《亦云回忆》，她在莫干山上布置自己的白云山馆，也挂了几幅康有为的字。黄郛是蒋介石的结拜兄弟，做过北洋政府总理，代理过总统职权，后来又做了南京国民政府的外交部长、上海特别市市长，有几幅

➪ 颐园是民宿，也是夏雨清的家，女儿夏夏和小狗小白在这里一起慢慢长大。接待客人以外，有很多朋友顺道或专程来访。

康有为的字，也很正常，可沈亦云挂的却是石印的复制品。

只因为山中潮湿，挂不了一年，字画就要发霉了。

避暑地和牛肉庄

莫干山之兴，缘起晚清。民国四大避暑胜地——江西庐山、河北北戴河、河南鸡公山，以及浙江莫干山，都和近代西方传教士有关。

发现莫干山的，是一个叫佛利甲的美国浸信会传教士，时在 1891 年——光绪十七年。传教士寻找清凉的避暑地，也是出于无奈。受不了中国南方的暑热，当年来华的传教士所生的小孩十有七八会夭折，必须找到凉爽之地躲过夏天的疫疾，才可提高幼童的存活率，因此有了这些外国人眼中的“避暑地”。

郑振铎 1926 年来莫干山上住了一个多月，写了本《山中杂记》，有一篇《避暑会》说：“到处都张挂着避暑会的通告，在莫干山的岭下及岭脊。”避暑会是山中洋人的组织，“几天又过了，我渐渐明白了避暑会的事业：他们设立了一个游泳池，一个很大的网球场……还有一个大会堂，为公共的会议厅，会堂之旁，另辟了一个图书馆，还有一个幼稚园。每一个星期，大约是在星期五，总有一次音乐合奏会在那里举行，一切事业都举办得很整齐的”。

民国时期的莫干山远不止于此。在杭州城还是乡下时，它就和上海滩一样时髦和热闹了。

山上有一条荫山街，长不过百米，有一张老照片，就是几个外国泳衣女郎走在荫山街上。1926 年，郑振铎见到了“几家竹器店、水果店，再过去是上海银行、元泰食物店及三五家牛肉庄”。据记录，全盛时期，莫干山上电灯、电报、电话齐全，旅馆、银行、旅行社、百货店、成衣铺都有好几家，还有两家书店，一家是大名鼎鼎的商务印书馆，一家是卖外文书的伊文思书馆。

牛肉庄是山中特色，郑振铎说有四五家，还有一个屠宰场，山上每天得杀两头牛，西洋的刀叉在等着吱吱响的牛排。

1937 年以后，这样的盛况，再也没有出现。即使最近几年莫干山民宿爆发，也再无当年的风雅——书店、图书馆、音乐会全没了。牛排倒是又有了，2006 年，一个英国人在山上开了一家咖啡馆。

颐园机缘巧合地成为莫干山第一家民宿。

阿姨和鸡

张小娴有次杭州行，时间宽裕，就来颐园匆匆走了一回，中午到，傍晚回。因为没有想到山中会如此美好，行程已定，衣物未带，她只得遗憾离去。

后来在文章里，她感叹：“终于明白了苏东坡和郁达夫，还有民国年间许多文人雅士、富商和权贵为什么来莫干山避暑，也明白蒋介石和宋美龄为什么选择在莫干山度蜜月。要是可以每天吃这里的菜，过上这种清幽的日子，在老别墅里写书，那多好啊。下回到杭州，我也要再来，到时候要住上一两天。”

有一种野菜，她念念不忘，却又记不得名字，那是山上的三角芹菜。山人很自豪：“这菜只产于莫干山。”我没考证过，不敢乱说。

我印象中的陈丹青，吃得很少，一般只吃点凉菜，加上面条或点心，就打发一餐了。他说过：“宴席上，我负责聊天，你们负责吃。”

可在颐园的那个中午，他连吃了两碗饭，阿姨烧的山中土菜，很合他的“知青胃口”。

“吃了这么多天，才吃到一顿人吃的饭。”陈丹青感慨。

小狗小白那时三个月大，看来了人，很亲热地上来舔舔脚。

触景生情，陈丹青想起了在江西插队时养的一条小狗：“也就这么大，很可爱。”

“小狗后来哪里去了？”

“被吃了。”

陈丹青有次去了集市，回来发现有一碗狗肉等着他，才知道他养的小狗已成了盘中美餐。

就像夏夏从小养大的一只鸡，从不跟鸡玩，只跟着她，到哪儿都跟着。

有一天，夏夏突然发现少了什么，就问新来的阿姨：“我的鸡呢？”阿姨把手中刚宰的鸡一亮：“在这儿。”原来有客人要喝鸡汤，她二话没说，就把这只不怕人的鸡杀了。

我记得夏夏伤心了整整一年。

⇧ 午后饮茶。

⇩ 阿姨烧的山中土菜。

过云山居：只在此山中，云深不知处

文 摄 **潘瓶子**

"过云"绝非虚名。

在过云山居开业的两年时间内，近万"云客"在临崖当风的谷口目睹过云婆的舞姿。因为谷口特别的V字形结构和高差，云气总是很有规律地在谷底生成聚集，随后便前仆后继，如涨潮般向西坑村席卷而来，直至整个民宿和村落被罩在匡庐一般的浓雾里。当客人们还沉浸在云雾里不知所踪时，云潮又倏然退去，山脊尽头的天空露出"雨过天青云破处"的颜色。三春时节云事最盛时，谷里的云潮往往一天之内便冲锋四五次，云潮不晓得疲倦，沐着云海的"云客"自然也乐得不知疲倦。

贾岛所言"只在此山中，云深不知处"的情景不仅存在于诗里，也存在于松阳的山乡里。

2014年夏天，我第一次在山穷水复的环路上看到四都乡的西坑村，那是一个盘踞在山腰上的朴素小村，被竹林、梯田和巨大的南方红豆杉围拢，夯土黄泥房相连，形成奇特的心形村落，脱俗且雅致。入村则是逼仄的巷道迷宫，直至寻到村落尽头，视线才豁然开朗——一条落差近500米的深切峡谷，左右两翼则是海拔1000到1100米的山墙环伺。这条峡谷原本无名，在过云山居开业之后，便成了"过云谷"。

过云山居只有八间房，应了民宿"看云海"的主题，客房的名字索性也心无旁骛，就叫"一朵、二朵……八朵"，住过此间的客人唤作"云客"，民宿也有了"八朵云"的别称。刚断奶的比熊犬，肉嘟嘟地跑在清水混凝土的地面上，它看起来像一团白云，便取名"九朵"。新来的"九朵"成了"云客"们可以抱在怀里的一朵云——热乎乎会舔人的一朵云。

但凡有云海的日子，我爱待在过云轩里，和"云客"一起沏一壶松阳银猴白茶，看着壶嘴缥缈的水汽与幕墙外的云气相互渲染。过云轩的设计很简约，只留一尊富态的白瓷仕女守在门口，云娇雨怯，10米长的玻璃幕墙负责将"云客"的视线引导到户外，裁剪出一幅平整无澜的宽幕云海画卷。

云是最富想象力的世间景观。我特别欣赏张潮在《幽梦影》里对云的解读："云之为物，或崔巍如山，或潋滟如水，或如人，或如兽，或如鸟毳，或如鱼鳞，

⇧ 过云山居坐落在西坑村梯田最高处的山脊上，视野中没有任何阻挡，山景一览无遗。

⇩ 置身于变幻无常的云海中，每个人都会有自己的“情不自禁”。

1.

2.

3.

故天下万物皆可画，唯云不能画，世所画云亦强名耳。”过云山居把“云”定为民宿风物的花魁，先天拜受了天地恩惠——云本无踪，比起具象的风物，芸芸众生面对同一云海，内心会有不同的解读。

沐云台是个 10 平方米左右的露台。它直面峡谷，眼前除了云海便是林海，无半点人间烟火气，一个生灵面对如此纯粹的大自然，会呓语，会凝望，会沉思，会出神，心事付诸云海。过云谷里从不缺少具有“魔性”的云，这两年来，我在临崖的沐云台上目睹了瀑布云、鱼鳞云、火烧云、雨幡洞云和七彩云；有的云甚至会玩“快闪”，从丛林里闪烁腾挪而出，天外飞仙而去，整个过程只有短短几秒。

这个“本来无一物”的沐云台，亦是一个百搭的“容器”，各种雅俗美事——瑜伽、太极、古琴、尺八、旗袍、无人机、一吻定情——都曾在这里上演。

小马是过云山居的管家，军人出身的他在西坑村爱上了《周易》和古琴。午后闲暇时，他乐得带“云客”走一走山间的驿道，或者穿过竹林和茶田，找到村子下游少有人知的那条“发呆瀑”，顺便采撷溪间的石菖蒲回来。过云山居的盆栽和插花用度，都是山林的馈赠。开怀的客人会在晚餐时邀他一同品饮附近客家古村落的红曲酒，深井水配上老人家的传世酿酒功力，暗藏的麦芽糖香气和桃红的酒色黯然销魂，三杯之后他便兀自离席，乘着月光在露台上舞蹈。第二天晌午，酒味尚未散尽，他又准时守在村口，等待下一拨“云客”入住。许多“云客”与他成了知己。

西坑村仍然保持着江南少有的乡俗。叶姓与丁姓族人自明代便迁居至此，在海拔 650 米的谷口繁衍生息，每年七夕前后，每家每户垫资邀请专业婺剧团进村巡演。浙江境内两大传统戏剧南北分立，北有越剧绍兴戏，南有婺剧金华戏，婺剧进村是西坑村每年的大事，非得演上三天三夜方肯谢幕。台上也绝非糊弄事的草台班子，从描妆穿袍到亮相开嗓都属上乘。台下扛着锄头的老爷爷、裹着碎花头巾的老奶奶，也是听了一辈子戏的老戏骨。每逢此时，过云山居的云客便有机会挤进祠堂，和村里人一道在长条凳上排排坐，看台上一出出咿咿呀呀的《打黄袍》《青蛇传》。那几夜，和着穿越百年的戏曲声入眠，恍若隔世。

1. 除了露台观云，露台附近还设有景观浴缸——在云海里泡澡，可揽一寸云入怀。

2. 除了高山白茶外，云客在过云山居还能喝到松阳特产的端午茶，此茶以藿香、野菊、桑叶、菖蒲等山野植物晒制混合而成，属原生态草药茶，芳香化湿、清热解暑。

3. 过云山居所在的浙江省松阳县，是华东地区著名的古村落之乡，瓯江上游主要支流松阴溪贯穿全境，县域内有几十个村落被列入“中国传统村落”名录。这里的古村落大多为坡地梯田式村落，西坑村是其中的典型代表。

群山之心："分裂"的诗意栖居

文 袁銮
摄 张琪 等

①

碧城 Hestie 群山之心的主人梦亦非是个诗人。

7 月末，一众诗人齐聚这家民宿，梦亦非将“东山雅集”的牌匾挂起。那两天，谈笑有鸿儒，诗人们应邀来参加这个不定期举办的诗歌主题聚会，这次探讨的主题是——AI（人工智能）写诗。

梦亦非说，他是一个“分裂”的人。这种来自诗人执拗的“分裂”，在这个雅集上展露无遗：在一个群山围绕下，无公路、无车流，甚至连手机信号都没有的民宿里，诗人们谈论人工智能。

看上去，所有的诗人，乐在其中。

②

关于群山之心的体验，最先是竹杖芒鞋的跋涉之苦。群山之心在夹缝岩村旁边，需要徒步两三个小时才能到达。

贵州省是山地之省。夹缝岩村中，十几户布依族人家，孤悬于崖壁之上，仅有时断时续的步道可通行。小村子之外，有一条沿峡谷而走的小河，河流的对岸，有一个碾坊。碾坊旁，少年梦亦非，正在阅读课本——这是当年他唯一能读到的书籍。和所有功德圆满的故事一样，中年梦亦非在他阅读时光开始的地方，断断续续花了六年时间，建起群山之心，安放他的诗、他的书和四个不吝空间的客房。

夹缝岩并不算是知名的旅行目的地，却是贵州资深徒步客的秘密花园。要走到夹缝岩，首先要到达公路的尽头，然后沿着一条清澈见底的小河流行走，河边是布依族人走马踏留下的坎坷步道。到了夹缝岩，再爬过一个山坡，便是人家。布依族人家种茶、喂马、养蜂，鸡犬相闻，像一个遗世独立的小村庄。

用常规的酒店评价体系去看群山之心，它并不是那么精美和周到。但经过三个小时的跋涉，热情的店家给你奉上一壶好茶，远处瀑布传来若有若无的“嘶吼”，一切又是那么合适。

⇧ 群山之心是这片山林里唯一的建筑。这里不通公路，要徒步约三个小时才可到达，在当下，真可以称得上"遗世独立"。

⇩ "东山雅集"上，诗人们正在朗读诗歌、讨论诗歌创作。

1.

③

群山之心里有很多书，这些书和这里大多数建材、家具一样，是人扛马驮进来的。

“碧城”这个名字，来源于梦亦非长篇诗歌里营造出来的世界。这个世界，诗人觉得是“固执的、原生态的、野性的、魔幻和超现实的”，就如同这家生长于群山之中的民宿。在这不通公路的群山之下，虫鸣鸟叫替代了车水马龙的喧嚣，农耕生活又替换了案牍劳形的城市节奏，群山之心却给旅行者提供了和往常习惯的现代舒适生活相差无几的私人空间。农耕环境和现代生活在这里共生，或许就是诗人所讲的“分裂”。

这栋房子“分裂”成四个客房——陶渊明房、但丁房、里尔克房和艾略特房，用以向传世诗人致敬。陶渊明房朴素淡雅，所有的原木都最大程度地裸露和展现，象征魏晋之风。但丁房最宽敞大气，用以向西方古典高峰致敬。里克尔房肆意地使用各种色彩冲突的家具和地毯，用来隐喻浪漫主义和现代主义的激烈碰撞。艾略特房则现代而明快，表现现代诗歌时代的到来。诗人觉得空间尚不足以让所有人明白其和诗歌的关系，又在每个房间的书架上摆上相应诗人的诗集。

梦亦非不常在家，诗歌营造出来的意境，需要住客自己慢慢体会。梦亦非似乎总在担心别人读不懂这里，又表现得毫不在乎。就如写《碧城》和其他长诗一样，写完 1 万字的长诗，又写了几万字的阅读说明，但他认为读者不必读懂阅读说明，一切都是留给自己的。

因诗而来的旅行者，只能在群山之中独自寻找答案。

④

德国诗人弗里德里希·荷尔德林在他的诗歌《在柔媚的湛蓝中》第一次提到“诗意栖居”的概念。虽然他并没有和梦亦非一样，给自己的诗写一个“阅读说明”，但读他的诗，依然可以揣测，“诗意栖居”，大概是这个样子的：“那满缀星辰的夜影……明澈洁纯”；“花在阳光下绽放”；“赞美的歌咏与众鸟的和鸣”；“美丽的溪流，波光粼粼，你在波光中清澈流淌”……如果这些是对“诗意栖居”的具体描述，那么它们在群山之心皆可寻得。

这种大自然所赋予的“有”，是群山之心可以给的，也是大多数“周到”的住宿地无法弥补的遗憾。这种遗憾，是因为现代和自然常常分裂：你享受了现代的便利，却无法完整感受自然之美。

远山吞噬最后一抹阳光，山里瞬间星光弥漫。客房内，窗明几净，光影婆娑，对抗汹涌而来的黑暗。四周虫鸣鸟叫，这是一个“诗歌已死”的年代，在大自然的奏鸣中，诗歌仿佛能在人的心中重生。

1. “东山雅集”活动海报。自 2010 年以来，这个诗歌文化沙龙已经举办了 11 届。
供图 _ 梦亦非

2. 群山之心背靠森林，面朝田野，每间房都有大片的落地窗，阳光和山色被毫无保留地迎进屋内。

3. 群山之心里没有电视等现代的娱乐设施，仅提供有限的网络，主人希望人们在此，能不受干扰地去亲近自然或探索自我。

2.

3.

⑤

从群山之心徒步 20 分钟，能看到一条飞瀑，飞瀑下的一池水，清澈见底。在炎热的夏天，诗人们享受着舒爽的水汽，在瀑布下读诗。纵然在贵州，瀑布和山水并不罕有，但这里也算得上难得的透彻和隔绝。

执拗而分离的梦亦非，认为他的“烟火”不接人间的地气，于是在“碧城”后面加了个“Hestie”。“Hestie”是拉丁文“Hestia”（赫斯提）的变形，Hestia 是希腊神话里的女灶神。诗人梦亦非想在寻常人家构筑魔幻碧城——这是一个应诗歌体验而建造的空间，但并不是只允许诗人进入的场所；算不上尽善尽美，但诗人已然尽最大的能量，在这个不通公路的山村旁，给客人最厚重的款待。

也许这些都不是那么重要。这里可以暂时让旅行者躲避人间的熙攘，在山间田头和布依族的村民们一起关心粮食和蔬菜。诗歌，是一个引子而已。

长城脚下的无墙博物馆

无墙博物馆

文 张田小
摄 王凯

“怀柔就是栗子树和核桃树特别多，我们就会用这几种原料去试一下，”刘臻说，“核桃的枝叶，可以染出特别金黄的颜色。核桃皮可以染出驼色和咖色。”

慢慢步入慕田峪长城脚下的莲花池村，看到散落在平常村庄里的一个个别致的院子，终于一睹无墙博物馆的真面目。

无墙博物馆是由 8 座山房组成的山水人文聚落。“无墙”说的是人与人、人与大自然之间没有距离；“博物馆”并不指传统的实体博物馆，而是每个山房根据主人的手艺玩自己所长，开课聚友。山房除了供来客居住休憩外，还将艺术展览、手艺展示、手作体验、文化教育、集市、玩山等体验相结合。

半山山房

半山山房建在半山腰，大院子里种了花草、蔬菜、果树，还能看见江南园林风味的小雕塑。主体建筑一楼是工作室、厨房和茶室；二楼为民宿空间，有 7 间客房，每间客房的名字都以一种草木染的颜色命名。屋子内的窗帘以及床具都出自主人夫妇的手工制作。

一般在早晨，山房女主人刘臻的草木染课程会开课，地点就在山房一楼的工作室里。这里像个厨房，有瓶瓶罐罐，还有“锅碗瓢盆”——它们都是刘臻用来收藏植物原材料、煮染料的工具。草木染全部用纯天然材料，用来上色的布料也只选用丝、棉、麻、毛等材质的布料，不用化工制作的纤维。

每个地方植物生长的状态和品种都不一样，做草木染可以利用当地植物的特点。

刘臻上午刚完成一个枕套的染色，用了渐变法染成了绿色。“这个绿色，是用槐米（为原材料）套出来的。先染蓝色，给布做媒染处理，再染黄色，最后变成绿色。”

节气山房

“来个朋友，琴棋书画诗酒茶。”

节气山房由农家四合院改造而成，除了主人住的南厢房之外，还有三间客房和两间书房。每个书房放置了书案，饰有字画。山房提倡“书房文化”。在客厅的窗前摆了一张大书桌，书桌上笔墨纸砚一应俱全，写了个开头“永和九年，岁在癸丑”的小楷版的《兰亭集序》还摊在桌上。来的客人，路过总会停下来，挥起毛笔写一写。

前去拜访那天，北京刚过大暑，接下来就是立秋。山房主人黄建洪和夫人在厨房里忙了一中午，准备了一桌子素雅的菜。节气山房只提供应季的菜，不吃反季节的菜。

“紫苏叶，大江南北都有。湖南的两面都是紫色，北京的有两面紫色，也有一面紫色、一面绿色的叶子，东北那边就是两边都是绿色的。这菜特别有意思，把叶子剪下来，还会长出来。我经常讲玩笑话，说它就像摇钱树一样。不过天气变冷，就没有了。”

正午时分，节气山房的另一位主人陈陆生吃完饭，正在小院里溜达，意外地看到两只蝉贴在院子里的一棵石榴树上交合。他立马掏出相机，支起脚架，拍了起来。这大概就是节气山房的日常——有人烹茶，有人看书，有人写字，有人去观察和亲近自然。

“做锔活儿的态度就是不能太火，慢就是快。”

三三山房

赵子楠的三三山房也在传授一门手工艺——锔瓷。

“三三”是主人子楠养在院子里的一只猫的名字，子楠一共有 4 只猫，三三最调皮。

修复瓷器的方法有很多，有无痕修复、石膏修复等，子楠的锔瓷属于物理性质，修复由手工完成。锔瓷的工作台在山房客厅里，桌子上还铺陈着她尚未完工的瓷器片。去拜访她时，子楠说她今天刚做了个活儿，耗时 9 个小时。赵子楠说：“来这里生活后，我不怎么看手机了。”

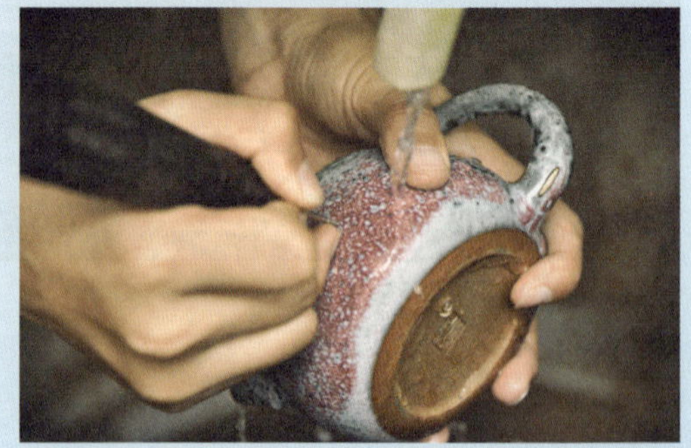

人物

People

策马而来，和你饮茶论道的湘妹子
一心想引你前往“香巴拉”的藏族汉子
隐藏于大理古城中，醉心于研究的沉默作家
美妙山水边，“赤裸”面对自然与自我的疯狂画家
热情如火，精力旺盛，见谁都要滔滔不绝一番人生理想的成都小伙儿
如果你行为“不环保”，不与她交流思想，就会对你冷言冷语的法国奇女子
……
他们的欢愉与颓唐、无奈与坚持、梦想与现实，通过民宿空间展露无遗
跟随我们一起进入他们的精神角落

01

白玛多吉

我不是一个商人。我得能把事情做得起来，所以我必须懂商业，这样我的事业才能可持续，但我觉得自己可能还是一个文化使者。

白玛多吉：从“地之肚脐”到“香格里拉精神”

文 袁銮
摄 关海彤

今天的“松赞”，是旅行住宿行业的“现象”“模式”，越来越多的人认为它是“中国最好的连锁精品酒店”。从香格里拉的乡野到丽江茨满村、拉萨次角林村，如今一共有 8 个松赞酒店正在营业，提供 235 间客房。松赞的这些酒店都不在游客集散核心区内，如果不是为了松赞，大部分住客几乎不可能去往这些地方。2016 年一年，在松赞拉萨未开业的情况下，已有 10 万人次用双脚和不菲的房费“投票”，选择了松赞。

做松赞的人，叫白玛多吉。

①

白玛多吉生于香格里拉，迪庆松赞林寺下一个叫克纳的小村庄。20 世纪 70 年代，松赞林寺是一片废墟，废墟中长着绚烂的花，也没有现在赫赫有名的白塔，姑姑常带着小白玛多吉去松赞林寺的废墟里玩。

从克纳村出发，后来成为央视纪录片导演，白玛多吉的人生半径越来越长，但他认为最美的地方，依然是自己的家乡。

白玛多吉回到了家乡。他贷款 130 万元，将自己的祖屋进行改造，起名“松赞假日酒店”，交给妹妹打理。资金有限，客房简单，那时的房费是每晚 80 元。他告诉妹妹，我们要做“香格里拉最好的酒店，将来甚至是中国最好的酒店”。妹妹哈哈大笑，说：“哥哥，你回央视好好工作吧。”

彼时的白玛多吉，还是央视的纪录片导演，他理解妹妹的不相信。临走时，他给妹妹讲了一个故事：我们藏族人相信世界上有一个香巴拉王国，这个香巴拉可能是一个隐秘的美丽村庄，那里的人们快乐、和平、充满智慧。香巴拉不在现实的世界里，但有一条通道和现实世界相连。我们将来可能要做很多这样的酒店，这些酒店分布在香格里拉最美丽的村庄里，那些地方，可能就是进入香巴拉的通道。

后来，妹妹将这个故事讲给很多客人听，其中一个客人后来成了白玛多吉的合伙人——他叫卓秉胜，新加坡人。早期，像卓秉胜这样的合伙人先后有三个，都是因为对白玛多吉的“松赞理念”和为人的认同而加入的。有了合伙人的加入，白玛多吉的资金压力顿减，松赞假日酒店将两间客房改造成一个大客房，对软、硬件彻底进行了升级，变成了现在的“松赞绿谷”。

关于香巴拉的故事，开始照进现实——“松赞香格里拉林卡”“松赞奔子栏”“松赞梅里”“松赞茨中”“松赞塔城”相继落成迎客，围绕着大香格里拉核心区的环线酒店在十余年间陆续亮相。

现在，如果有人问白玛多吉为什么将松赞酒店建在游人罕至的美丽乡野，他总是会回答：“我认为那里就是通往香巴拉的‘地之肚脐’。”

“我把所有松赞的客人都带进香巴拉王国，那是多么的高级的旅行，你说呢？”

②

松赞的员工习惯叫白玛多吉“老大”。“老大”异常忙碌，也不能常常和他们见面，但他们总是能接到“老大”的私人电话，嘘寒问暖，关心他们的工作和生活——即便松赞目前的员工已经有数百人，即便你是一个刚刚入职不久的酒店前台。

2010 年，白玛多吉开车将他的几个松赞老同事带到房地产商朋友的楼盘里，让他们挑房子——“老大”垫资，挑中就买。卓玛是其中一个当事人，她现在已经是松赞的管理层一员，那时，她还是一个刚从四川甘孜嫁来香格里拉不久的职场新人。直到现在，卓玛回到自己崭新的房子里，依然很激动。她说她的美好生活都是“老大”给的，松赞给的。

卓玛说，“老大”就是“next to the Buddha”（最接近佛的人）。

“最接近佛的人”也会金刚怒目。香格里拉林卡建好之后，交给了某个国际酒店管理集团管理。管理公司派来总经理驻店，他告诉白玛多吉，这些从农村来的员工，根本胜任不了国际酒店的工作。白玛多吉反问：“那你现在告诉我，我是要开掉 100 多名员工，还是开掉你？”

知诗七林现在是松赞集团的总经理，一开始，他只学到了“老大”的仁慈之心。从大学开始，知诗就听白玛多吉给他讲佛学的善和宽容。任高管之初，知诗不忍心辞退一个不合格的职业经理，白玛多吉告诉他：“该赔偿就赔偿，让他走，然后将时间留给真正的‘松赞人’。”

现代酒店管理公司那套管理秩序在松赞完全行不通，白玛多吉坚信这些来自酒店周边村子的甚至连汉语都不会说的藏族孩子能成为松赞的财富。他们的文化水平低，但是保持着淳朴之心；他们的自卑，最后也会变成谦逊。“我只管跟员工沟通，尽量激发他们的热情，然后对他们做心理辅导和培训”，剩下的事情，交给张敏。

2005 年，张敏还是昆明一个国营酒店里的前厅经理。白玛多吉跟她说：“你来松赞工作吧。”25 岁的张敏觉得白玛多吉是一个可靠的人，义无反顾地成了松赞的早期员工。张敏来松赞的时候，松赞只有 6 个员工，但松赞要建“进入香巴拉的通道”的梦想已经起步。她带着“老大”，去昆明的螺蛳湾，找一双价格公道又穿着舒服的千层平底布鞋。白玛多吉总希望员工将松赞当成自己的家，来的客人，都是自己家里的客人。客人来了，就得换上一双舒服干净的布鞋。后来，这双布鞋成为松赞标志性的迎宾礼物。小到布鞋，大到松赞独特的服务体系建成，张敏一直都是最核心的建设者。

“老大”当家，给所有松赞人精神上的抚慰。松赞的枝蔓，是由张敏、知诗七林、卓玛和无数松赞员工填充而丰满起来的。

白玛多吉的知人善任、襟怀坦荡，很多人都学不来。

③

2017 年 7 月底，白玛多吉从北京的家回昆明开会。开完会，他遇见了自己读畜牧学校时的同学。虽然已经 30 多年不见，白玛多吉依然认出了对方，并寒暄起来。同学追问白玛多吉现在的生活，白玛多吉说：“在香格里拉的村里开了几个酒店。”同学问：“是接待背包客的客栈吗？”

松赞系列名声在外，但跟局外人解释“精品酒店”“山居”的概念依然十分困难。这种困难，甚至在香格里拉也不例外。很长一段时间，一些香格里拉的精英人士，都认为白玛多吉是“在松赞林寺后面开了个小酒店”的人。白玛多吉总是耐心地和人解释松赞要做的是什么，知诗七林偶尔会有点不耐烦，他跟那些当年笑话“老大”的人说：“松赞林寺后面的那个小酒店解决了几百个当地人的就业，营业额几千万元，是香格里拉的纳税大户，我们还是那个小酒店吗？”

白玛多吉现在可以放心地将这些烦心事交给知诗七林，自己一头钻进滇藏线。香格里拉环线酒店获得成功后，他开始将“地之肚脐”一路从迪庆延伸到拉萨。从滇藏线走到川藏线，有雪山、河流、森林和草甸，这是一条美丽的进藏之路。白玛多吉又像当初做纪录片导演的时候那样，将“摄影机”架设到风景绝佳的地方。不过现在，架设在这些地方的不是拍摄机器，而是松赞酒店。松赞的门窗像是一个画框，画框外面，是无边的风景，他们说，这是松赞的“画展”。

松赞最新的“画展”开在拉萨和丽江。这两家酒店的体量不小，白玛多吉将他们命名为“林卡”。而那些散落在滇藏、川藏线的小规模酒店，将定名为“山居”。白玛多吉带领的松赞，又往前走了一步。

白玛多吉看着眼下的松赞，积跬步，至千里。“寻找香巴拉的‘地之肚脐’”的口号，已经不足以形容当下的松赞。当下的松赞布点，已经跨区域、跨民族、跨信仰。

“但是，香格里拉精神没有变。”白玛多吉说。

“香格里拉精神”具体是什么？白玛多吉又进入了新一轮的沉思，“那里一定有和平、爱和幸福”。

这或许就是白玛多吉和松赞一直想给予客人的东西。不止是酒店，但不过就是这些。

02

扎巴格丹

“我的父亲曾是茶马古道的马夫，

我做阿若康巴，是为了圆我父亲的梦。”

阿若康巴，扎巴格丹的马帮梦

文 袁銮
摄 关海彤

①

阿若康巴·南索达庄园位于香格里拉独克宗古城，龟山之下。这个庄园，是扎巴格丹想要给他父亲的礼物—— 一座“尼仓”。在扎巴格丹出生之前，父亲是滇藏线马帮的一员，马帮歇脚的驿站，叫“尼仓”，“尼仓”是父亲最温暖的回忆。

扎巴格丹请来了昆明的建筑设计师李众，帮他在古城里设计了一个既有着鲜明藏族元素，又蕴含现代设计理念的小建筑群。

到达南索达庄园，旅行者下马，穿过原木支起的藏式长廊，完成从喧闹世界到安谧一地的切换。进入露天中庭后，周围便是为旅行者准备的 17 间精致客房。

2012 年开业后，南索达庄园得奖无数，赞誉遍地，政商名人多有下榻。但这个庄园的真正主人——扎巴格丹的父亲仁青培楚，却始终未能看过这里一眼。开业的时候，他已经离开了人世。

扎巴格丹从事过无数的职业，大多数都和茶马古道、马帮文化有关系。“我大多数时候，都在圆父亲的梦。”扎巴格丹说。

②

“阿若康巴”在藏语里是“来吧，朋友”的意思。

大多数时候，南索达庄园的中庭是安静的。在有文化活动的时候，中庭会热闹起来。乐手领着住客和嘉宾们，唱歌互动。活动结束的时候，扎巴格丹神秘地说：“最后会有一个神秘嘉宾表演印度舞。”这个神秘嘉宾，正是扎巴格丹本人。他跳得异常欢快和投入，并且热切地希望大家加入。这个印度舞，是扎巴格丹的少年记忆。

扎巴格丹出生在印度的藏族人社区里，他的父亲，马帮的年轻人已变成了一个困顿在印度的服装店个体户。小社区是大社会，16 岁之前的扎巴格丹在那里看到了人事艰难和人间善恶，也和很多藏族人一样，做过几年出家人。生存环境虽然一般，但这个社区里很容易找到咖啡、吉他这类象征“西方生活方式”的东西，以至于扎巴格丹初回故乡香格里拉时，对酥油茶和青稞饼的生活异常不习惯。

16 岁那年，扎巴格丹的父亲决定带他回故乡——带着很重的行李和很少的钱。“洋气”的扎巴格丹要求父亲买一条流行款的牛仔裤，父亲却给了他一双舒服的鞋。到尼泊尔的时候，好心人给了扎巴格丹一只他梦寐以求的 Western Watch（西式手表），虽然是旧的。后来，这只旧的手表在拉萨被人看中，他换得一只新手表。到了芒康，盘缠花完，他卖掉这只藏文刻盘的手表，换了 200 元。200 元在当时是巨款，帮助他们一路从芒康回家。翻过最后一个垭口，纳帕海的波光向父子俩涌来，纳帕海边草原上的村庄，便是扎巴格丹的家乡。

虽然家乡如父亲在印度描述的那样美丽，但是没有了印度社区的娱乐，扎巴格丹又吃不惯这里的食物，觉得和自己的家乡格格不入。很长一段时间，扎巴格丹觉得自己是一个没用的人。

③

扎巴格丹跟无数人讲过他的奋斗史：他会藏语，说一口流利的英文，十六七岁的少年坐在一年级的课堂里学汉语；汉语学好后，顺利成为让人艳羡的公务员；随后，辞去公务员的职务，去海外留学；留学归来，他决定将茶马古道的马帮文化，传递给旅行者们，于是，他成立了旅行公司，做起了导游。

在商业世界中获得了金钱，扎巴格丹用这些钱给家乡的小村庄建起了白塔。建白塔在藏族是大事，父亲虽然没有看到儿子将“尼仓”建得多么落落大方、住客如云，但是见证了白塔在纳帕海边“升起”。当年那个“没用”的儿子，现在是村里的大善人。他身旁的人说，纳帕海周边的村庄里，没有扎巴格丹拒绝帮助过的人。

扎巴格丹回家乡的时候，那里只有青稞饼和酥油茶。现在，村子里已经有地方可以喝咖啡、品红酒了：扎巴格丹当年回家乡时住的姐姐家的老房子，如今被改成了青年旅馆。

④

8 月，开学季临近。扎巴格丹看了看手机信息，村里又出了一个大学生，按照惯例，扎巴会奖励孩子 2000 元。独克宗经历过 2014 年初的大火后，正在大修，游客已经不如往日熙攘。扎巴格丹的家就在南索达庄园旁边，阔落但朴素，并非想象中商贾人家金碧辉煌的样子。女儿喜欢弹吉他，想买一把心仪的吉他，但又觉得过于昂贵。“不如我租把吉他回来学吧。”女儿对父亲说。

十多年前，扎巴格丹成立了一个公益组织，叫“香格里拉唐卡中心”（现名“香格里拉民族文化多样性传承与保护协会”）。他作为主要的资助人，每年花费 30 万元，让周边辍学的少年学习画唐卡，并希望他们凭着一技之长在社会上立足。他们有些人开了自己的唐卡工坊，有些人成为老师。然而十多年后，这个唐卡中心并没如预期一般往可喜的方向发展，社会的选择渐多，愿意埋头研习唐卡的人渐少……

在唐卡中心的网站里，挂出了售卖唐卡的信息。唐卡的繁盛产地，并不在香格里拉，但唐卡又是父亲仁青培楚那代马帮人出行的必备之物，具有不一般的历史和文化价值。谈起唐卡中心，扎巴格丹脸上流露出微微的疲倦感，他希望，这个唐卡中心能换一种方式继续往前走下去。

⑤

南索达庄园屋后，有一栋古城大火时拆掉隔离的房子。房子的旁边，是扎巴格丹原来经营的酒吧。工作人员正在清扫二楼的空间，摆上桌椅和材料。第二天，将会有一群来香格里拉游学的孩子在这里体验唐卡艺术。唐卡中心毕业的 18 岁少年，将会成为孩子的老师，指导他们如何画唐卡。

扎巴格丹的日常非常繁忙，他已将旅行社和民艺体验的事业交给自己孙子辈的亲人格桑去打理。扎巴格丹的内心充满对旅行事业的热爱，又不得不应付忙碌的生活。

马帮的梦，或许更像是帮父亲圆的梦。扎巴格丹说他大半辈子都在圆这个梦，于是好像又变成了自己的梦。或许在印度舞曲响起时，忘我地调动身体每一个关节跳舞的扎巴格丹，才是真正的自己。

03

埃斯特尔

“做民宿不仅仅是门生意。因为我想要为自己骄傲，这里是我的骄傲之源。我要做一些不同的事情，我要做一些值得被尊敬的事情。（通过民宿）我想认识有趣的人，我想接触那些对万事万物有好奇心的人。”

埃斯特尔：云南乡间的环保“法式”生活

文 摄 **袁銮**

云南德钦奔子栏的一个小村庄里，埃斯特尔（Estelle）租了一栋老式的藏族房子，修整之后，开了一家民宿，叫作土路客栈（Tulu Lodge）。要进入土路，首先要经小桥跨过门前的小溪。埃斯特尔非常喜欢这条小溪，土路的任何污水都不可以注入这条小溪。这家民宿对环保的重视远不止于此。土路的客人都说，这家民宿处处都能体现主人的环保意识。

埃斯特尔是美食爱好者，她常常嫌弃奔子栏的肉食不够新鲜，开着她那辆冒黑烟的二手皮卡车，到 80 千米外的香格里拉县城采购新鲜的食材。厨房里摆满了埃斯特尔网购来的烹饪和烘焙材料。客人来到土路，埃斯特尔最重要的工作，是为客人做一顿法式晚餐，好让客人在这个和法国相隔万里的藏族社区里，依然可以领略法式美食的魅力。

①

8 月，香格里拉的气温只有 6℃，而 80 千米外的奔子栏，没有骄阳，却很是闷热。这里是横断山脉里神奇的干热河谷带，山体裸露，呈黄褐色，似乎所有绿色生命都在这里却步。金沙江在山底翻滚，也是黄褐色。这里曾经是旅行者前往梅里雪山时匆匆经过的城镇，近年来，这里的文化价值被人重新重视。埃斯特尔十分喜欢奔子栏，感觉这里有点像“中国的普罗旺斯”。2012 年，她满心欢喜地租下了小溪边的这座老房子，准备在这里开一家民宿。这绝对不是一时冲动，那个时候，她已经有 21 年的云南旅行、生活史，比很多人都更懂云南。

1991 年，埃斯特尔还是法国北部阿尔卑斯山下一个小城里的建筑师，一次出差让她得以来到当时还不算特别开放的中国。那个时候，她只知道中国有桂林和北京，朋友告诉她：“云南是个好地方，你可以到云南逛逛。”那次，一个月的云南旅行，她几乎没有花费一分钱，热情的云南人拿出美食招待她，邀请她到家中。往后的十年，只要有时间，她都会回云南旅行。2001 年，她卖掉了法国的所有物业，决定在云南定居。

在云南，她从事过数种职业，但她最想要的，就是做自己的民宿。她在欧洲体验过无数美好的民宿，但她觉得中国并没有那样好的民宿。她找了很久，直到 2012 年，她来到奔子栏。

②

8 月依然是滇西北的雨季，一日一夜的连绵阴雨后，雨水渗入有裂缝的混凝土房顶，房子内一片湿漉漉的。刚从香格里拉办事归来的埃斯特尔拿起巨大的塑料膜覆盖楼顶，防止雨水再次灌进室内。她一边忙碌一边喃喃自语：“我早就想重铺这个楼顶——如果有钱。”作为一个建筑师，通俗地说，她的职业就是去修一栋又一栋的房子，可当自己家里漏水时，却没有钱去修理，这就是生活在云南 20 多年的埃斯特尔。

如果有条件，这个混凝土楼顶一定会被埃斯特尔换掉。她十分不喜欢这种建材，这并不符合她心中对于这个藏族老房子的环保理念。屋顶上的裂缝，很可能是 2013 年奔子栏地震后遗留下的，但墙体的传统夯土立面安然无恙。埃斯特尔完整地保留了这些夯土立面，并且重新打磨填补，使立面更整洁干净。支撑房子的木头，她不愿意涂一层清漆，因为“清漆不环保……对人的身体也不好”。她希望土路使用的材料和日常用品尽量是天然原生的，尽量减少化学物品的使用。

她爱门前的小溪，为了不污染它，固执地使用了干式厕所：在木房子里开了一个洞，洞口下方是一片堆满木屑的空地，洞口上摆着一张开了洞的椅子。这把椅子，是土路标志性的“马桶”——排泄物倾泻而下，没入木屑之中。

③

屋外是埃斯特尔引以为傲的花园。风干的排泄物，是花园里树木的养料；厨房里的残羹冷饭，发酵后会变成蔬菜的基土。一个月前，埃斯特尔认为这个乡村环保民宿图景还不够立体，又在墙角养了一箱蜜蜂。

埃斯特尔在云南低调生活，她的社交圈仅限于早年认识的朋友和通过各种途径入住土路的住客。无数旅行者从奔子栏来去，根本不知道这里还住着一个法国人，并且经营着一家特别的民宿。埃斯特尔觉得，土路才是真正的民宿。“大部分其他的民宿，都是为了赚钱。但我这里，宾主相敬，交流思想，是真正的民宿味道。”

来土路的中国住客极少，不过因为埃斯特尔的房子实在奇特，且较大程度地保留了奔子栏传统建筑的形制，反而成为不少旅行者的参观地。旅行者过来，埃斯特尔也满心欢喜，放下手中的活，带旅行者游览一遍她的房子，给这些旅行者讲建筑、讲民宿。

生活在云南的欧美人，将土路视为乐园。他们到埃斯特尔的房子里，听埃斯特尔讲她近 30 年的云南见闻，和埃斯特尔进行思想交流，享受法式美食，并在花园里关心粮食和蔬菜。

奔子栏，盘亘在横断山脉的干热河谷里，鲜花和阳光才是这里生活的主题。或许有一天，埃斯特尔不再为雨季到来、屋顶漏雨而烦恼。终有一天，会有越来越多的旅行者知道：一个在云南生活了二三十年的法国女人，最后选择留在这里。

04

伊 夫

“很多人住在民宿，没有朋友，
也不知道怎么玩，
第一个和他们聊天，教他们
怎么玩的，
应该是民宿主人。”

跟着伊夫，当一天地道成都人

文 王静
摄 樊觅韵

伊夫总会对客人说“成都不大”，先给对成都不熟悉的客人吃颗定心丸，然后耐心地告诉他们成都的东西南北在哪儿、“来去”在哪儿、怎么吃、怎么玩、怎样出行最方便。

来时是房客，去时是朋友，来去自如。住在“来去”，主理人伊夫就是住客的朋友，有事找伊夫，让客人觉得是一件特别有安全感和亲切感的事情。

在少城串门

从 15 岁开始，成都小伙子伊夫做过很多职业——卖过饮料，当过列车员，干过汽车修理工，做过婚庆策划，当过兵。退伍之后，他走南闯北，在丽江开过客栈，当过旅行试睡员。最终回到成都，把他这些年的见识和想法，都装进了“来去”民宿。

伊夫的来去民宿位于少城片区，是老成都的“城中城”。前段时间，伊夫做了一件挺“复古”的事，在少城片区的一些火锅店、串串店、酒吧和文创空间里贴自家民宿的海报。这是他在大理、丽江开客栈时受到的启发。“那个时候在古城，大家每天都有串门的时间，邻居之间关系很亲密。现在成都城市规模越来越大，串门越来越少，很多店和人都越来越自我，很少去想大环境。我们不止是在网络上放照片、发消息，我们想要更真实。”伊夫说，“来来往往很重要。”他会花时间在串门上，没事就在少城片区“刷街”，把街道的变化分享给大家，“我们希望把更多的店铺联合起来，了解它们有趣的地方，客人需要的时候，就可以把这些都讲给他们听。”“来去”的客人逛小店、吃火锅、泡酒吧都能看到伊夫的海报，就会觉得更放心，“看，我就住那个人家，他是我在成都的朋友”。

“来去”的管家每天早上会带一份成都的报纸给客人，让他们知道这个城市发生了什么。“客人要去吃少城老街上最火爆的串串店，那我就给他讲讲，这家为什么好吃，几点去排队合适，而不是通过互联网看了攻略，稀里糊涂地吃了一个‘网红店’。”

少城片区在清朝时期已经是这样的格局，现在几乎依然如昔，有东南西北四个城门和 30 多条官巷。不止是宽窄巷子，魁星楼街、泡桐树等，都是成都的关节和细节，各有自己丰富的故事。伊夫会推介客人多转转这些巷子。当他们离开时，还会有一份老成都地图作为伴手礼。

“有人不管去哪儿，冬天也住酒店，夏天也住酒店，没有温度感，和城市没有对话。我希望我们的生活配套服务，包括有意思的主人，可以展示成都的细节，让大家觉得和这座城市是有对话的。”

主人带你在城市进行微旅行

不少客人是慕伊夫之名而来的。伊夫给自家的客人做了有趣的城市微旅行线路，两天一夜，提前约好时间，他会亲自带着客人玩成都。一般先在市区玩一天：从吃开始，早上在人民公园吃茶，伊夫会给客人讲盖碗茶的规矩和喝法；然后是宽窄巷子少城游；中午到文殊院，在文殊坊门口吃东西；到杜甫草堂，顺着河边去锦里、武侯祠；晚一些到春熙路太古里，去看看新成都。第二天如果大家还有兴致，就会去青城山、都江堰等地。

“客人好奇的是当地人的生活方式、娱乐方式，怎么吃，去哪儿玩，我可不可以这样生活。我们就把这些展示给他们看，带他们吃不同的食物——串串、锅盔、火锅……然后讲故事给他们听，比如火锅中的花椒是怎么摘的，为什么这家锅盔有人排队，那家却没有人……”

喜爱川派相声的伊夫说话风趣幽默，经常逗得住客笑得前仰后合。

“如果不做这些，就是只解决住的问题。我希望我们有更深入的东西，这样才会给客人全方位的体验。不是说你在‘来去’住下，我们就把你抛弃了。”

民宿要有自己的态度

“来去”系列有五间房，散布于成都市中心，房子各有不同的特色，都是阳光充足、温暖的屋子，像成都冬天的太阳。“我们是野路子设计师，怎么装修自己的家，就怎么做民宿。卫生间舒服、睡得舒服、公共空间舒服，再结合之后的服务，通过我们对房子的设计，表达我们对生活的感悟。”

伊夫把民宿当作职业，并且乐在其中。“我们不是把民宿当酒店行业做，而是当文化产业来做。民宿应该是城市文化，是我们作为当地人，应该去引领的生活方式。”他现在更注重的是如何把本地食材、本地文化和本地资源分享给住客，让他们在成都更会吃、会玩、会生活。

“来去”有间花房，最近伊夫想在花房里加一个沙发床，他觉得在这里睡觉会很舒服。“来去”每隔一段时间就会有小新鲜和小惊喜，就像伊夫爱的成都一样。伊夫在成都生活，持续关注着成都的变化。他说成都这座城市像泡菜，包容、有味道，是五颜六色的；成都又像脸谱，一层层变换，但仍然是那张脸。新的东西进来，将固有的事物交替升华，但川味不会变，这是成都的底色。

“我爱成都，这个城市不拒绝，也不强留，所以我接受它的过去，也期待它的未来。我想把这样的成都告诉住在‘来去’的客人。”

05
敬　一
“一个村庄有人文，有外来文化和本地文化的碰撞，有外来人口和常住人口的碰撞，它才有趣。（碰撞）带来生机，带来文化，以及源源不断的生命力。”

敬一：恣意于山水间的“禅猫丫头”

文 张田小
摄 王凯

过了一个夏天，再见到敬一，她的皮肤越发健康黝黑了。立秋之前，她每天雷打不动要做的一件事就是早晨去骑马跑山。除此之外，她还在忙着张罗“无墙博物馆”。

无墙博物馆并不是传统意义上的实体博物馆，而是一个“山水人文聚落”，现由 8 座山房组成，每个山房根据主人的手艺玩自己所长，开课聚友，将艺术展览、传统手艺、手作体验、文化、授课和山居体验相结合。敬一是发起人、策划者和主要的运营者。

有故事的女同学

在“三三山房”的主人赵子楠看来，敬一是一个不太一般的女人。初与敬一相识时，是一次她在“半山山房”做客，敬一骑马而来，篮子里装着茶，来寻人同她一道吃茶。

“当时她直接从窗台跳进来，大碗喝茶，叼着一支烟。”赵子楠说，“敬一聊天能聊到天上去，我喜欢这样的女子。”

敬一的确算是一个“有故事的女同学”。

“敬一”不是真名实姓，算是号，好友多唤她“丫头”或“禅猫丫头”。“古人都有字和号，大名是只有父母才叫的。通常字是同辈、朋友之间唤的，号是师傅赐的。”敬一说，“名字太大，压力也大，叫个禅猫丫头多轻松。”

敬一是湘妹子，家乡在重工工厂遍布的株洲，从小念子弟学校。母亲为了她，35 岁就“退休”了，希望她能去厂里顶自己的位置，但她用“躲到农家乐”的方式逃过了家里的安排。

此后，她做的事多少都带有这种精气神。“属于自己和自己对抗得有点狠的那种。”她这样形容自己的性格。

敬一大学念汉语言文学，毕业后做过品牌、传媒工作，后来觉得“此前的生活都太浮华，不够真实”，辞职用积蓄开了第一家餐厅，“做吃的这件事很实在，满足一个人的味蕾是一件有趣的事”。

敬一用“火得一塌糊涂”来形容她人生中的第一次创业成功。让她比较骄傲的事是自己对食材的把控——店里的食材尽量从著名原产地空运而来。不到一年时间，敬一就开了第二家餐厅，后来又陆续开了十家店。

没过多久，敬一突然退出了餐饮界。之所以“金盆洗手”，是因为一直坚持空运食材，没法控制成本，就没法突破赢利瓶颈。“这事没法忽悠。”她说。

人生的又一次转折发生在 2010 年前后，敬一谈恋爱了，有了小孩，又离了婚，考虑到“要给新生儿干净的空气、阳光和水”，她决定去山里生活，并逐步把在南京、云南、郑州等地的餐厅和民宿挨个儿卖掉。

“无墙说的是人与人、人与大自然之间没有距离。”

今天，敬一一大早就忙碌起来，为了处理某个山房和当地居民的小摩擦，跑了大半个村子。看我一脸担忧，敬一笑着说：“没事！都解决了。这种事情在所难免，但村子里的大部分人都帮着我们，他们知道我们在做的事情是好事。”敬一已来莲花池村住了 4 年有余，在山中喝茶、骑马、游山、写字、看书之余，还研习中医。4 年来，只要村里人有需要，她都免费帮人看病，“丹青老师也一直教村里的孩子画画写字”。

敬一自己的汉山山房现在已不接待访客，主要是生活起居所用，“没工夫，无墙博物馆的事情就够我忙的了”。

无墙博物馆的想法诞生于陪伴孩子的过程中，从产生这个概念开始，敬一就从未停止过思考。

最初的想法包括：这一定不是一个单一的空间；地域之间要有联动；要有游学和书院体系；有视频材料和输出；一定要带商业性质，让它具备生生不息的能力。在这些具体的想法背后还有两个最重要的价值观：无墙博物馆能打破人与人、专业与专业间的界限；山房主人各自的技能能成为教育的辅助体系。

刘臻的半山山房是无墙博物馆的第一个博物馆。她的到来并不是敬一精确计算的结果。

“我还挺随遇而安的。来了一拨人，我就（把这个计划）做下去，没来我就过我的日子。天天遛遛马、喝喝茶也蛮好的，图个清静。”敬一笑着说。

事实上，越来越多志同道合的人在此聚集。在半山山房之后的一年半的时间里，无墙博物馆的山房数量从 1 增加到了 8，最初的体验空间也增加了民宿功能。现阶段运转得比较成熟的有位于莲花池村以书法、国画为核心的丹青山房、感受节气文化的节气山房、可学锔瓷技术的三三山房、主攻草木染的半山山房，以及远在武夷山以茶文化为主题的回应山房。初见雏形的山房还有昔在山房和本草山房两座。最近，敬一还邀请了一位国家设计院的老师上山来筹划一个全开放的公共空间。

如今每到周末，总有志趣相投的朋友慕名而来，大家把酒言欢，赏风赏月，研习技艺。

敬一觉得这些人的到来也是在修复古村落，为莲花池村带来些人气。

4 年后，回顾最初的计划，敬一觉得，无墙博物馆现阶段的大体框架和最初的设想相差无几。

山居生活

敬一说，就算现在没有无墙博物馆，她还是会“藏”在山里生活。

除了看着自己的想法一步步实现和变化之外，敬一的收获还包括自己身心的变化，“最明显的一个例子就是，进山生活后，我从没去过医院”。在山里生活，跟着老乡们日出而作，日落而息，生活规律，不熬夜；呼吸新鲜的空气，喝干净的水，吃应季的食物，去山里采撷来花草“制香、自己做纯天然的护肤品”。“大自然会给予人灵性。”敬一希望来到无墙博物馆的人，都能够体验如此美好的生活，关心一下万物的更迭兴衰。

接下来，敬一要在莲花池村做的事是尝试给村民们讲讲理，能不能在种地时少用些农药，恢复山里萤火虫漫山遍野飞舞的模样；另一件重要的事情是在这里做君子六艺的体验园，重点发展骑马和射箭。相比之下，敬一认为第一件事做起来更不容易。她已经找村民们一对一地谈过，得到的答复是“不打农药会减产，收入也就低了”。

“观念上的问题，不太好做。”她说。

06

一 直

“我觉得这个生命好像有一点垂死。我肯定会选择向活的方式发展。”

一直：人民路“谋杀者”

文 袁銮
摄 关海彤

“一直”是王斌的笔名。一直在大理的民宿，名字叫“隐藏”。15 年前，在聚光灯的笼罩下，一直骤然将自己隐藏起来。但做了“隐藏”，他终于还是藏不住了。

①

8 月，大理的午后，白云和乌云交错，一阵雨点骤然从苍山飘过，人民路上的旅行者更少了。光头锃亮的一直埋头于几块堆叠在一起的旧木板上雕刻民宿的招牌。

虽然一直强调他并不介意人们将这个店名叫作“隐藏”（cáng），但他的本意，是“隐藏”（zàng）。他一直觉得，“藏”（zàng）更庄重，更符合自己对这个民宿空间的构想。

叫“隐藏”，也暗含一直对于一段旅行经历的缅怀。2002 年，背包旅行在中国方兴未艾，一本《藏地牛皮书》成为藏地旅行的超级指南。这是一本用特殊蒙肯纸印刷、图文并茂的藏地旅行书，无数旅行者将它放入背包，踏上艰难的藏区行程。这种特殊的印刷纸张，每翻一次，便会在纸上留下痕迹，然后纸会自然卷起，甚至破落。一本翻烂的《藏地牛皮书》是西藏归来的背包客的勋章。这本书的作者，便是一直。

旅行者拿着《藏地牛皮书》行走，一直拿着这本书得来的 100 万元稿费，离开了大众的视线。这次离开，长达十年。

②

“隐藏”位于古城的洱海门旁，人民路的末端。

2012 年，一直安放在人民路的，不是“隐藏”，而是一台摄像机。一直在摄像机后面，在人民路看到了他心中的人民的样子。

洋人街率先被旅行者和外来经营者占领，人民路上的大理居民，还过着他们寻常人家的生活。在这个熟人社区里，菜市场是居民每天的流动照面点，邻居间嘘寒问暖；鞋匠在路边支摊修鞋，电视机上惊心动魄的新闻画面不过提供了寻常日子的背景音乐，和人民无关；过路的旅行者在路边摆起临时摊位，售卖旅途中收集来的各色物件，用以为继续行走的盘缠；一对阿根廷夫妇滞留在人民路，摄影和写作，在大理写就一本书，而后继续上路。

这里的居民包容并接纳了这些外乡人，外乡人把人民路当成自己路途的停泊点。在一直眼中，那个时候的人民路充满了关于人民的隐喻。

然而，没过两三年，占据人民路的铺面，变成了酒吧、饭馆和鲜花饼店；旅行者摆的地摊上的有趣物件，被义乌的小商品替代，最终地摊被政府取缔；一直的“隐藏”，也在这个时候出现在人民路上。人民路上行走的，不再是一直心中的人民。

“我也是人民路的谋杀者。”一直说。那部记录人民路人民的影像素材，还在一直的箱子里躺着，他不知道该怎么去剪。

③

一切物是人非，“谋杀者”一直还是希望在“隐藏”里，保存属于 2012 年的人民路。

一直隐藏了 10 年，然后在“隐藏”里，展示他 40 年的人生、人生观和属于人民路的美好。

50 岁光头的一直，年轻时是披着长发的校园摇滚乐队主唱。“隐藏”前厅的焦点是墙角的舞台，这里延续了一个老歌者的梦想，也给了那些曾经流落人民路的游吟歌手、艺术家和旅行者一个舞台。通往客房的回廊里，摆着一直的工笔画，他在画里还原《山海经》里各种神奇生灵的形象，也希望把这个空间留给更多的摄影师、画家和艺术家，来呈现他们的作品。客房，是旅行者风餐露宿后短暂而温暖的落脚地。一直用裸露的老旧原木拼起门窗，并尽可能地展示坚硬建材的棱角，一如他过往的人生观。

2017 年的大理，正经历最大的阵痛。旅行者向往的洱海边，是一大片工地，那些推门见洱海的住宿点，全部关张。持续一个下午的雨，让大理寒气逼人。人民路一片萧索。那些住在“隐藏”的旅行者，没有在公共空间里停留的计划，匆忙回到自己的房间。

一直自费策划了一个游吟会，但似乎并不能吸引这些匆匆的旅行者，他亏了 1.5 万元。那块还没刻完的“隐藏”招牌，凌乱地摆放在舞台上。当夜色降临的时候，店员降下台前的幕布，用投影仪放音乐。虽然这并不是一直的愿望，但这个舞台至少没有那么落寞了。

一个年轻的画家计划将他的画作摆在回廊里。一直花了数天，终于将这个画展布置好。年轻的画家返回时说，我想将这些展品撤下来卖掉。一直看着这个年轻人，选择了谅解，谅解年轻人和这个世界。虽然年轻时候的一直是一个秩序的对抗者。

④

2002 年的一直，是一个有仪式感的对抗者。所以，《藏地牛皮书》爆红时，他放弃了直接面对媒体和读者。这本书付梓，对一直来说，是人生一个阶段的完结，完结这个阶段的仪式，是剃掉他的长发。

隐藏了的一直，拿着这本书换来的100万元稿费，重返藏地。从藏地到黄河边，直到大凉山下，这是一场持续4年、行程7万千米，耗费40万元的漫长旅行。这4年，他看到了《藏地牛皮书》外，不一样的“彝藏走廊”空间。原始苯教流落在民间的经书、相隔千里的族群崇拜的偶像、绣在服饰上的纹样，都有着千丝万缕的关系。这种关系连在一起，让一直豁然开朗。这是一直人生另外一个阶段的开始。

在这个阶段开始之前，他需要完成一个有仪式感的结束，那就是将“隐藏”建起来。他希望用“隐藏”将他对人民路的美好记忆保留下去。

因为这些美好记忆，他不再对抗媒体，他接受了一个短视频团队的采访，阐述“隐藏”、阐述他的人生观，也会讲述那个他怀念的、试图通过镜头保留的2012年的人民路。

一直又一次出现在公众的视野里，他开始珍惜自己的话语。

胡赤骏

“没有故事的民宿都是假民宿。”

胡赤骏："希望人与自然、建筑融合为和谐的生命体"

文 李敏盈、丘奎源
摄 柯杉

共 生

1998 年，光着膀子的胡赤骏在流溪河水库边开山筑路。某日中午，一条深灰色的大蛇从山里蹿出。"当时所有人都以为它是过山峰（眼镜王蛇），转身迅速向后散去，我随手拾起两块拳头大的土块迎上去砸中了蛇头，趁大蛇眩晕原地打转的时候用开叉的竹杆一扎一摁，把蛇成功控制住了。"在湖庐 20 年漫长的建设过程中，充满着各种与自然打交道的神奇经历。

胡赤骏的舅舅陈占祥是中国知名的城市规划专家、北京"梁陈方案"的执笔人，受其影响，高考时，胡赤骏也填报了建筑专业。但由于艺术院校优先录取，胡赤骏最终进入了美院学习油画，从事艺术教育和创作 30 余年，如今是广州美院的教授、著名艺术家。他年少时关于建筑的梦想，则在湖庐得以自由地实现。

湖庐坐落在从化的东北方向，附近是著名的流溪河水库。雨后，水面上偶有涟漪，目之所至，是云雾笼罩的郁郁葱葱，湖庐依山而建，景致与山景浑然一体。

从 20 多年前偶然寻得此地、计划打造湖庐开始，胡赤骏就坚持这一建筑必须遵循当地的自然条件、地形地貌来设计。在艺术创作中，胡赤骏非常看重"物我关系"，他也把这种理念投注到湖庐的设计与建造过程中。当遇到物我冲突的时候，如何解决？现代人多用人工的力量破除外物的阻碍——开山辟土，"作为一个外来人，我更喜欢花时间去体验、观察、思考，再来确定解决问题的最佳方案，切忌操之过急。例如为了保存几组原生态的树木，我们多次修改了原本的设计方案，让建筑布局顺应自然的秩序，绝不臆造。"湖庐中的树木几乎都是"土生土长"。在建造过程中，胡赤骏几乎没有使用任何机械作业，而是使用人手"精耕细作"，"哪怕是上千吨的建筑材料，也没有使用机械，单纯依靠人力搬运"。不使用现代机械，建造速度必然降低，但胡赤骏说不介意："周边自然植被没有被破坏，一切都值得。"

胡赤骏觉得建造过程中遇到的困难"很有意思——自然的客观局限性，反倒给了我与自然对话的乐趣，这是一种宝贵的体验"。水源就是当年的主要困难之一。因为没有电力，无法从水库抽水，胡赤骏最后根据压强的原理，利用管道和山体自然的落差，从海拔 500 米高的水源地引流山涧，铺设了近 3000 米的引水管，解决了饮水问题。又比如，利用屋顶朝南的面积做太阳能发电取暖、利用挡土墙中加入排水设计防潮、在山体上建造蓄水池一边养鱼一边发电、利用周边大树的树荫为房子降温……面对自然条件的局限性做无限的利用，胡赤骏选择与其"斗智"，巧思藏于细节，让进入这个空间的人亦觉乐趣无穷。

滋 养

湖庐也滋养了胡赤骏的艺术创作。

他的画作强调事物的流动性，他把这种流动性概括为“凭借内心的直觉，捕捉事物的瞬间形象”。

不喜欢被局限于画室或城市中的狭小空间，胡赤骏更乐于游走在山间。“在山野之中，我们可以亲眼看到各种生灵，不像在画室中，只能依靠想象。”不断变换角度去观察同一个事物，给胡赤骏带来无限的乐趣和灵感。

胡赤骏坦言，大学教授这一身份，有时会局限他对生活的体悟，也会束缚他的创作，而湖庐正好对这一方面有所弥补。对于艺术教育，他有自己的见解：“教职是社会身份，非常综合，但是国内大学学科划分非常细化，有时容易使学生和老师受到限制。艺术教育应该是综合的。在湖庐，我们不仅关注艺术，还可以关注动物、植物、风水、地质，甚至是环保、能源等，是非常综合性的感悟。”湖庐的存在，给胡赤骏实践自己的教学理念带来可能——学生能来到湖庐，参与到劳作中，亲身感受自然，“与其将自己的艺术风格灌输给学生，还不如用自然环境和对待生活的理念来影响学生”。

在胡赤骏看来，湖庐是一个艺术品。“一般的艺术品是静态地陈列在博物馆中，湖庐作为一个整体，首先要融入自然，且能与周边的树木共同成长，营造成不是树屋胜似树屋的感觉，供人进入、体验。”

三年前，胡赤骏将一对雕塑马“放到湖里面去了”。马被安装在湖的水位线下，静静地守候在几乎没有观众的大自然里与时间、季节和气候“对话”。一般情况下，每年秋季湖面水位下降，两匹马会先后露出真容，到来年 5、6 月，它们会重新被湖水淹没。人们能通过两匹马与湖水的关系来判断每年的降雨量，“像今年两匹马反复露出水面的情况，就意味着今年夏天降雨量分散，表明从化局部地区没有洪涝灾害发生的情况”。这让胡赤骏从全新的角度去观察自己的作品，也让人们从全新的角度去“观看时间、空间、季节”，“这个想法超出了公共艺术的概念，变成了在野外进行的无观众的荒芜艺术实验”。

聚 合

胡赤骏经常带着女儿来湖庐，“夜里，我们在山林中，我给女儿讲鬼故事”。兴之所至，父女拿起相机，带上手电筒，去记录星空与湖光山色。胡赤骏说，女儿的成长算是他在湖庐边的教学实验。他没有特地教过女儿画画，女儿后来自己成功考上了芝加哥艺术学院，胡赤骏感觉有湖庐的一分“功劳”：“湖庐这段童年的经历与情怀，对女儿的艺术创作与学习有很大的帮助……现在的成年人热衷于让小孩在预设的环境中学习、玩耍，还不如让他们多接触自然，哪怕是被蜜蜂蛰一下，也是宝贵的体验，常在湖庐出没的猴子、猫头鹰、候鸟、野猪、蜥蜴无不给孩子留下了深刻美好的记忆。在大自然中，可以培养孩子的情怀、胆量、想象力与解决问题的能力。”

湖庐周边没有居民，最近的村民住处也距离湖庐 2000 米。建造湖庐让胡赤骏融入当地人，“山林、植被、河流、蛇虫鼠蚁的知识，我都是从他们身上学得的”。当初，胡赤骏请当地的村民帮他建造供水管道，建成后免费用于灌溉村民的果园，当地农民也自觉为他看护供水管道。后来，胡赤骏发现当地果农不是利用山泉水来灌溉，而是用来给砂糖橘打农药，原来一棵砂糖橘一年要喷 9 次农药，大量的农药残留被雨水冲刷到流溪湖里造成污染。胡赤骏决定带头引入抗虫害能力强的果树置换掉原来的砂糖橘，目前已对湖边 2 万平方米的果园进行了改良。当地的一位退休老校长喜欢园艺，提出用园艺树木向胡赤骏换取作品。以此为契机，胡赤骏提出与当地学校开展艺术联动，把艺术教育带到乡村的想法。

“我就觉得所有东西必须是骚动的、流动的，动的情况是我内心的一个需求。广州到湖庐有 110 千米，我的一日活动的半径经常就是这 110 千米。如果你把我局限在美院的工作室，我几乎是没法活的。”湖庐逐渐聚集起艺术与户外运动爱好者，大家冲着鸟鸣虫舞、清风绿荫而来，也会与胡赤骏一起，入山探险、乘船垂钓、在码头“跳水”、在水库游泳、潜水摄影。以湖庐的名义，做小型艺术作品义拍，所得捐赠给国外一名患病的音乐家；与环保组织合作，关注流溪河流域的环保；几位画家一时兴起，在湖庐“斗画”；闲暇时，在湖边习武、练瑜伽……湖庐承载了艺术家们的浪漫和对抗。“每个人来到湖庐，根据自己的兴趣，结合自然环境，哪怕是一时兴起，都能有所发挥，各得其乐。”

“民宿的概念涵盖不了湖庐，它不但能唤起情怀，还能让人因近距离接触自然而产生无穷的遐想，它是一个艺术孵化基地。”胡赤骏希望更多有相同价值观的朋友有机会到湖庐体验一番，但他无意让湖庐出名，湖庐的位置秘而不“宣”。他笑着说：“这是一种反向的逻辑，我希望湖庐因为它独特的内容而被人们记住。”

08

柏昆

吴运鑫

“它是一个文化交流中心，

老人进来，孩子进来，

客人进来，我对它没有理想，

只有概念。”

柏昆、吴运鑫：一个戏台“中西合璧”的民宿之路

文 袁銮
摄 关海彤

大理和丽江之间，有一个平坦的坝子，沙溪古镇就在坝子中。如今的沙溪古镇，游客往来不辍。不过几千里外的段家登，依然还是一个安静的白族聚居村落。村头的戏台里，隐藏着一家民宿，名字叫“戏台会馆”。

戏台会馆本来不叫这个名字。2004 年，受村里委托，吴运鑫开始着手准备，将戏台和围绕着戏台的两栋房子改造成民宿。那一天，他推开戏台院子的大门，无数的蜻蜓在院子里停留和飞舞，他决定将这个空间命名为“蜻蜓屋”。

后来，因为合伙人柏昆的加入，“蜻蜓屋”的名气变大，便更名为“戏台会馆”。

①

20 世纪 90 年代，剑川人吴运鑫从师范学校毕业后，被分配到段家登的小学教书，和当地人段姐在这里认识并结婚，就留在了村里。小学的教学工作并不算繁忙，在大家打牌消遣的时候，吴老师在自学英语。

1998 年，大理已经有了洋人街，沙溪却鲜为人知。吴运鑫决定去大理碰碰运气，一来可以找外国人练习一下英语，二来希望带些外国人来沙溪，向外界介绍自己的家乡。有一次，他在洋人街的客栈里遇到一个日本人，日本人拿着几张图片，问吴运鑫知不知道一个叫“石宝山”的地方。石宝山离沙溪不过 20 千米，山上有精美的石雕造像，日本人在京都博物馆里看到这些图像，追寻而来。吴运鑫自然知道石宝山，便带着日本人进行了一次愉快的游览。日本人有感于沙溪坝子的美丽和住宿设施的缺乏，建议吴运鑫开一家客栈。

吴运鑫颇为踌躇：“你看，这里没有游客，开客栈有人住吗？”

日本人说：“你开了，就自然有人住了。”

吴运鑫决定试试。他将自家住房整理出几个简单的客房，开始了他的民宿之路。他仍然在业余时间找机会和外国人交流，然后带他们到沙溪，白天带着大家在周边游览，晚上回到自家客房里居住。一来二去，吴运鑫成了沙溪旅行圈里最知名的人物之一。

②

段家登的路口，曾有一个破败的戏台，戏台内有一个魁星阁。魁星是白族的崇拜对象，经过“文革”的冲击后，白族社区的魁星崇拜日渐式微。这个戏台和段家登的生活区域稍微有点距离，人气并不旺盛。2003 年，戏台的命运有了改变，苏黎世联邦理工学院主持了一个名为“沙溪村落复兴”的项目，修复段家登的古戏台就是这个项目的一部分。

在文保专家的努力下，戏台恢复了原来的格局。文保专家们还在戏台旁新修

了一栋房子，和原来的老建筑一起，组成村里的活动中心。尽管如此，段家登的人依然没有在这里活动的习惯。修好的建筑需要日常维护，村里却没有专项经费，于是找到了村里的旅游圈名人吴运鑫，邀请他在这里做个客栈。一是为了维护好戏台建筑，二来旅行者在这里下榻，也算有了一个了解沙溪的窗口。

吴运鑫改造了戏台的侧房，间隔出五个房间，院子里摆上一些桌椅。那时戏台里的魁星阁，并没有魁星。魁星究竟是什么模样，人们也很模糊。吴运鑫从网上找来几种魁星的形象，让村里的老人挑选。挑选好之后，吴运鑫找工匠制作，将魁星请回了戏台。

戏台迎来了新的生命。珍视这个戏台的，还有一批批慕名而来、下榻戏台会馆的旅行者。英国作家克里斯（Chris）就是其中一个，他数次来到戏台会馆小住，并成了吴运鑫的好朋友。克里斯说："我一定要介绍我的好朋友来这里。"

克里斯的朋友，也叫克里斯，中文名叫柏昆。一次偶然的机会，柏昆来到沙溪慈荫庵求子获得成功，为还愿，他投入古镇的修复和旅游宣传工作。后来，柏昆成为与吴运鑫一起建设戏台会馆的合伙人，他称自己为"保管员"。

③

柏昆决定对戏台会馆进行改造，希望将它从原来较简单的民宿变成他心目中国际化的"遗产酒店"。

在中国生活了 30 多年的美国人柏昆，在阳朔已经做了十几年的老房修复，也在经营自己的"遗产酒店"、运营酒店管理培训课程。根据自己的经验，柏昆从保温、隔音、热水、灯光、通风等方面对戏台会馆进行了升级。

1998 年，吴运鑫第一次带客人来这个村子里，这里除了古朴的民风与深厚的文化积淀外，几乎一无所有。如今戏台会馆能给住客的，是吴运鑫当年不敢想象的体面接待。

房子里挂上了富有西南少数民族风情的民间工艺品。每个房门口摆上一个大木箱，客人在进房前，将鞋子脱掉，放到木箱里，将一路风尘留在房外。屋后留出空间，浴室得以干湿分离，所有备品焕然一新。客人在舒适的环境里沐浴更衣，而后享受戏台会馆大院子里的静寂和徐徐清风。

戏台会馆的菜单更新了，吴运鑫的妻子是掌勺的大厨。来了外国客人，也不需要吴运鑫奔波接待，村里的几个姑娘接受了柏昆的管理培训和英语教学，已经能独当一面负责店内的日常运营工作。同时，柏昆还在国外各网站上不遗余力地寻找目标客户、宣传沙溪。

在柏昆看来，这些硬、软件的升级，是吸引更多的人到达这里的必要条件。

戏台会馆的核心，是给予住客启发。“这种启发不应该只存在于博物馆。什么是遗产？有人、有建筑、有文化，你要活化地利用遗产。没有人情味，这里（戏台会馆）就会失去它原来的味道和原始的概念，很抽象的，可以说是灵魂吧。”

来戏台会馆的人更多了，每年会有至少三个国际学生团队来这里交流，甚至有外交官慕名而来。在相关的国际网站上，戏台会馆好评如潮。“人们来了问什么是戏台，我就介绍这个建筑，介绍这个村子的历史和文化，说说在节日期间这个戏台上表演的民族古乐，甚至能和他们聊聊沙溪的佛教传统”，柏昆觉得戏台会馆的发展正如他的期许。

吴运鑫一个月只在戏台会馆待 15 天。另外的 15 天，他住在石宝山上。石宝山是吴运鑫民宿生涯的开始，如今他选择在石宝山工作。山上的外宾不少，吴运鑫负责向旅行者介绍这里的美妙造像。

“主人是一个民宿的灵魂。或许我应该留更多的时间给戏台会馆，主持更多的民艺活动，让客人感受到我们的赤诚和真心。”吴运鑫说。

建筑

Architecture

民宿的功能性使用是对建筑空间本身的使用。无论哪种类型，建筑与人始终在产生互动和关联。人构造建筑，反过来，建筑又影响和塑造人。民宿空间，正是这一系列互动交流的见证者。

从民居到民宿，布朗族传统建筑的活化

文 邹怡情
摄 张鑫 等

景迈山是澜沧江流域的一座茶山，位于云南省普洱市澜沧县，距缅甸不过两小时车程，属于中国版图的“极边”之地。由于海拔较高、地理位置偏僻，景迈山的茶并不如澜沧江流域其他名茶出众。

正因为没有“暴得大名”，景迈山躲过了清末民国时期的战乱掳掠。改革开放后，普洱茶的价格上涨，随之带来的村寨开发建设热潮也并未深入到景迈山区域。相对封闭、落后的发展步调，让景迈山保留了更原始传统的自然生态和人文景观。世居于此的布朗族、傣族、佤族、艾尼人（哈尼族支系）在这里种茶、制茶，形成了茶与居民物质、精神生活的亲密关系。如今，景迈山保存有全世界面积最大的人工栽培型古茶林，以及反映和谐人地关系的 14 座传统村落。

2012 年景迈山列入全球重要农业文化遗产，2013 年成为第七批全国重点文物保护单位、中国世界文化遗产预备项目，文化遗产保护团队参与景迈山传统村落保护工作就在这样的背景和契机下展开了。

变化中的翁基村

景迈山的传统村落都被郁郁葱葱的古茶林围绕，勤劳的先民选取优质野生茶树在森林中培育，形成了村依茶林、茶林绕村的“平面圈层结构”。从传统民居建筑的层面来考量，翁基村最为古老、传统风貌保存也最为完好。在乡村不断将原有建筑改造成现代民居的大背景下，翁基几乎完整地保留了布朗族传统民居建筑群。其厚重的屋盖、深远的出檐、与自然融为一体的干栏形态，轻盈通透，极具传统乡土建筑美感。不仅如此，村内还保持着传统且富有活力的生活形态，内蕴的布朗族文化、茶文化仿佛从原住民时代延续到了现在。

翁基村 80 余户人家中有 70 余座建筑都为传统干栏式布朗族民居，歇山式屋顶，室内

⇧ 翁基村位于景迈山芒景茶区，一片海拔在 1250 米以上的山坡向阳地。布朗族人在这片郁郁葱葱的古茶林中世代居住，传统民居也在这片茶林中保存了原有风貌。
摄影 _ 马志民

⇩ 景迈山保存了全世界面积最大的人工栽培型古茶林，村民在村子中种茶制茶，形成了茶与物质、精神生活的紧密关系。
摄影 _ 沙尾

➪ 翁基村传统的布朗族民居为干栏式建筑，有厚重的屋盖、深远的出檐，极具传统乡土建筑美感。民居一层为干栏层，主要用于储藏杂物；二层为日常起居空间。制茶、晒茶的作坊一般设在干栏层，或单独做个偏厦。
绘图 _ 李国胜

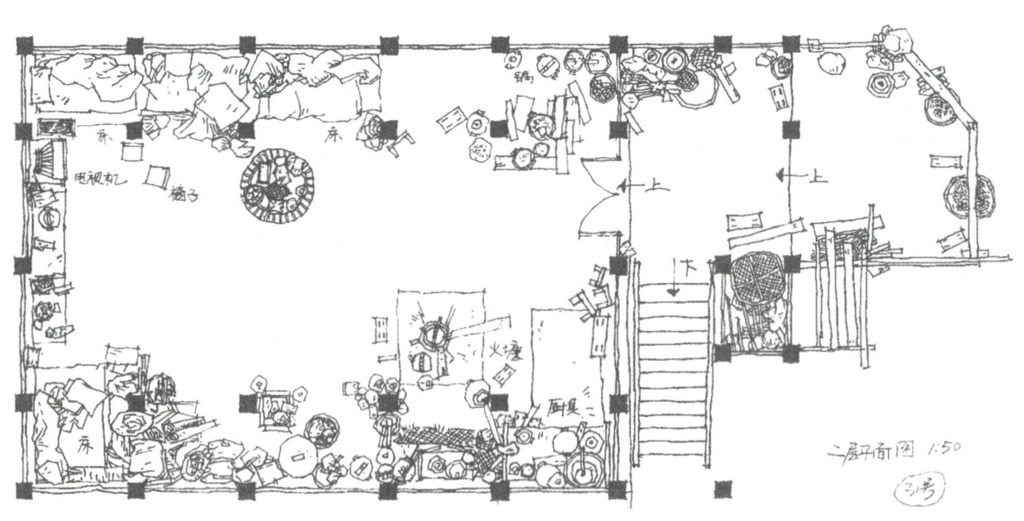

翁基布朗族艾嫦家

改造前

摄影/张一成

改造后

⇧ 歇山式屋顶、深远的出檐是布朗族民居的重要特征，改造中基本保持了原来的样貌。

⇩ 传统民居室内通常没有功能区分隔，改造时特意在楼梯口增加了木质屏风，遮挡部分光线的同时，营造了一个半开放的公共空间。

结构露明。民居一层为干栏层，主要用于储藏杂物。二层为日常起居空间，设置有火塘、卧室、掌台。在布朗族传统的生活方式中，通常把制茶的作坊设在干栏层，或者单独做个偏厦，在檐柱外侧砌个灶台、架起铁锅就是手工炒茶的地方。传统民居容纳的不仅是村民的生活起居，更是布朗族的生产和生活方式。

进入 21 世纪后，翁基村与外界的接触越来越多，现代化也开始逐渐渗入。不少村民为了迎接访客开始把自己的房屋改造为民宿，但整体情况并不乐观。例如，一些村民为了将一层干栏层围合出功能区，用砖修葺出一道道槛墙，开的窗户用市面上流行的冰裂纹等形式各异的图案等。改造后的民宿，式样各异，不仅混淆了布朗族传统民居的整体风貌，对民族传统符号文化和民居建筑的价值都是一种破坏。

随着茶商、游客越来越多，村民改造房屋提高自身生活品质或直接经营民宿成为一大趋势。但很多村民并不明白乡土建筑的价值，也不懂建筑设计的技能、审美。将这些建筑发育程度较低的民居直接圈起来保护也并非良策，毕竟，乡土建筑要能继续使用下去才是更重要的。因而我们迫切地认为，分享我们拥有的知识，将乡土建筑原真的东西保存下来，并通过合理的改造活化、延续其价值，是当下我们能够且必须要探索的事。此时翁基村正有几座由村民出售给政府的传统民居，为了有效利用并服务社区，我们改造民居的尝试也在这几座“公房”进行。

原始民居的改造

在几座需要改造的房屋中，4 号房最为原始。通过研究景迈山现存传统民居实例，我们大致将景迈山传统民居分成了三代，主要区别体现在屋顶坡度的变缓、二层围板高度的升高、是否开窗、干栏层高度升高、梁架形式等几个建筑外观特征的细微变化。4 号房可以说是第一代，它是景迈山现存传统建造时间最早的样式，当地人叫“鸡罩笼”，因它的外观像极了当地竹编的养鸡笼子而得名。目前翁基村保留的“一代民居”仅有几座，非常珍贵。

4 号房作为乡土工作室，不但要满足人们的居住需求，还要满足研究者的日常工作、交流需求。在进行修缮前，我们就明确了“不改变文物原状”的修缮原则，保留它作为“一代民居”的建筑特征，仅对它内部进行功能改造和性能提升。

⇧ 为了增加采光，根据室内空间的功能使用，在屋顶适度采用亮瓦，增强室内光线。

⇩ 考虑到房屋的功能性使用，在火塘的位置增加了一个可升降的桌子，作为会客区。

➪ 火塘在布朗族传统生活中有重要地位，几乎是一个家庭的象征，故在改造中被刻意保留下来，但在构造上做了改变。为了防烟尘，还专门设置了机械抽风。

4 号房的屋顶坡度非常大，接近 45 度，二层围板高度不足 90 厘米，板壁无开窗。干栏层空间也比较低矮，楼板到地面高度不足 2 米，柱子与柱子之间的穿枋到地面约 1.7 米。人进到干栏层要时时低头，否则就会撞头。整栋建筑的通风、采光、高度、空间都有许多不足，这些都成为建筑师需要解决的实际问题。

首先，通过增加屋顶的亮瓦来解决采光问题，亮瓦设置是根据建筑的功能空间来设计的，书桌、卧室、会客厅，根据不同空间的使用需求，亮瓦的位置和数量都有所不同。围板上开设推拉窗解决通风问题，因为屋顶很大，出檐远，从室外几乎见不到围板，所以新增加的窗户并不影响建筑外观。同时，考虑到 4 号房是研究者的工作室，室内取消了火塘，取而代之的是一个可升降的桌子，旁边放上几把靠背沙发，就是非常舒适的会客区。之前由于干栏层过低，人们走到干栏层靠里位置的卫生间和洗衣房，要低好几次头。新做了通往一层的楼梯后，人们可以不低头且更便捷地去往卫生间。另外，为了防止鸡、狗进入干栏层污染地面，特意用竹篱笆做了围栏。

“样板房”的意义

除了目前这类针对已极为少见的民居类型进行改造，我们对翁基村现有较为常见的民居也进行了改造。以 5 号院为例，我们计划将其改造为适合一家人居住的高级民宿，包括两间客房、起居室和厨房。设计师隔出两间客房，各有独立的卫生间，面积紧凑却基本满足现代人对卧室的使用要求。创造性地在地面用完整的一块铁皮解决了木楼板的防水问题。卫生间的通风和采光是在木板上开竖向的细缝，隔着纱窗，既防止虫子进入室内，又保证了很好的私密性。

起居室的窗户做得非常巧妙，每块木板壁做成可旋转的竖向百叶，当它完全关闭时，与传统的木板壁外观一样；当它打开，会在建筑外立面出现竖向的窗户，可以根据室内需要来决定打开几扇百叶。这样的开窗方式既不会破坏建筑外观，又能满足提升建筑性能的要求。

火塘在布朗族的传统生活中具有重要地位，人们会在火塘边取暖、做饭、睡卧，火塘是人际交往、聚会议事、祭祀神灵的重要场所。对于布朗族人而言，火塘早已超越其本身的功能范畴，成为一个家庭的象征。改造时，我们特意保留了火塘，但在构造上做了改变，为了防烟尘，还专门设置了机械抽风。围着火塘的是几张当地产的竹编沙发，便于坐卧休息。旁边是一个开放的小厨房，可以做些简餐。这些设置都试图保留火塘的原有功能，并营造出围绕火塘活动的家庭氛围。在另一侧还分隔出一个茶室，推开茶室的门可直通掌台。布朗族传统生活方式中，掌台是晒茶的地方，平时也常用来制作菜干、晾晒玉米。我们也保留了这样一个空间，既是对传统民居建筑形式的保留，也为住客营造出一个模糊了室内外边界的空间。

4、5 号房改造期间，每天都有好奇的村民进来参观，其他村的村民也来“看稀奇”。对于与外界接触相对较少的村民来说，我们改造后的民居给了他们很多启发，不少人纷纷效仿。我们改造民宿的初衷并不是为了赢利，而是为了告诉村民哪些必须严格保留，哪些能够进行合理改动和优化，解决传统民居建筑保护与现代生活方式相协调的问题，为他们提供可参考的示范。当我们在建筑材料的选用、室内装饰的选择、构造上的改良等各个方面的探索被村民应用到实际操作中时，我想，我们团队试图在民宿改造中达成的目标正在一步步实现。

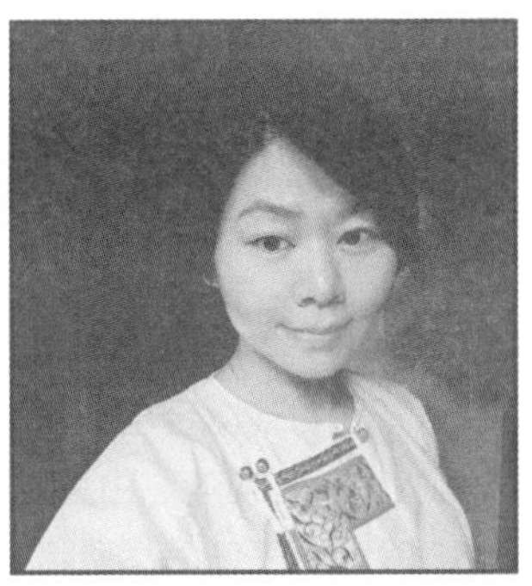

邹怡情

文物保护责任建筑师，清华大学建筑学硕士，多年来一直从事文化遗产保护事业，研究方向包括乡土遗产、近现代建筑遗产、文化景观、文化线路等。

关麓小筑，徽式古民居的新生

文 贺靓

1994 年春，清华大学几位研究乡土建筑的学者——陈志华、李秋香、楼庆西等人来到关麓村时，这里还是古徽州地区一个名不见经传的偏僻村落。三十几幢传统徽式建筑组成的聚落、层层叠叠的马头墙、精雕细刻的青砖门楼、民宅内罕见的室内壁画、保持传统制式的家具陈设……一系列保存较为原始且完好的徽州乡村样本，让他们留下来。同年秋天，他们开始在关麓村的驻村考察。

考察期间，研究人员借宿在村民谢金生家中。这是一幢徽式小四合屋，民国初年，由关麓汪氏“八大家”老四汪令钰之子汪庭辉所建。陈志华一行离开后十多年，老宅易主，原汪庭辉宅、谢金生宅被新主人左靖改造成现在的民宿——关麓小筑。

关麓村的等待

关麓村徽派建筑群落的兴建，得从关麓汪氏的发迹说起。据陈志华考证，关麓主姓汪氏于明朝中叶在此聚族而居。初期，关麓为一处典型的农业血缘聚落。此时，从整个徽州来看，作为商帮的徽商正活跃于大江南北，并逐渐崛起。关麓所在的黟县相对滞后，商帮于清初才兴起。至同治、光绪年间，江南一带徽商日趋没落，关麓汪氏大部分支系也走向衰败，独有承德堂第 89 世汪昭敩的八个儿子，即后世所称“八大家”，仍独占一方鳌头。

徽商经营四方带来经济上的富庶，在外体现为大肆购置高堂华屋、园林亭台甚至买卖官爵等，对内则是对故土家乡住宅的兴建。彼时，整个徽州地区都在普遍的乡村房屋建设高潮中，建筑及园林技术已有相当高的水平。不仅住宅居所，由于徽商十分重视维系宗族关系，祠堂、义冢、牌坊、学堂等一系列公共建筑也得以被大量建造。关麓村现存的大部分主体建筑正是在这样的背景下由“八大家”接连修建的，关麓小筑是当时造村历史中较晚建起来的一栋。

⇧ 在传统徽式民居中，厅堂是极具仪式感的空间，是礼制中心的代表。家具的选择、位置的摆放，都有一套固定程式，这些在关麓小筑基本被完整保留下来。
摄影 _ 蔡小川

⇩ 关麓小筑为小四合屋结构，屋檐在中央围合成一个四方形天井，是空间光线的主要来源。站在厅堂望向天井，昼可看云卷云舒，夜可观银河星辰。
摄影 _ 谭源

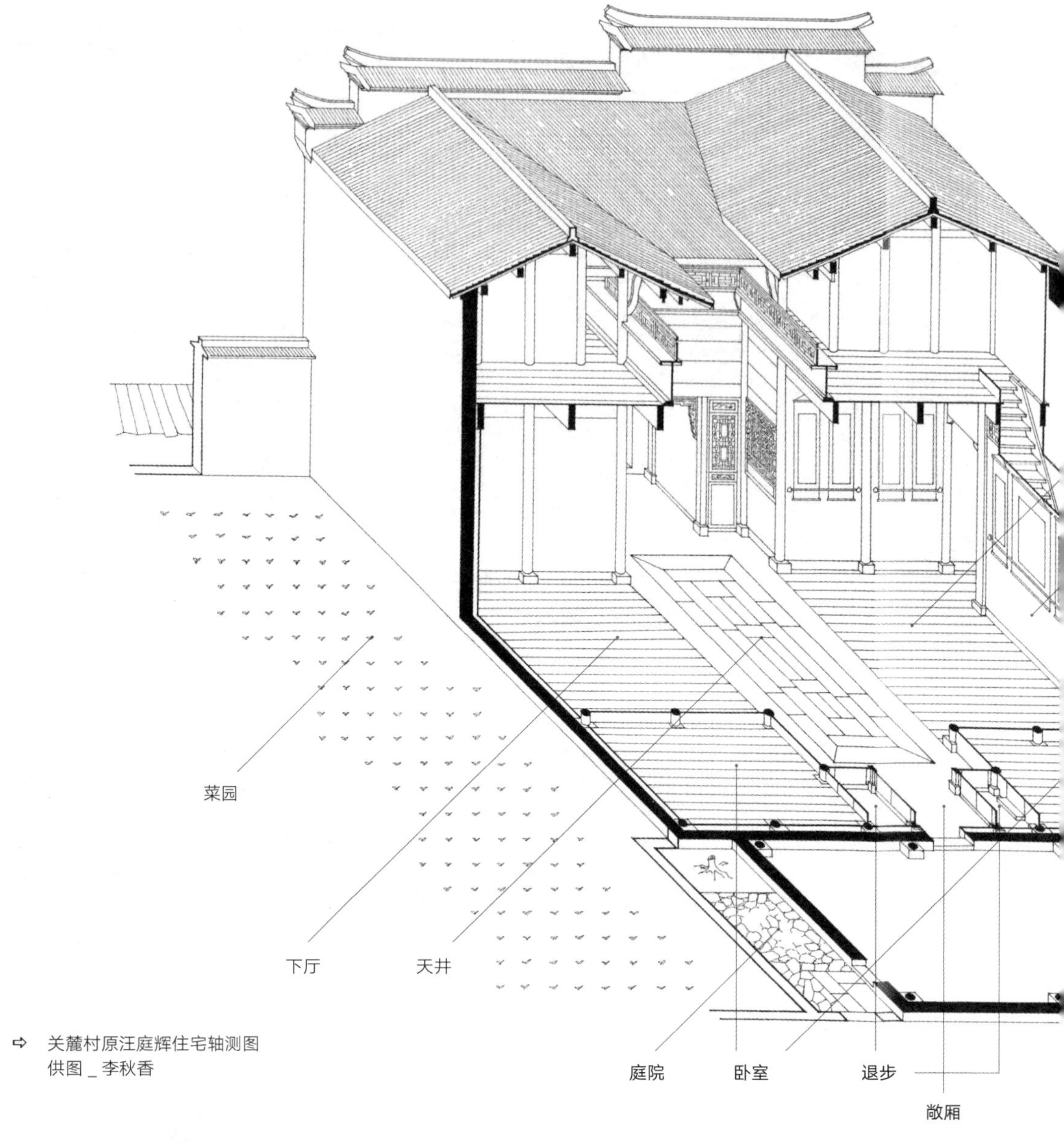

➪ 关麓村原汪庭辉住宅轴测图
供图 _ 李秋香

我们造访关麓村时，作为民宿的关麓小筑正在暂时歇业期，屋里电闸已断，桌椅也落了灰尘。房屋主人左靖一边领我们过去，一边遗憾地说："现在没有打扫，打扫好了，比现在好看太多。"实际上，当高墙下的木门被推开，我们一脚踏进宅子时，让他觉得遗憾的问题早已被我们抛诸脑后，我们全部的注意力都被这栋木构架屋子吸引了。

与徽式民居狭窄的巷道不同，四合屋内由于上方居中的天井投射下来的光线，整个空间开阔、敞亮。全素木的梁柱、横枋、卧室门板、隔扇门窗，全部保持传统建筑的原样，上百年过去，木质纹理清晰可见。素面木雕、中堂字画、木质家具……整个四合屋主体部分古色古香，没有丝毫刻意的元素，给人一种素净、雅致的观感。

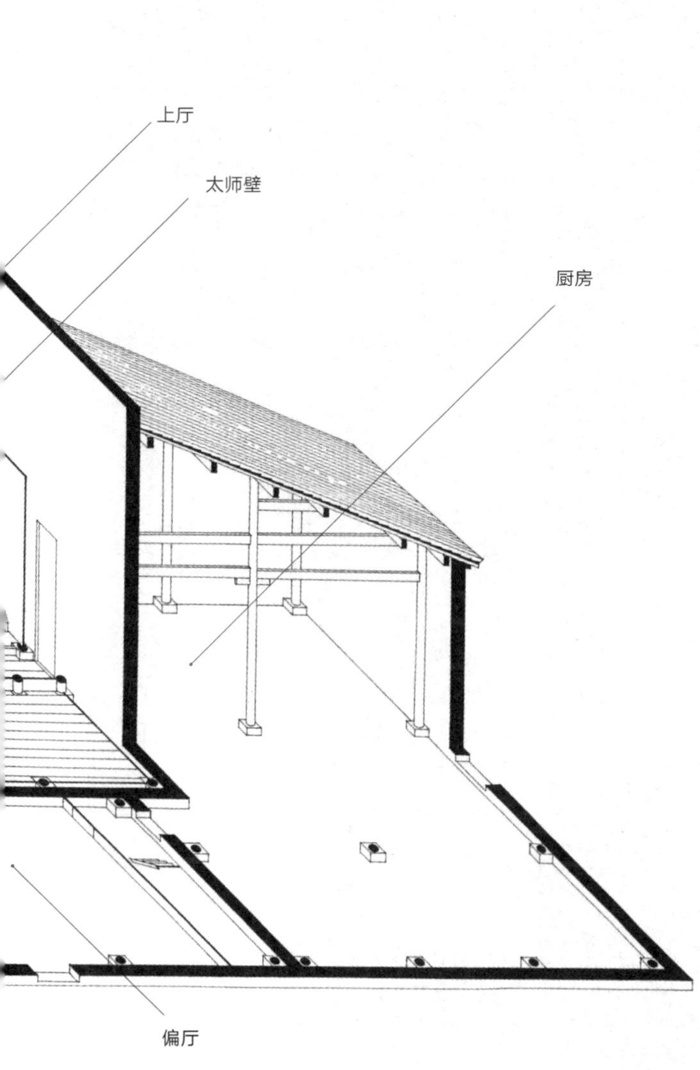

关麓村原汪庭辉住宅厅堂元宝梁
供图 _ 李秋香

行走在宅子内外，不禁好奇二十多年前陈志华一行入住时，这幢宅子是什么模样。2009 年，李秋香曾再访关麓，虽未曾提及关麓小筑当时的状况，但村中老房子相继损毁，整体破败严重却是实情。李老师红着眼睛离开，陈志华老师甚至在当年研究成果集结的书中哭喊："这美丽精致的小村，谁来管？谁来抢救它？"

恰是一年后，左靖来到关麓。当时的左靖，心中已有做乡村建设的想法，想寻一处老屋自住，并将其作为以后开展工作的站点，向前来调研的人提供客房。已经在西递改造完一栋徽州老宅的好友寒玉，向左靖推荐了这座宅子。就这样，左靖成了当年陈志华呼喊的"拯救者"。

➪ 关麓小筑主屋二层的雕虫书屋，原来为卧室，因让位于楼梯入口，原有空间大幅缩小，于是改成书屋。既保留了原有空间的基本样貌，又增加了空间的功能形态。
摄影 _ 谭源

⇧ 全素木是关麓小筑的一大特点，梁柱、横枋、隔扇门窗都保留木材的本色，木质纹理清晰可见，给人儒雅素净的观感。
摄影 _ 左靖

⇩ 关麓小筑的主人卧室。这个房间是在原有房屋构造中加建出来的，修建过程中十分注重与原建筑的和谐、统一。
摄影 _ 左靖

改造中的“动”与“不动”

作为宣城泾县人，左靖对这样的老宅并不陌生,家中祖屋就是这种传统徽式建筑的格局。但老宅的居住体验给左靖留下的记忆并不美好，“小时候觉得老房子非常阴森、恐怖，我很害怕”。2001 年，左靖曾在老家泾县的查济村策划过一个艺术展览，他自己也创作了一个名为《为古宅排气》的作品参展，寓意排掉古宅的陈腐阴森之气,使其焕发新生。

左靖对徽式老宅的陈旧观念真正发生变化是在 2007 年，好友寒玉将一座损毁严重的老房子改造成了舒适宜居，且别具艺术气息的民宿——猪栏酒吧。目睹古宅改造后的面貌，给了左靖极大的震撼:“当时我非常惊讶，原来老宅子能改成这样。这几乎影响了我后续做碧山乡建等一系列事情。”对徽州古宅的改建，寒玉始终坚持尽可能尊重建筑原本面貌的原则，这一点左靖非常认同。“我觉得改造应该是这样的，里边可以做得舒适一些，外在应该和周边风貌完全一致，不要有突兀的东西。”这样的改造理念也被贯穿在后续对关麓小筑的修复工作中。

走在关麓小筑，不难发现左靖的用心。

➪ 关麓小筑的露天小院，内有倚靠一堵老墙设计的半廊半亭式的“高凉亭”。亭内不仅可以纳凉、休憩，还能举行小型演出，是舒适的公共空间。
摄影 _ 蔡小川

老宅主屋部分为四合屋结构，10 米见方，一层由上下厅、四个卧室、敞厢及天井组成，二层格局基本与一层对称。除了尽可能完整地保留主屋上下层的原有格局外，左靖还坚持将厅堂原有的仪式性空间延续下来。徽州素有“程朱理学之乡”的称号，十分重视宗族关系与伦理秩序，体现在住宅空间，厅堂是礼制中心的代表。它不仅是家庭生活的起居空间，更是婚丧嫁娶、祭祀仪式、节日庆典等重大活动的实施地，因而其布局、陈设、风格都有一套固定的程式。关麓小筑厅堂陈设基本保留了传统制式：太师壁上悬挂中堂、字画，前方陈一条案，中间摆放座钟，左右分别为瓷瓶、镜子，“东瓶西镜”，寓意“东平西静”。条案前一张八仙桌、两把太师椅，两侧分别置茶几、座椅，样式简洁庄重，衬托出整体空间的肃穆。

与关麓很多住宅内常见的漆面木质不同，关麓小筑内的木材多以素木为主，几乎看不到描金或刷漆装饰。这些特征也被左靖原样保留下来，梁柱、横枋、元宝梁、隔扇门窗等都只做简单清理，不添加任何其他装饰，素净又雅致。

“尽可能尊重建筑原来的样子”是左靖给我们介绍关麓小筑改造时反复提及的一句话。因原有功能改变而不再使用的部分，他也将其保留在建筑空间内。

如果留心，在偏厅二层的卧室能看到一个翘角窗檐。四合屋本是原建筑的主体部分，后来房主扩建，挨着主屋加建了一间偏厅，于是主屋的外墙成了偏厅的内墙，原本属于外墙的窗檐也就留在了偏厅卧室中。左靖把这个窗檐保留了下来，“它就是过去留下的痕迹，记录了房子的变迁，包括墙面，斑斑驳驳，也是有时光

➪ 关麓小筑主屋二层。墙壁上可见悬挂的当代艺术作品，将艺术气息与古建筑融合，不仅体现了主人气息，也让老宅焕发新的生命力。
摄影 _ 梁可

痕迹的，我都没有动，我觉得很好看”。

徽派传统建筑自有其精致与美值得欣赏，但固有的弊病仍不容忽视，采光弱、隔音差、阴冷潮湿，是老宅改造公认的几大难题。左靖通过在屋顶中加亮瓦、在地板中加隔音棉、安装空调除湿设备等方法，尽可能弥补基础设施上的缺陷。不过，这些都不是让他最头疼的问题，最令他头疼的是卫生间。过去人们在生活中并没有卫生间，如厕都由恭桶解决，因此，卧室有专门的恭桶柜，但没有供现代人如厕和淋浴的空间。

“改造老房子就是想办法做卫生间，以及怎么巧妙地做卫生间。”左靖打趣又无奈地说道。为了在不破坏现有格局的前提下，给每个房间配备一个卫生间，左靖可谓绞尽脑汁。跟偏厅借空间、向墙外借空间、把卫生间藏在太师壁后……通过借空间、造空间，最终宅子内 9 间卧室有 8 间配备了卫生间。其中 1 间因为一边是别人家的菜园，一边是街巷，借无可借，最终放弃。所以当你去关麓小筑，看到一间间略显狭窄、局促的卫生间时，一定要好好留意，看看它究竟是从哪儿分出来的。

另一个改动较大的地方是楼梯。传统徽州住宅，楼梯一般在太师壁后，空间狭窄幽闭，坡度又陡，使用极不方便，要是远来的客人提着行李，上楼就更费事了。左靖找了很多人商量，反复改动了多次，最后做了个大胆的决定——直接拆掉，从偏厅的楼梯直通主屋二层。今天我们要去二层，都需要经过偏厅这个新楼梯。改建后的楼梯加宽了不少，而且坡度平缓，并排两人通过都有空余。这样的改造也有一定代价，楼梯到达处的卧室让位于入口，不得不向内挪，卧室空间变得更小，甚至难以容下一张床，最终它被改造成了一间小书房。

⇦ 为增强楼层挑出部分的坚固性而设置的斜撑木，既是建筑的功能性构件，也是雕刻和装饰的重点。
摄影 _ 刘学文

⇨ 素木护净窗内侧的彩画。室内彩绘是关麓村传统民居建筑的特别之处，多出现在卧室内木板壁、窗内侧、吊柜门上，内容多为反映多子多福愿望的母婴图。
摄影 _ 谭源

类似这样，为保证现代功能需求而对原有空间进行调整的地方还有一些。比如偏厅房檐原本与主屋房檐有一定落差，为了保证二层空间不至于太逼仄，干脆将整个二层的屋顶抬高，并将屋顶直接连到主屋屋顶。不过无论如何改动，保持与原有建筑的和谐是基本原则。比如徽式民居中的窗户通常极小，从内往外的视野往往被限制，左靖在对它进行改造时，只从内部将窗户边缘做成斜面，这样既扩大了视野，又保证了窗户的外在样貌不受影响。

满足基本功能的使用，对于现代人的生活需求来说，还不够。在关麓小筑，左靖还添加了不少功能区，丰富了建筑的功能形态。除了茶室、书房、休闲区，还修建了一个立着半廊半亭的露天院子。院子原本是一座倒塌的旧屋，废墟里留了半堵残墙，被左靖保留下来，搭着它建了个半廊半亭的建筑。因曾购买过一座咸丰年间的石碑——“重修高凉亭碑记”，左靖将其取名为“高凉亭”。高凉亭内不仅能纳凉、喝茶、唱戏，还能举行小型演出，台湾歌手林生祥及其搭档钟永丰都曾在这里唱过歌。除了这处开敞的公共空间，宅子一层还藏着一处极小的小院，中间有棵桂花树。左靖领我们看时，我们一个个惊讶得目瞪口呆，小院极小，但精致清雅，景致不俗，实在惊艳。

“改造方法可以带进课堂”

为了修好老宅，左靖花费了不少心力，不仅查阅了诸多资料文献，咨询了不少有房屋改造经验的朋友，还请了村里懂得古法建造工艺的工匠参与改造，连屋内各式陈设、摆件都是自己一件件从各地淘回来的。

同时，作为在国内外策划过多场艺术展览的策展人，左靖也在古宅里加入了不少当代艺术的气息。

厅堂太师壁上，按照传统习惯，中堂通常悬挂一幅国画。为了避免沉闷，左靖选择了一幅和中国传统审美相符的当代摄影作品，无论画面，还是意境，都十分和谐。室内空间墙面也有不少当代艺术家的绘画作品，偏厅一层还专门辟有一个公共展区，用来展陈民间特色手工艺品和带有传统工艺元素的现代设计作品。这些现代艺术元素与百年历史的徽州老宅相搭配，在创造出新的视觉亮点的同时，也将左靖作为房屋主人的个人气息融入关麓小筑，使其焕发出新的生命力。

“我对它还是很有感情的，这是我改造的第一栋房子。”站在关麓小筑的偏厅，左靖这样说道。凭借在关麓小筑积累的改造修复经验，左靖后续与上海汉室设计管理机构合作，在黟县碧山村改造了几栋房子，原本由关麓小筑承载的乡建工作站的功能被转移到碧山书院、碧山工销社，关麓小筑也因此被开放成民宿。

在成为民宿之前，左靖自己在关麓小筑住了两年，与关麓村村民共同生活，也接待了不少从各地来的朋友，其中不乏建筑师、设计师。大家对改造后的宅子大多十分认可，台湾建筑师谢英俊还感叹：“住这样的房子真是上辈子修来的福气。”2012 年，左靖迎来了一位“老客人”——李秋香，这位十多年前因研究关麓乡土建筑就曾入住关麓小筑前身的学者，对老宅的改变非常欣喜，直言“很多改造方法可以当作范本，带进清华课堂”。

宅子改造的完成，引发了后续很多的故事。其中令左靖格外欣慰的，是给周边村民带来的改变。他还记得，刚到关麓时，村民对老房子的消极态度。老宅年久失修，阴冷潮湿、采光不好，很多村民并不珍惜自己的房子，甚至希望它早些倒塌，好建新式楼房。关麓小筑的改造给了他们启发，越来越多的村民认识到老房子的美，有的开始动手修复宅子或直接将其改造成民宿，他们会来关麓小筑参观，也会找左靖寻求改造和装饰上的具体建议。左靖很乐意，“能给村民做个示范，我觉得这就是改造老建筑起到的一个积极意义”。

左 靖

策展人，乡村建设者，《碧山》和《百工》杂志书主编，曾在国内外策划过多场当代艺术展览。2010 年以来，以安徽、贵州和云南乡村为基地，工作重点转向本地乡村建设，包括整理出版当地民间工艺、古建筑保护和再生利用、复兴乡村公共文化生活等。现供职于安徽大学。

有一种设计，由地而生

文 绘 范佳山

摄 陈有坤

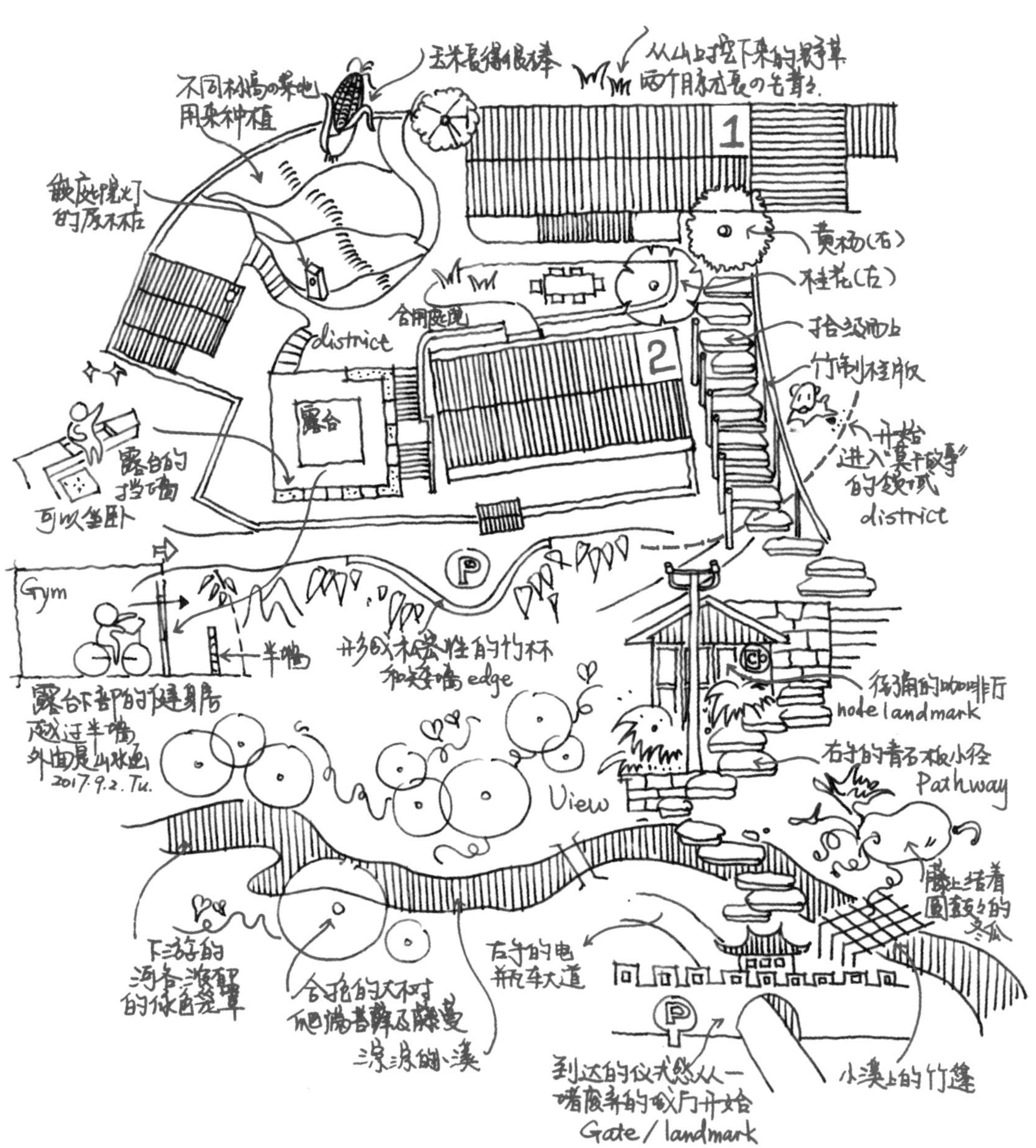

A1 莫干故事民宿到达路径及空间组织示意图

➪ 莫干故事里，将一号院一层与二号院二层连接起来的公共平台，两个院子的人都能在这里休闲娱乐。

在很多人的字典里，裸心谷几乎是莫干山民宿的代名词。吕晓辉，作为裸心集团的御用建筑师、莫干山区域备受推崇的人物，更是名声在外。我这次造访吕晓辉设计的两所民宿，备感意料之外的平实、细腻与丰满，超越了这些光环。

A1 莫干故事民宿到达路径及空间组织示意图

到达莫干故事路径中满满的仪式感，和在每一个路径节点上创造的移步换景，让我明白不用电瓶车接驳，而从右边青石板路走上去的用心。从废弃的城门开始步行，沿着青石板路，淙淙的小溪上架着竹棚，结着圆鼓鼓的冬瓜；转角处的咖啡厅，向下能看到浓郁绿色笼罩的溪谷以及爬满苔藓、藤蔓的大树；下一个路口左转，爬上一条石制竹栏板台阶，抵达豁然开朗的庭院。从外而观，它与周边的民居并无二致，土墙、青瓦、碎石台基、檐廊、木制门窗扶手。没有欧式建筑繁复的装饰和炫富的外表，没有现代建筑执意打破桎梏的乖张，仿佛就是几十年前遗留下来的模样。

在设计时就考虑身处的位置，将外部景观纳入，并适当设立近景，营造出景观的层次感和趣味。倚靠在高处露台凹陷的座椅中，对面山坡满眼竹的绿意跳入眼底，晚上也可以泡一壶茶看星星；平台下方藏着一间健身房，对面是一堵碎石半墙和墙外的远方；下一串台阶到达二号院前院，高度恰到好处的半墙、外侧的竹林，营造出内省的情节，给人远离尘嚣的清净感。

一号院西边，用碎石垒砌起不同标高的层层菜地，种着玉米，而不是西式花园里的娇贵物种。晓辉说：“土地是用来种植的，而不是用来装饰，好多人都忘了。”对于功能和本源的回归，也是建筑师尊重自然的方式。

在让客人充分体会和享受便利设施的同时，建筑师还小心翼翼地把一些现代痕迹变淡。例如镶嵌在圆木桩里的庭院灯，向上的射灯，盛在剖开的竹子里，一眼看去只能看到竹子和光晕；连空调的出风口和回风口也用密编的细竹篾隐藏了起来。

A2 莫干故事空间格局突破示意图

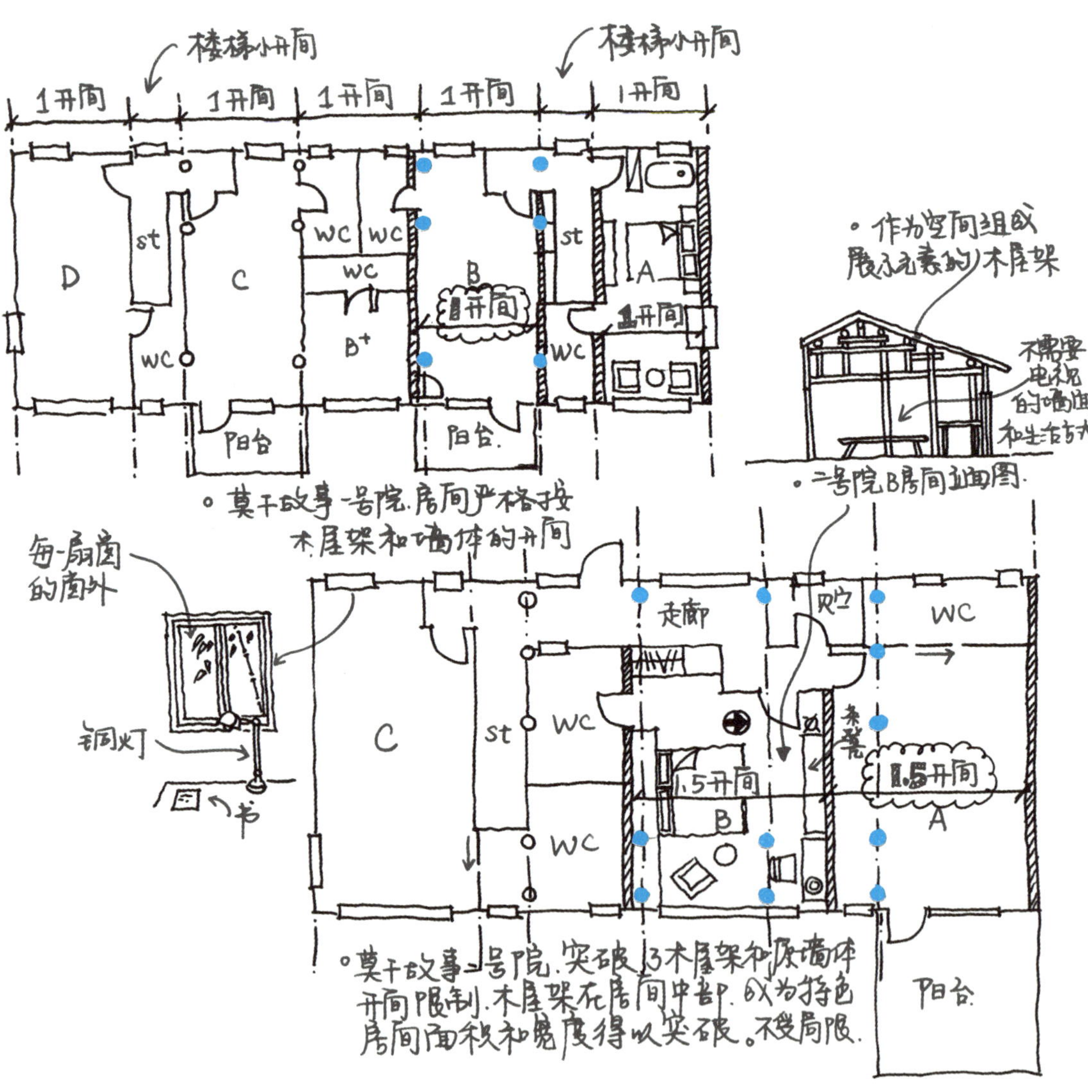

A2 莫干故事空间格局突破示意图

空间设计上，对于更大的房间面积、更延展的景观面和更高舒适度的追求，促使了新一轮房间格局的升级和变更。一号院中规中矩地利用单个开间，到了二号院，空间突破了开间的限制。一跨半的开间，获得了更大的使用面积。同时，适当的家具布置和空间分隔，使得一榀屋架虽位于房间中部，却意外成为最好的装饰元素和趣味点，也充分展示了“木屋架就是保留下来的灵魂所在”的设计理念。

⇧ 莫干故事二号院的室内客厅，原建筑的木屋架被保留在空间内，成为极好的装饰元素。

⇩ 设计中十分注重外在景观的引入，一抬眼，窗外是莫干山常见的翠竹。

A3 莫干故事立体剖面及材料细节展示图

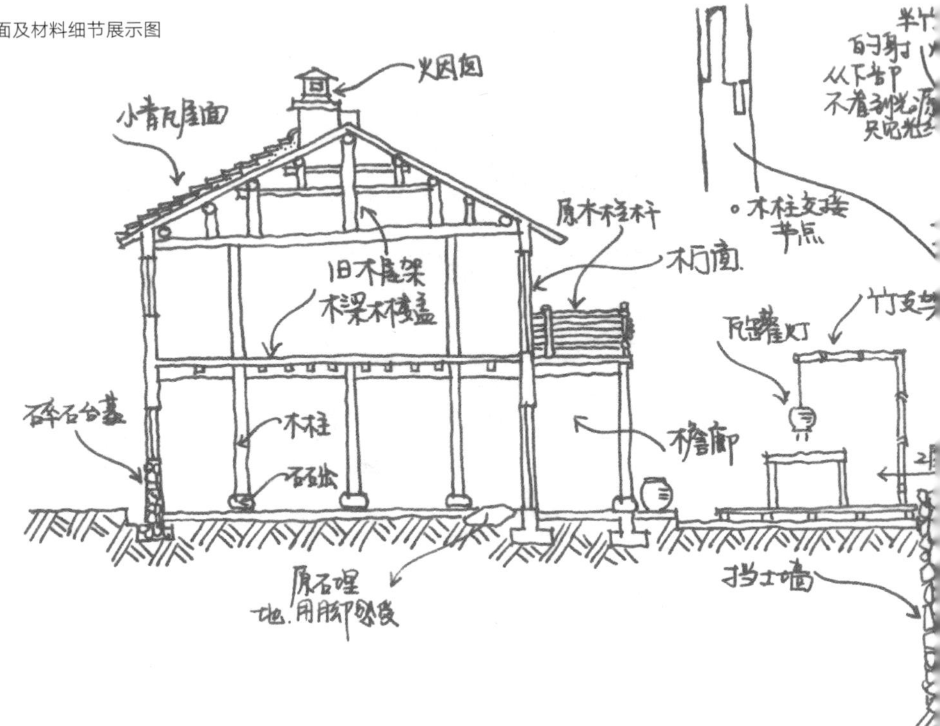

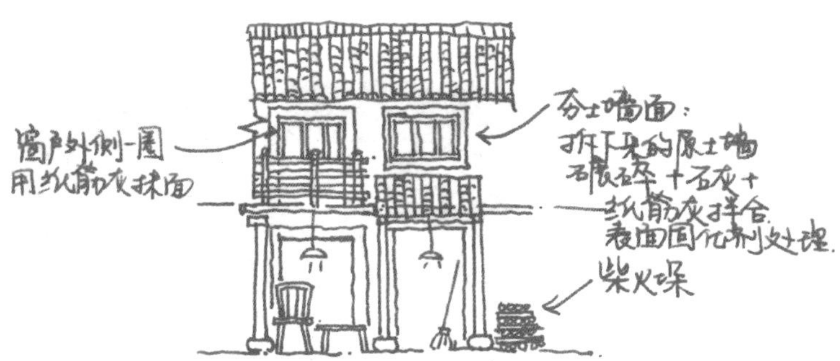

A3 莫干故事立体剖面及材料细节展示图

旧木材、旧瓦、老砖、石材、夯土和竹，老家具、老陶罐、陶碗，柴垛、竹片，搜集的松果、松枝、废铁丝……建造和装饰的材料就地取用，不需要长远的运输费用，呈现最原真的状态。

人们尽量利用从原屋拆下来的东西：餐桌上方用旧陶碗倒扣做的灯罩，钨丝灯泡从碗口亮晶晶地露出半个头来；庭院的地面看似是不经意的拼贴，却由拆下来的瓦片、青砖、旧木格栅，以及当地的片石、碎石组成。

莫干山盛产竹子，在设计中，“竹”也是最重要的元素之一。利用竹子外直中空的特性，将其密排贴于屋顶内侧和房门上，恰好形成竹管包裹着的连排空气层，就像两片玻璃之间的空气层，既能保温隔热，又能良好地隔绝噪声；屋顶的天窗，也以一种疏离的节奏放置着几根竹枝遮阳；铁丝绞成内外两层的 8 字形，高高低低的原竹插进 8 字

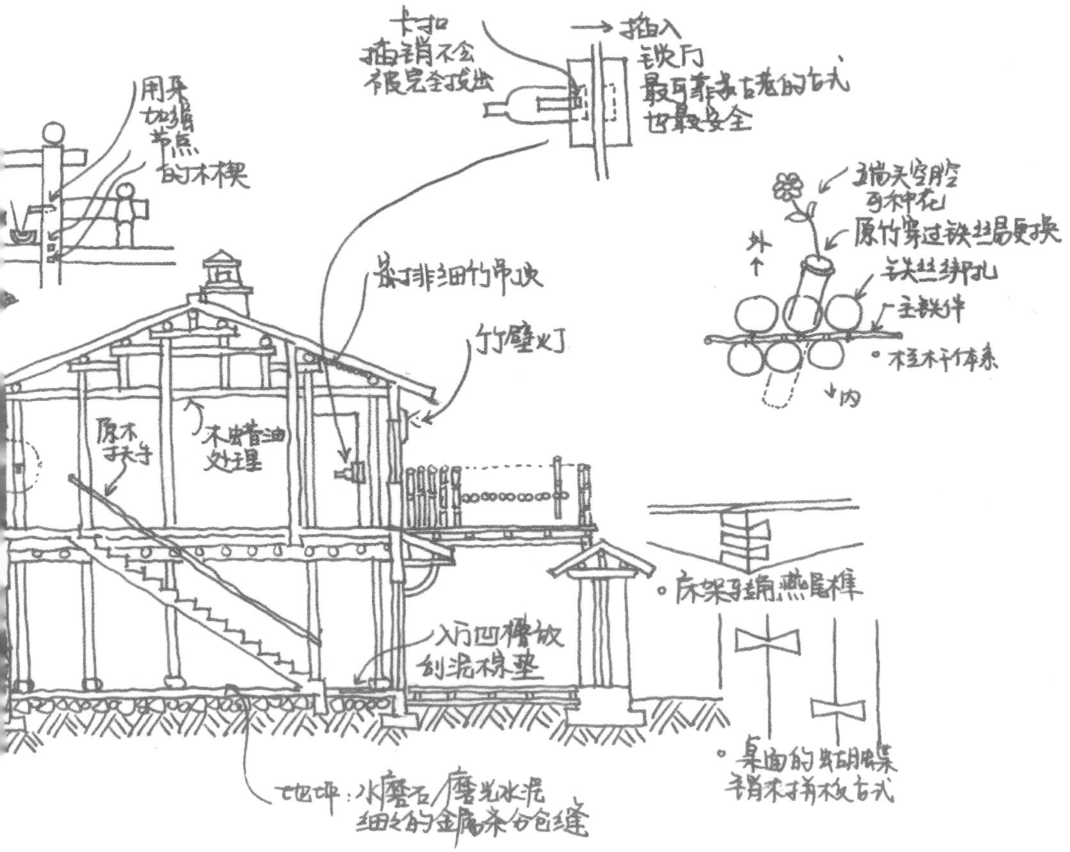

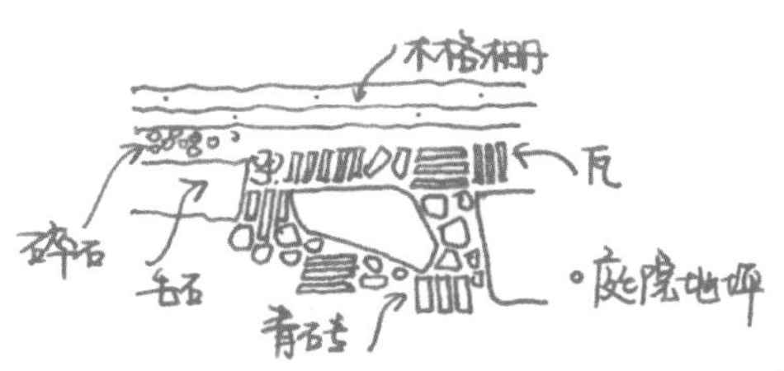

形的孔洞形成双层的竹制栏杆，易于替换，端头的竹节正好形成小小的盛器，随性地种上一些花草。

从材料的做法到手工节点，也都是传统的。那些即将失传的工匠技艺也找到了一个新载体，登上更实用、更契合时代的舞台。水磨石地面，细细的金属条分仓缝，要多次抛光打磨才能平整无裂缝；内墙面一半是泛白的纸筋灰，一半是夯土的原色，是拆下来的原土墙碾碎后加上纸筋灰、石灰的混合体；旧木梁架，漆匠虽用木蜡油处理过，看上去却还是原木的模样；厕所门外侧的竹节把手，内侧的木质门闩插销，最原始的方式也是最直接、最安全的；院里的木桌都用到了榫卯，木工师傅自豪地告诉我，所有木构件都没用钉子，那时他正用一根老木借助墨线和锯子做一个雨棚。

⇧ 莫干故事室内空间，建筑多采用木、竹等当地天然材料，陈设上也保持古朴、自然的风格。

⇩ 三秋的展望台，选址和规划十分用心，穿过一大片竹林到达后，放眼望去就是一条山脉的端头，景致怡人，是整个建筑的亮点和精华。

B1 三秋民宿特色景观剖面及空间格局示意图

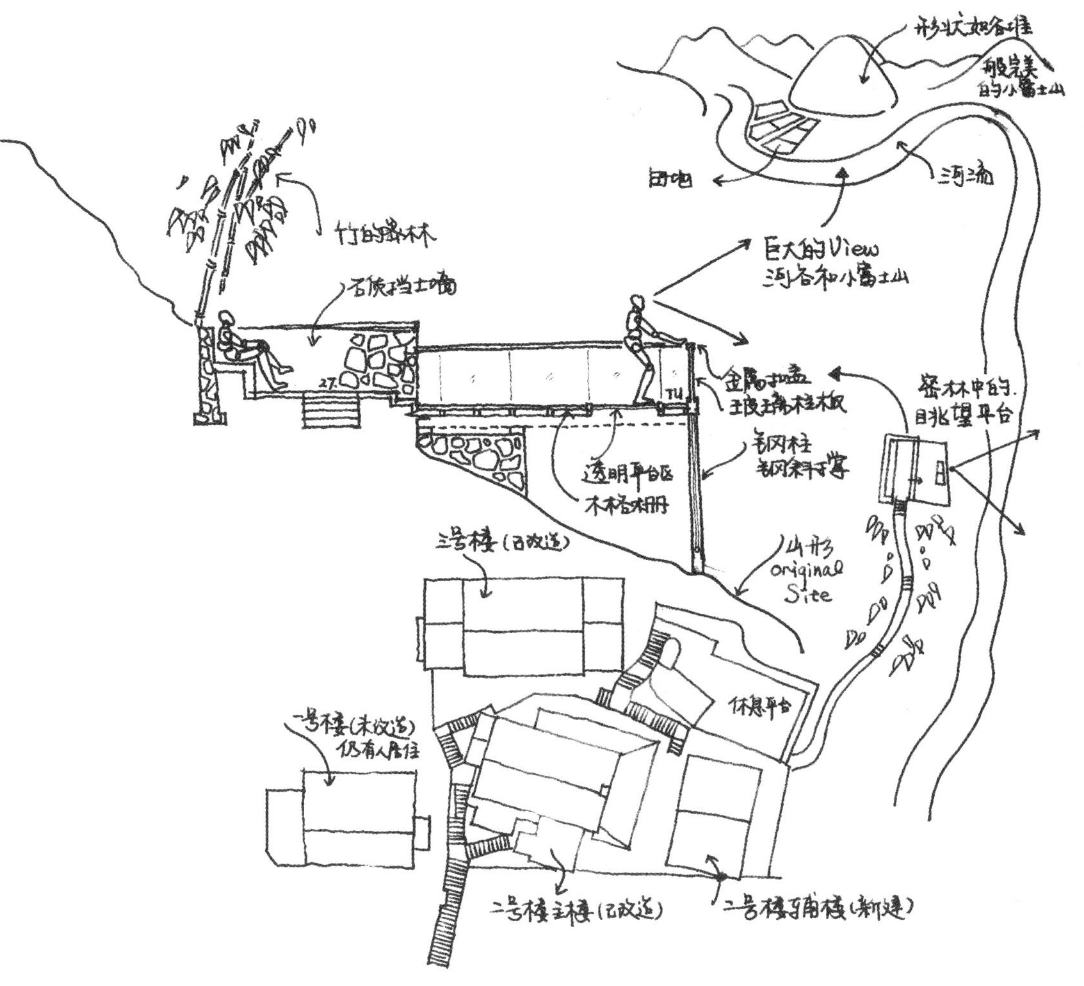

B1 三秋民宿特色景观剖面及空间格局示意图

三秋的展望台，是一处不经提醒一定会被错过的私密处所，是整个建筑的精华和亮点所在。建筑师在半山密林之间辟出一处平台，从民宿区向上走，穿过一大片竹林就可抵达。与紧凑私密的民宿区相比，这里释放出了一个可呼吸的空间，先抑后扬的对比冲击堪称惊艳。整个平台用钢梁出挑，悬浮在半空。展望台在选址和视线规划上精确又用心，正对的恰是一条山脉的端头，呈现出完美的馒头形，被戏称为“三秋的富士山”，观者已然想象出初雪覆盖山头，银絮满天的美景。下午 4 点，对面大批白鹭纷纷归巢，好像一场露天电影。

➪ 三秋民宿外观。

B2　三秋二号楼主楼改造过程示意图

三秋是晓辉设计的民宿里，原物保留得最少的。原建筑是小小的两栋，外廊式的二层农屋加上附属的耳房。建筑师大胆地将除了木结构核心元素以外的所有构件全部拆除，在木结构不变的基础上进行空间的植入和加建，不再受原有面积和体量的限制。玻璃盒子的加建，扩大了整个公共空间，开敞通透，更多的自然光被引入室内，让在室内的人获得与室外环境更多的交流。钢结构加玻璃的体系，不但是标志性的可回收材料，也能保证整个建造过程以装配为主，既减少了对周边环境的影响，也缩短了工期。除了公共空间以外，其他部分都以传统为蓝本打造。

B2　三秋二号楼主楼改造过程示意图

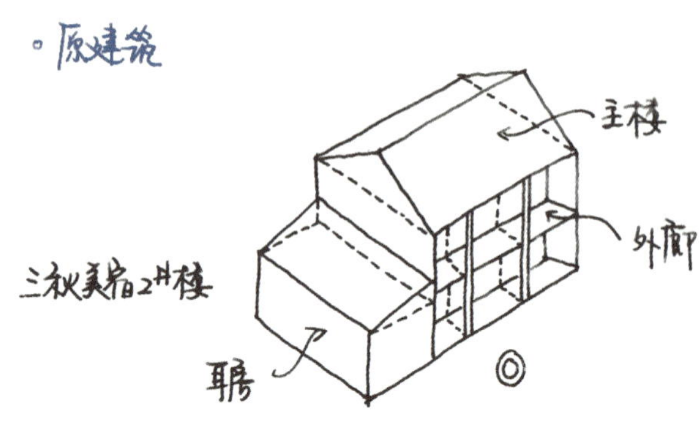

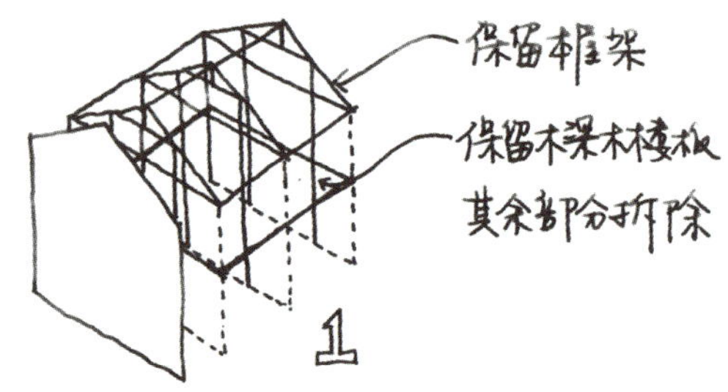

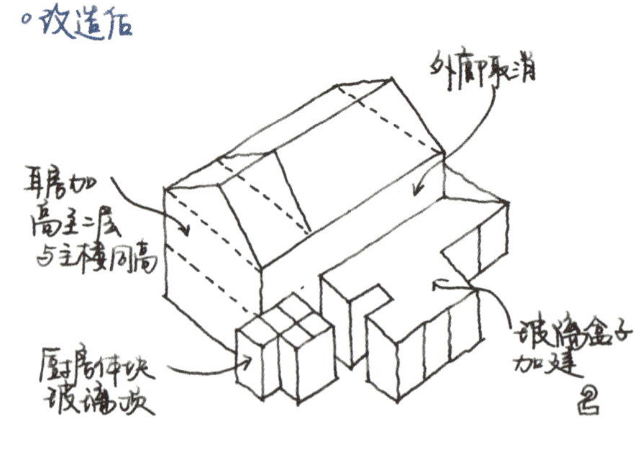

晓辉说："当建筑和空间看起来是被设计过的时候，便已不是最好的设计。"我自己虽然是一个偏执地相信"空间就是用来浪费"的建筑师，但在这点上我们出奇地达成了一致。建筑应承载着每个时代不同地域、不同功能的烙印：我们能从柱式辨认出古希腊和古罗马；从平面甚至建筑元素上，一眼辨明哥特、巴洛克和文艺复兴；看到马头墙和石库门，就知道它们分别代表徽州和上海；吊脚楼的通风防潮，土楼鲜明的内向开敞、外向防御性，也决定了那样的建筑会生长在湘、鄂、川、贵的山地和并不安稳的福建沿海。每一种特别环境孕育的当地建筑，保有明晰的特点和脉络才是适者生存的答案与逻辑意义。将当地老建筑保留下来，用合适的方式改造，以适应现代人的生活品质和需求，也不失为一种最直接的方式。

关于人与自然、社会的关系，晓辉希望自己做的事情是良性、和谐、负责、可持续的。一方面，在整个改造和民宿运营过程中，晓辉尽可能利用可持续和可再生材料。另一方面，即便投资方不是当地人，晓辉也希望整个过程中尽量有本地人参与。从石匠、木工、油漆工，到能烧出一手有当地特色食物的阿姨，再到通晓当地事务的管家，他们在参与过程中慢慢生出了更多的自信，找寻到了自己的参与价值。当然，反过来说，也只有有了当地的人，以及他们的生活和习俗，才能让来客真正感受到所处地域的独特性，让民宿从更深层次上被人们记住。

整个寻访过程中最让我感兴趣的一点是在外来与本地的交融过程中，民宿业与当地人的共同成长。这些人陪着莫干山的民宿业走过萌发、尝试、兴起、扩张、蔓延，直至今日，双方在技艺、产业、增值方式等各个方面的磨合中不断成熟，并形成了和平相处直至相互提升的良性循环，这个过程还将一直持续下去。

由地而生，随匠之意，也许是对此行最好的评价。

范佳山

建筑师，十年华东建筑设计研究总院商业综合体和酒店设计经验。曾参与上海悦榕酒店、外滩国际金融中心、上海 EDITION 酒店、董家渡国际金融城等项目的设计工作。喜欢旅行、摄影，用脚丈量大地，并用手绘的表现形式来记录城市。

乡村不是建筑师的演绎场

受访人 / 吕晓辉 = A
采访人 / 贺觐 = Q

吕晓辉

环保建筑师，“晓辉设计工作室”创始人，致力于设计与环境关系的研究与推动。近年完成的设计作品包括莫干山裸心系列、西坡山乡度假、凤凰居、三秋美宿、莫干故事等乡村民宿。

Q: 当初您是怎么选择来到莫干山的？

A: 由于工作关系，在杭州生活了十几年，但一直不太喜欢城里。进入 21 世纪，杭州的空气越来越差，交通越来越堵，于是我有了非常强烈的出城欲望。2006 年，经过对杭州周边若干小城镇的考察之后，我决定搬至人口较少的德清县生活。2007 年，我认识了高天成先生，当时他正在筹划将莫干山的一些农舍改建成度假小屋，就是后来的裸心乡，他邀请我参与设计和建造。从那时开始，我就爱上了老房改造这种工作。在每日进山工作的那两年，我利用空余时间在乡下寻找给自己和家人住的老房子，终于在 2009 年找到了目前工作室所在的这栋民国时期的建筑。我们花了一年多的时间翻新它，家人们都很喜欢这里。我们在这个房子里住了三年，直到设计团队逐渐扩大，才将它全部作为工作室使用。

Q: 民宿大量兴起的背后，是越来越多的城市人涌入乡村，您如何看待这一现象？

A: 这是社会发展到一定富足程度之后都会发生的现象，跟民宿兴起也许没有必然的联系。当然，目前来看，民宿产业起了很大的推动作用。城市里的负面因素比如交通拥堵、雾霾、工作压力、人际关系疏离等，都会促使有条件离开的人返回乡村。我觉得这是好事，因为中国过去三十多年的高速发展进程里，人口持续涌向城市，农村留下了大量的闲置房、空心村。如果它们不能得到保护和修缮，很快就会倒塌，人们的生活痕迹也会消失。这个时候，城里有情怀、有资本的人回归农村，会促生多方互利的关系。房屋得到再利用，渴望亲近乡土的人有可以放松身心的场所，年轻人可以选择不再离开家乡，而是在当地就业……当然乡村要焕发持久的生命力，进入一种良性发展，前提是要避免做同质化的东西，尤其要避免将农村城市化，不能让乡村失去它原本的样子。延续乡村比改变乡村更重要。

Q: 作为莫干山最早的一批设计师，您积累了很多民宿设计经验。在您看来，民宿设计和酒店、普通民居设计的差别在哪里？

A: 三者的差别很大。如果要设计民宿，一定是打造一个让人感觉安心的、有归宿感的地方，是邀请别人来家里做客的意思。它要有符合主人品味的调性，同时也要考虑客人的需求。主人在这个空间里分享他的生活方式，遇到品味契合的客人，会把这里当成自己家，反复来住。酒店大多是标准化的地方，为了竞争力会更需要强调设计感。普通民居设计会更迎合主人的风格偏好，不需要考虑市场因素，所以相对来说是最简单的。

总体来说，酒店是纯粹的商业行为，是被设计出来的。民宿是设计和生活的混合体，它可能是被设计过的，但一定需要带有生活的烟火气。

Q: 民宿设计会对设计师提出更高的要求吗？

A: 是的，应该是这样，主要体现在三大方面。

一是对本地文化、本地建筑特点、本地建筑材料的研究，不能将城市酒店的设计搬到乡村去用，也要避免各地域建筑风格和材料的混淆，比如在贵州建一个青岛样式的房子，或者在重庆造一座福建的土楼，肯定都不合适。二是对业主喜好的了解，比如他喜欢做什么风味的菜，他想呈现给客人什么调性的空间。三是对客人需求的理解，比如什么样的内部空间能让城里来的人感觉放松，如何将这些空间延伸至户外以提供更大的活动场所等。

每一件作品因为主人不同、房屋状况不同、所处地域不同，它们的理想状态都是不一样的，所以设计也会不一样，没有办法复制。

Q: 您如何看待欧式、日式风格在乡村建筑设计中的大量应用？

A: 欧式、日式风格在乡村蔓延，莫干山也有。我看那样的建筑，也会觉得外形好看，但是中国本来的味道在哪里，代表乡村自己的东西在哪里，这是需要考虑的问题。欧式风植入得越快，中国乡村未来的风格就是欧式风，到那时人们站在一个乡村里，根本不知道自己在哪个乡村。

现在中国很多城市几乎都变成一个样了，高楼、街道、商场，千篇一律，仅靠拍照片很难分辨是哪个城市。乡村一定不能走那样的路子，要尊重每个地域自己的原味。每个乡村都有自己的特性，不要做复制工作。

Q:　现在，越来越多的设计师加入乡村建筑设计的行列中，您对他们有什么建议？

A:　很多设计师是从城市出来的，他们在设计院往往没有做过独立的作品。因为造一栋楼一般由很多部门共同完成，所以他们没有机会实现自己的梦想，憋坏了。来乡村可以做一个独立作品，就会兴奋，会急切地想创造一个有个性、有风格的东西出来，但是没有认真考虑这个东西出现在那里，会对环境有什么影响，对社会有什么意义，只知道我做了这么个东西，我喜欢。乡村容易变成一个建筑师的演绎场，这个需要警惕。

当然，国外也一样，像北欧或日本，也有设计师在乡村做一些小型建筑，但是他们更关注建筑和环境之间的关系。

乡村的设计还是要更因地制宜、顺应自然，不能太过于设计，痕迹很重的设计不是最好的设计。如果你进入乡村，还有城市的味道，那就太过了。

Q:　在做民宿设计时，您有哪些始终坚持的理念？

A:　我只做要“用”的部分，不做“看”的部分。在乡村，最美的东西都已经存在了，比如山存在了，水存在了，树存在了，鸟也存在了，不用去设计它们，去使用就可以。设计需要考虑的是坐在某个位置，把外面的景多引进来一些，哪个方向开窗、大小如何、取哪个景。我们不会刻意去做一个景观，会顺应本来的存在。

做建筑有时候就像画画，要轻柔，淡一些，不要浓墨重彩，是设计过，但看上去不会很用力。张雷说过这样一句话：“延续乡村的脉络比改变乡村更重要。”我们很认同，也一直是这样做。比如要建一个新的建筑，我们首先会研究当地的地域文化、风格、发展过程，从什么时候开始有这些建筑，建筑类别是什么……会按照当地的建筑体系来使用材料、造型，自己可能根据使用功能和当下审美做一些改变。

当然也会用一些有现代优势的材料，比如钢、玻璃等。每个时代的优势都不一样，但绝不可以忘记本土的东西。传统和现代元素如何出现在同一个建筑里并具有美感，这是需要通过设计去达成的。突兀的、跟本地乡村没有一点关系的建筑，我们肯定不会做。

Q: 进入莫干山十年，作为建筑设计师，莫干山的哪些变化让您感触很深？

A: 有一个很大的变化是，村民很少建贴满瓷砖的房子了。

十年前，人们觉得老房子又破又旧，不值钱。现在完全不是这样，从村民到政府，大家都意识到了老房子的价值，不再随意拆除了。中间也有一段时期，不少村民把老房子拆了，建起四五层的高楼，结果租不出去，没改过的老房子反而很受欢迎。渐渐地，村民发现他们盖的新房子没人租，也就不再那么建了。他们很聪明，发现哪个做得好，就会学，对建筑的认知也会变得跟从前不一样。这是一个侧面的、潜移默化的影响。

Q: 您对莫干山未来的期待是什么？

A: 主要有三个方面。一是商业不能片面发展，很多时候我希望，不要再卖房间了，应该做更多中间业态的东西，要有能够带给客人体验感的活动场所，比如不同风格的餐厅、好的咖啡馆、酒吧、画廊、书店、花店……二是希望有更多真正喜欢这里，来这里就是生活而不是做生意的人，比如作家、画家、音乐人、手工艺人……这些人群扩大的话，能为这个区域带来更有趣的生活空间。三是设计要更乡村化。我们一直认为与土地友好的设计才是最好的设计。很多设计师做的东西要么是欧式风格、要么是学院派，那种东西越多越可怕，它脱离了乡村。乡村不是一个演绎场，过多的城市味道会让乡村失去本色。

Q: 您未来会考虑自己开一家民宿吗？

A: 不会，开民宿是另外一个行业，我并不擅长。我喜欢很多类别的艺术，比如绘画、摄影、文学……尤其是音乐，音乐的存在方式很抽象，很了不起。某种意义上，建筑也算是一种凝固的音乐，所有的抽象最终都会落实在实用的基础上，能带给人很多满足感。所以对我来说，做好设计就够了。

既下山，设计的勇气与妥协

文 袁銮

大理既下山民宿对设计的尊重甚至不囿于建筑本身。在无数民宿选择花 400 元买翻版的北欧经典设计椅子——叉骨椅（Y-Chair）的时候，既下山的操盘人赖国平执着地花 1 万多元去买一盏正版的 PH-5 吊灯。这款以设计师保尔·汉宁森（Poul Henningsen）名字首字母命名的吊灯 1925 年在巴黎世博会亮相，是恒久的灯光设计经典。

既下山不吝展示其对经典设计物件和艺术品的投入和重视，PH-5 吊灯只是引子。挂在床头墙面上的贝叶经、安置于角落里的皮摇椅或者茶室里的陈设布置，要么是馆藏级的文物，要么是可以摆到拍卖会的设计经典。

然而这些花尽心思的布置并不能成为既下山的标志。大理人民路上人来人往，行人和住客更关注的，还是屹立在人民路上，占据 500 平方米的木纹清水混凝土建筑群。这个小小的建筑群，拼出了一个有别于大理民间建筑传统的空间和为旅行者准备的 14 间客房。

带着商业镣铐的建筑设计理念

在既下山之前，业界对赖国平的了解，是瓦舍系列旅行酒店的操盘者。过去的 8 年间，根植于青年旅舍理念建设起来的瓦舍在西南诸多旅行目的地布点，已然成为旅行类住宿地的连锁品牌。

2015 年，赖国平租下了大理人民路的两进白族民居，打算做一个区别于瓦舍、服务于更高端人群的住宿地。建更高端的住宿地，就意味着更大的资金投入。更大的资金投入，意味着承担更大的商业风险。和很多民宿从业者的执念一样，赖国平希望通过对本地老建筑的改造，让客人在浓浓的本地文化包裹下，在现代化改造过的客房里舒适地度过自己的住宿旅程。可是租下来的白族民居并不如他所愿：这两进房子是传统家居的格局，

➪ 既下山内部的陈设布置极为讲究，采用的吊灯、座椅、装饰画等，有的是设计界的经典物件，有的是艺术品甚至是馆藏级文物。
摄影 _ 王鹏飞

➪ 木纹清水混凝土的建筑风格，内外皆裸露，带着原生建材的坚硬与粗糙，是大理既下山最大的建筑特色。
摄影 _ 松鼠

要分割成酒店的功能区，在建筑空间上捉襟见肘；而白族民居也讲究对称，在原有的基础上增加建筑，又破坏了原有的民居氛围。

老赖攥着 500 万元的投资预算左右为难，直到他遇见旅居大理的建筑设计师赵扬。赵扬毕业于哈佛大学建筑系，他在大理的建筑案例，包括私宅和公共空间。赵扬在赖国平租下的两栋白族民居里转了许久，有一天，他在沙盘里给老赖演示出大理既下山将来的样子：全部推倒重建，用木纹清水混凝土的结构形式重构这个空间。

要实现这个建筑设计，500 万元的预算也捉襟见肘。赖国平放下曾经的执念，同意了这个方案，开始了他在住宿业的第二段旅程。

“空间是用来浪费的”

木纹清水混凝土的建筑风格是建筑设计的经典风格之一。在亚洲，日本建筑设计师安藤忠雄是这种建筑流派的代表人物之一。中国迄今唯一获得普里兹克建筑学奖的建筑师王澍，也会在自己的建筑作品上采用清水混凝土的建筑风格。内外皆裸露的混凝土，带着原生建材的坚硬和粗狂感，是“用建筑的手法做装饰”，赖国平说。

可是这种建筑风格用在民宿上，既下山是大理第一家。在大理做这样的建筑，意味着比传统民居高三倍的造价，而且几乎不可能在当地找到有经验的施工队。赖国平从成都请来了有经验的施工队后，还是不放心，

➪ 建筑外观的设计、室内软装的布置、空间景致的营造，民宿主人及设计师的理念和用意体现在建筑空间的各个细节中。
摄影 _Manolo Yllera

又找了一个顾问机构，为此，又付了一笔和施工队几乎同等的顾问资金。当既下山现出雏形时，赖国平复盘了这个民宿的投入，比预算多了整整一倍——1000 万元。

清水混凝土营造出来的空间，坚硬而笔直。建筑师的世界里，有“空间是浪费”的理论。既下山的空间十分有限，建筑师赵扬依然在这个小建筑群里预留了“浪费”的空间。他希望让住客既感觉亲密，又在需要时疏离。这种保留社交距离的疏离感，体现在清水混凝土建筑包裹的类似天井的空间上。在赵扬的施工图纸里，这个空间需要用钢结构搭建一个水池，在这个水池中间，又需要将水池里的水隔离，长出一棵树。建筑师要求的是整体建筑空间构想的实现，包括这棵树。赖国平则头疼图纸落实的难度，钢结构上的防水并没有那么容易做。在这个甲乙双方的小型博弈里，建筑师的固执获得了胜利：“10 万元设计余款我不要了，你赖国平给我实现它。”

既下山已开业三个月。走进既下山内部，透明玻璃建造的茶室将东西客房分开，客人各自绕过水池，体会着建筑师营造的美妙空间的景致变换，再回到自己的客房。客房的窗户，正对着在水里生长出来的树木，在人民路的熙熙攘攘里，绿意盎然。

➪ 既下山整体面积不大，但在室内仍保留了一个类似天井的开阔空间。这样看似浪费空间的设计背后，是设计、住客体验、商业经营等多方面的平衡。
摄影 _ 雷坛坛

赖国平的学费

有建筑，就会留遗憾。赖国平的这些遗憾，既有在商业镣铐里求最大公约数的考量，也有从基础类旅行住宿地的操盘手进阶到高端民宿运营者的经验缺失。这种经验缺失，被赖国平称为“交学费”。

这些学费，体现在公共空间对客房私人空间的挤压上。客房的空间并没有达到赖国平完全满意的程度，乃至于复式客房的垂梯显得狭小且陡峭。这甚至增加了与宾客的沟通成本，酒店管家耐心地叮嘱客人小心，并委婉地为带孩子旅行的住客们选择其他客房。这些学费也体现在因执着于设计而坚持使用光滑的石磨地板上，这个地板，一直延伸到浴室里。酒店管家需要帮客人提着行李，走上一小段，并在打开客房的时候告诉住客要小心防滑。

既下山建筑的营造，软装的布置，让旅客得到了与入住城市豪华酒店完全不一样的愉悦感。当客人成了这个空间的临时主人时，任何带来不悦的细节，便会像魔鬼一样呈现出来。这些“魔鬼”或者还不止于此。作为长久主人的赖国平，或许比住客更早地知晓了。在他的时间轴里，大理既下山进一步的改造和细节完善，已经提上了议事日程，虽然这时距离开业只有三个月。

赖国平和既下山的野心，远不止于安居大理一隅。沙溪、梅里、腾冲等地的既下山民宿，即将生根发芽。大理既下山虽然远未做到尽善尽美，但这确实是一家国内并不多见，建筑设计和室内设计趋向平衡，并尝试让住客以主人的身份去体验民宿的住宿地。

既下山，并推开门

赖国平看到大理既下山的建筑模型，才终于下决心将这个系列民宿起名为“既下山”。他喜欢中国的哲学和禅意，认为“既下山”是半句话。这半句话里，带着让旅行者洗尽铅华，卸下光环，从人生和事业的山上下来，体味生活本真的意思。但下山之后的下半句话，赖国平想留给他的客人自己书写。

“我只建立一种状态，而不是一种形态。”赖国平说。

这种状态，是赖国平建设好了大理既下山这家民宿，并推开了这栋民宿的大门。大门外，是人民路边、苍山上、洱海下无尽的大理风光和人文体验。

他信奉百年来款待业的先驱们积累下来的服务客人的经验，从奢华酒店结构里，请来了职业的酒店从业者，又在这个基础上让传统的酒店从业者变成住客的旅行管家。他愿意将既下山变成一个开放的地中海俱乐部。民宿建筑本身，只是其中一部分。他更愿意让客人将既下山变成一个基地，而后在旅行管家的带领下，去深入体会别样的本地风光。在中国，要改变传统的住宿经验和旅行体验，似乎并没有那么简单。但是赖国平携着既下山这个民宿品牌，还是迈出了这一步。

如果有一天，赖国平在梅里、腾冲，或者其他地方做出一个惊艳的既下山，并不会让人觉得惊讶。因为对设计的尊重和坚守、对款待业的遵循和革新、商业经验、民宿知识和一以贯之的勇气，他都有。这些，皆是民宿从业者难得的品格。

赵 扬

清华大学建筑学硕士，哈佛大学建筑学硕士。2007 年创办赵扬建筑工作室，设计中十分注重对场所特质和生活方式的回归。代表作品有双子客栈、喜洲竹庵、既下山、西藏尼洋河游客中心，及在日本建筑师妹岛和世指导下完成的日本气仙沼市“共有之家”。

民宿，“界”与“非界”的共存

文 戚山山

供图 _STUDIO QI 建筑事务所

“有一件事情是始终不变的，人。人的心智和人的热情，人的精神和人的内心。谈到建筑的话，那就是人的尺度始终没变。”

——勒 · 柯布西耶

关于“界”

人的一生都需要一处可安居，通过不同的“界限”去界定、打破、再循环，从而围合出一处或大或小的居所。江南水乡通过亭台水榭让室内外的界限变得模糊，从而形成多层界面的园林式建筑。在中原地区或高原地区，为了更好地遮蔽或保温，“界”变得更为明显。归其根本，都是利用不同层次的“界限”界定一处安居之所。所以我们的居所其实就是围绕着形形色色的界限、界定而展开的。

人的存在本身就是一种关于创造界限与打破界限的无限循环模式。界限或许更可以说是一种能力的可达性。都市与自然，建筑与人，人与人都有着一层层由浅至深的界限，各种界限之间相互渗透、交织。

随着社会经济的发展，越来越多的界限出现在“都市 - 建筑 - 人”三者的关系网络中，却忽视了人与地球、自然的沟通。这是一种社会化价值观影响下的被动的生活状态，人们只能接受这种僵硬的、单纯满足功能性的界限。可以说民宿是突破城市现有生活状态，以“山居聚落”的形式顺势而生。甚至可以说，民宿是一个和都市生活相对应的词，是一种新价值观之下的生活状态。民宿的出现打破了那些尖锐冰冷的、令人麻木的“界限”，它是居所，但又有别于传统定义的居所。它是一处可共享的“居”，相较火柴盒式的“格子间”，民宿更为开放和释放，也更能让人产生归属感。从感知层面来说，它更像一个可成长的生命体，在成长过程中不断吸收，置入不同的“人”的基因。

⇨ 九舍建筑内没有任何直接的古镇影子，但处处是古镇的记忆和体验，人们儿时记忆里的小巷、弄堂也融入其中，形成人、自然、建筑的多维度互动。

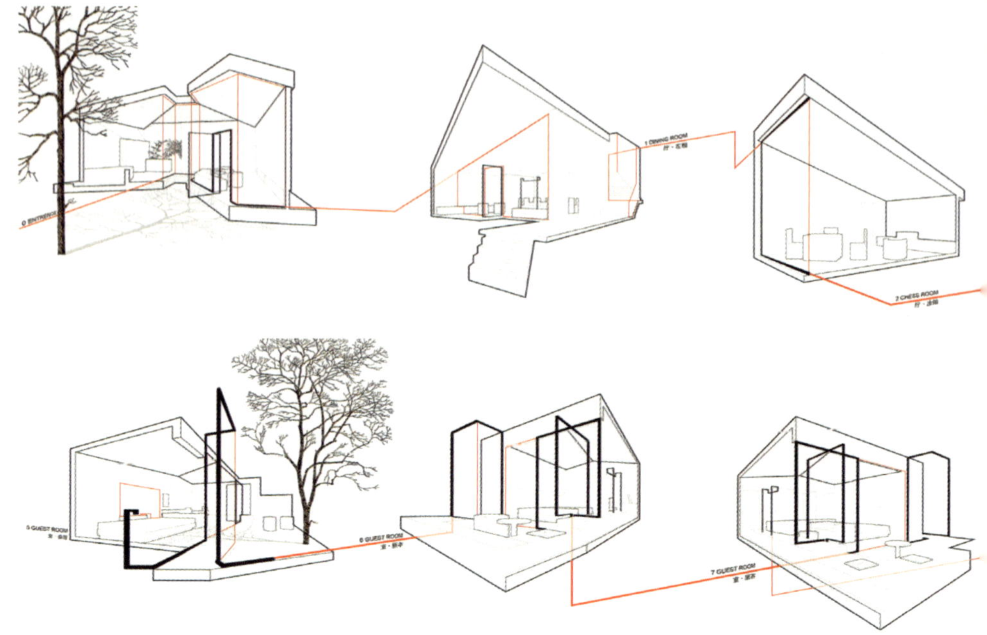

在某种状态下民宿是一种全然释放的状态，在另一种状态下又有一定“界限”。时间上，它在白天更为开放，可以吸收和容纳不同的人群，大家一起在这里相遇、探讨；夜晚则相对私密，更多地成为人的“安居之所”。它是无“界”的居所，也是“界”与“非界”的共存，是多种层次的“界限”的动态平衡。这大概就是民宿的迷人之处。

无“界”之所

回到更庞大的社会体系当中，民宿其实扮演着不同的角色，它是人与社会的界限。因而如何在恰当处理好与外界社会、环境之间的界限的同时，真正回归人的尺度，是我们设计九舍时始终关注的问题。

九舍选址于西塘，小桥、流水、人家，是西塘，是吴冠中笔下最为生动的三维立体江南图景。画卷般的西塘，面积虽小，却是可游、可居的。人在其间穿梭，饱满且丰富的空间交织成连续的场景，不断构成新的画面。小朋友们在弄堂里玩耍时，墙体稍有错位就会形成一个“角落”，他们会借这一角落躲起来吓唬其他小朋友；窄的巷子里，很多小男孩儿双手一撑，“嗖”的一下就往上窜……类似这样的小巷小弄都是人们儿时玩耍的场所和道具，相比之下，都市里宽阔笔直的大马路已无法给我们创造这样有趣的互动契机。

因而，我们在设计九舍时，希望它能让居于其间的人回归儿时邻里间最为亲切的空间尺度。我们尝试挖掘出古镇脉络的空间逻辑，并进行重新梳理和推敲，再抽象还原成原始聚落的形式，让人穿梭其中，在似曾相识的回忆中体悟到一种生活的新生。这就是九舍，一个拥有古镇基因的聚落——城市微缩。

正如吴冠中的画并非关注那些建筑元素的表象堆叠，九舍的设计，同样也超出了对表面建筑符号的依赖。九舍建筑里，没有任何直接的古镇影子，但处处都是古镇的记忆和体验。它延续着旧时西塘古镇的肌理，将桥、弄、廊、庭、室、厅、水、岸等通过形式的

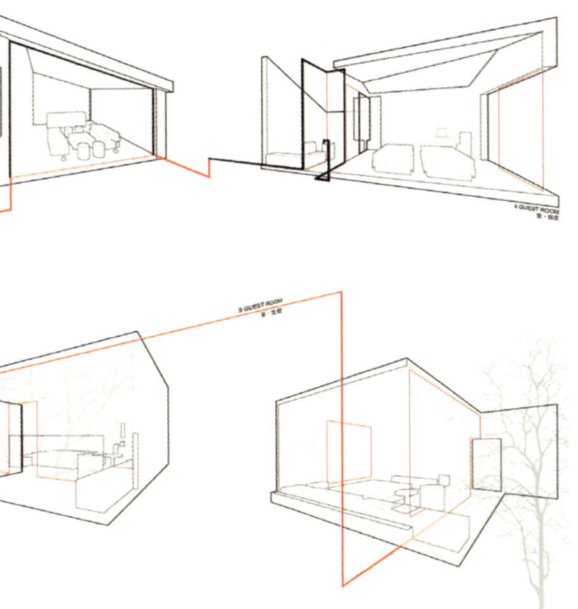

⇧ 九舍空间延展图 / Nine House Unfolded Diagram

⇩ 九舍场景延展图 / Nine House Unfolded Theme Diagram

集合转译，构成新旧共生的“城市肌理”聚落。在占地仅为 500 平方米的基地上产生“一步三景”的情境，将儿时记忆里的小巷、弄堂融入其中，打破人与人之间的行为界限，使人、自然、建筑产生多维度互动。

九舍就是这样一处无“界”的居所。它不是一座孤立的建筑体，而是一片建筑聚落。同时，它又无时无刻不在变化成长，每一处空间错动都透着烟火气。就像走在西塘的巷子里，你的手肘碰到墙壁，你的鞋尖擦着青苔，竹衣杆从头顶搭过，每一处场景都闪现着不同的生活惊喜。

除了空间上的切割和错动，建筑中还大量采用了玻璃作为界限。将房间打开，向外借景，成为打破湿冷空间引入光照的界限，而玻璃本身即是划定空间、遮蔽的界限。建筑中的多重玻璃界限在各种空间错位之下，产生了叠加，同一时刻下多重维度的叠影重重，迸发出很多特别的角度和奇妙的倒影。

每间客房都有自己独立的室外庭院，以植为界，通而不透，既可循声而至，又兼具空间私密性。三间功能相对有公共性的房间——餐厅、茶室、娱乐被放置在二层，由入口一道飞廊连接。在楼梯和庭院间上上下下、行经穿梭，突然间发现是彼此都未曾见过的另一面，又仿佛是每天发生在市井邻里间的生活片段。这种空间错动、力的“逼仄”就是古镇的肌理，承载着江南的聚落特性和生活习惯。人们可以在这里真正回归生活，回归有自己节奏和呼吸频率的生活状态。

“界”之生命力

建筑应该是一种温柔的力量——它不是一种强制的社会想法，而是一种恰到好处的、微妙的社会互动关系。这种“刚刚好”的状态就是“界”，也就是建筑师笔下的层层界限：片墙、立柱、屏风、门窗等，这个时候，界限是一种可悦的边际。建筑师无时无刻不在刻画着人与人、人与空间、人与自然之间的每一个界限，定义着它们之间的关系。

屈米曾打破建筑功能形式与空间类型之间的对应关系，赋予空间以事件性，“空间的概念和空间的体验彼此分裂，同时也暗示了一种对应的可能性，即将它们置换为空间与事件”。同样，九舍强调在空间设计中带入事件性，建筑不再是一种静态的存在，建筑中主体的行为活动映射到建筑空间中，并

成为其中重要的一部分。人行经其中，路径产生的引导性，视觉无形的穿透力，都在不知不觉中被空间影响，并参与了空间事件的形成。

九舍在落成之前，曾设想成为一个面向内部的复合空间。西塘原生民居倚叠堆建，遇缝则填，相依生长，房与房之间往往共用一面墙、一座桥——建成后，九舍的边界也被有机打破，与周边邻里发生空间和事件上的多层互动关系。随着被不同的人使用，九舍便像是一股社会辐射的潜力，或者说更应该是一个面向社会的事件发生器。建筑立足于人（使用者）和物（物理环境和运行设施），人的行为和环境设施彼此之间相互影响。建筑 - 人 - 环境之间的关系开始多维重构，这就是“界”。

九舍拥有古镇衍生出的“旧”，也具备营造未来的“新”。基地与古镇建筑聚落相依共生，又身处新老街区的边界夹缝之中，九舍被赋予用谨慎的设计语言提升西塘古镇建筑聚落空间品质的责任。每时每刻都在其中发生着市井生活的惊喜，这大概就是生命力最本真的表现，也是古镇最纯粹的基因。我希望这一切都能在九舍更好地生长、延展。这就是建筑，刻画着最贴近人的尺度，无时无刻不萦绕在侧。它是一个渐次推敲、逐步累积的过程，是生活智慧的一次次凝聚。它慢慢浸润着被那些“速食性”建筑吞噬了生活的人，让人回归最本质的感知，渐渐激活人最深层的顿悟，只有在这样的环境下，人才能成为更本真的人。

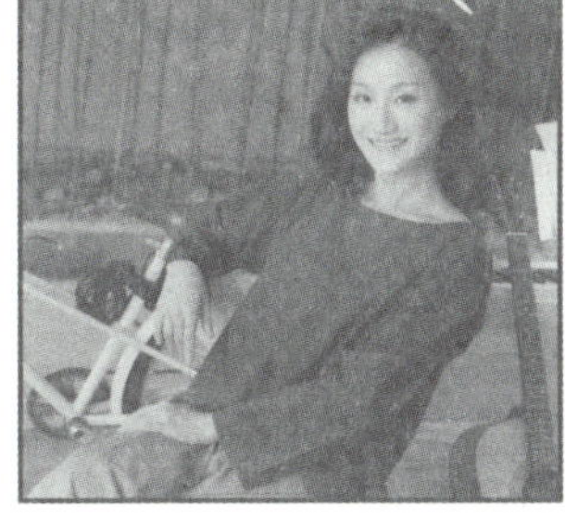

戚山山

STUDIO QI 建筑事务所创始人，哥伦比亚大学最高荣誉学士，哈佛大学建筑学硕士，福斯特建筑事务所驻纽约中国事务负责人。坚信建筑师必须有强烈的责任感和敏感度，建筑师应该是一股温柔的力量。

寄生在胡同里的猫民宿

文 王子一

供图 _ 野建筑

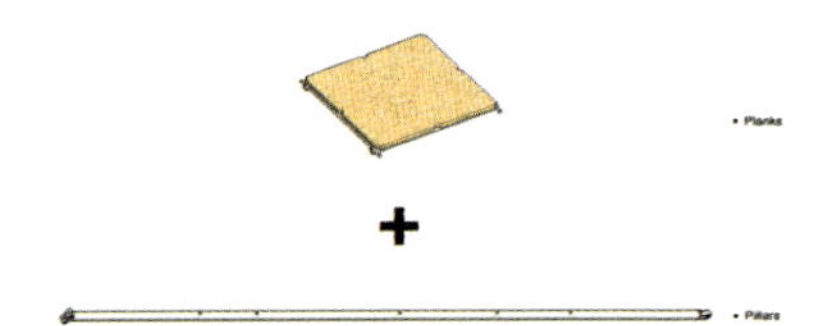

白林旅社（White Woods Hostel）其实是一小片寄生在胡同里的“白树林”，12 平方米的空间，大小胖瘦、黑白花橘的猫守卫并穿梭其间。它源于 2014 年北京国际设计周大栅栏更新计划，我们提交给大栅栏跨界中心一个胡同空间更新改造的概念提案，获得批准执行。选址时，已经在胡同里绕到眩晕的小分队被一只猫吸引，被它带进一个极为狭窄的胡同里，然后就发现这个横搭在胡同两片墙上方的奇特组合空间，还有院里热情的邻居大姐。短暂聊天和参观后，大家当时就统一举手决定选这里落实。

整个项目从概念到落地历时两年，但其实调研、设计、施工加起来也就 4 个月。结果就是，胡同二层阁楼内一个 12 平方米的空间，被植入了一个独立、灵活可变的空间系统，住客能利用其功能复合的可变性来满足其在胡同内的使用与生活。设计周期间，白林旅社白天是一个可以承载展览、讲座、研习会等活动的公共性场所，晚上则是一间胡同青年旅社的空中客房。设计周结束后，白林旅社拟作为散布在胡同里的一间试点民宿投入使用，并能在爱彼迎上进行预订（后因政策法规等原因用作他用）。

①

北京南城胡同里随处可见自建房，住户为了满足生活需求而自行搭建，是住户与原空间积极交互后生成的结果。这其实很像自然界存在的寄生现象，类比到空间就是：小房子寄生在大房子上，新房子寄生在老房子上，铁皮房寄生在砖房上，私建房寄生在公共大院里。寄生以一种强大的活力覆盖当地，是人与空间交互而达到自平衡的手段。它的姿态较低，但生命力顽强，千变万化，同时个性鲜明。

白林旅社其实就是对这种“胡同寄生”行为的一次试点探索。白林旅社需要跟 12 平方米的狭小空间相处，也要跟阡陌纵横的胡同相处。

⇧ 白林旅社仅 12 平方米，狭小的空间内，几只猫穿梭并守卫其中。

⇩ 可移动的细柱和木板，是白林在解决空间与功能的矛盾中所做的一个尝试。它突破了小空间对成套家具的限制，可实现多功能的使用需求。

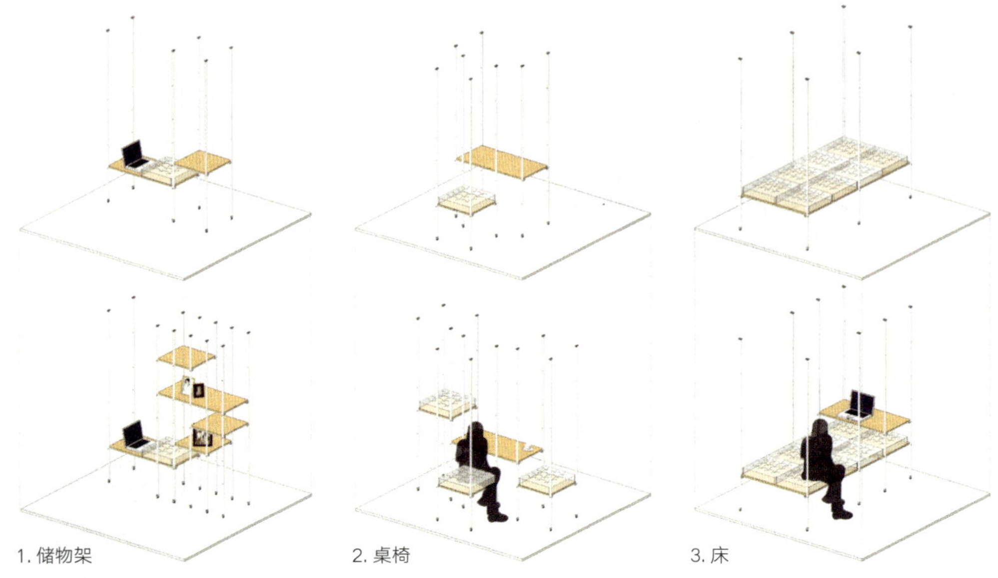

➪ 基础功能组合示意图

跟 12 平方米相处是纯粹的，结构老化，就在民房内部插入一个标准化的钢架系统，作为内部支撑来加固老结构，也作为其他加建部分的承重基础。但白林旅社更大的问题在于空间太小，装不下太多家具，家具少了又满足不了功能使用。于是我们决定完全不从家具层面考虑，而是使用安装滑轮的可移动细柱子和切割模数规格的木板来解决。可移动的柱子结构可以在动态与固定之间切换，柱子的两种状态分别对应分割空间和承载功能的两大属性。在柱子上不同的高度打圆孔用来固定切割好的木板，固定在各个高度的木板就用来当桌子、椅子、储物架、床等，承载工作、休闲娱乐、睡眠等功能。

通过可移动框架和可变化的功能模块，这个二层阁楼的寄生空间承载了更多的可能。

空间系统的触发性

移动柱林 + 插接模板的方式，实际上是越过已经被设计得琳琅满目的各种家具，直接回归到空间里各个操作界面承载使用行为的本质，将空间形态的决定权从设计师手中开放给空间使用者。使用者可以根据自己的需求，营造出新的空间，空间系统本身成为这一系列行为的触发者。

改善基础条件

针对胡同区域民房小、破、散、空、乱、暗等普遍存在的基础性问题，白林旅社的模块化框架可以根据需求，选择性集成卫生间、淋浴间、采光窗等各种各样的基础功能模块，解决胡同内基础条件缺失的问题。

公私空间的切换

白林旅社的空间系统还可以快速切换其空间的公私属性，根据需求将空间由客房变成工作室，由卧室变成咖啡厅或者展厅等，只要有想象力，它就可以组合和切换出各种新的空间关系，这也给因为公私空间而相互打架这一胡同难题的解决提供了新的视角和可能。

符合胡同实情的可持续改造系统

复杂而昂贵的手段并不适合大栅栏区域的

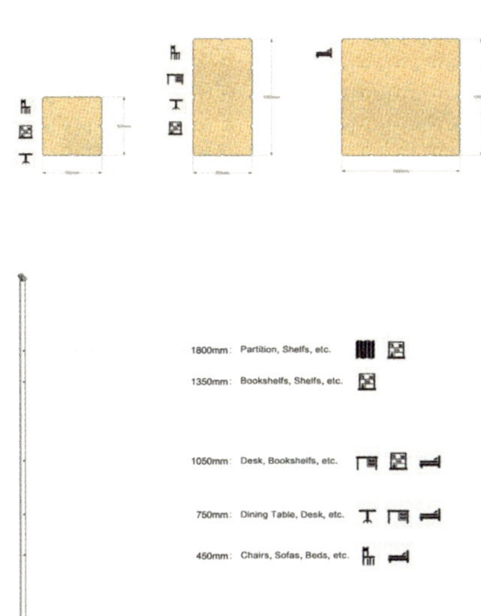

⇧ 板、柱子的功能承载

⇧ 使用场景示意图

实情，而白林旅社寄生空间系统采用制作简单、日常多见的材料工法——钢架焊切、木板钻切等，成本低、改造效率高、可拓展的模块化方式，更加适合大栅栏区域的复杂空间形态和居民生活水平。

在整个改造过程中，我们没有对白林及周边区域的老房子进行伤筋动骨的大改动，而是采用温和而低姿态的加固式植入，让寄生体与老环境相互交流达到一个新的生活环境平衡。我们希望通过这样的改造，利用其成本与可拓展的优势，让它具备在胡同区域进行规模推广的潜力。当其点滴式植入到大栅栏的各个角落，它会像一片片发芽的小植被，快速汲取养分，生长成小树林，并联结成一个空间网络，新的－旧的，人的－物的，集体的－个人的，传统的－现代的……最终它能超越其本身，变得像一片森林一样丰富且充满诗意。

②

从一个由猫守护的民宿层面来说，我们期望白林旅社能成为一种媒介，一种可以深度全景浸入式进行双向沟通的媒介。住宿的住客可以通过民宿的环境和主人，了解到多门类、多层次的地域信息。民宿主人也可以通过民宿吸引来的住客，了解到地域外的信息。这是一般媒体媒介难以达到的，这样的双向沟通可以体现在多个层面。

空间层面

在小尺度空间中，为了满足民宿住客的需求，民宿主人对旧空间进行改造升级。在这个过程中就完成了一次旧空间和升级后的新空间之间的信息交流。在更大尺度的空间——地域层面，民宿主人也通过跟住客交流，形成两个地域间的信息交流。这种通过民宿建立起的交流在深度和广度上有更广阔的可能性。

时间层面

民宿让一个空间从过去一点点地升级改造，走向当下和新的未来。它可以把过去的信息

重新激活，让其在当下持续焕发生命力，并在未来获得新的可能。也能够让两个在发展上有时间差的文化在一个空间内进行碰撞，缩短两种文化之间的时间差。

土地关系层面

民宿提高了土地上空余空间的使用率，也可以说提高了土地的使用率，让房子更多地体现出地域文化和生活价值，而不仅仅是城市发展过程中土地的红利价值。从这个意义上来说，它是将人从土地上释放出来，将“假占有”转变成“真使用”。

经济层面

民宿经营是对剩余空间资源的再利用，遵循共享经济的模式。同时还以空间为载体，使一些不能够被量化的（比如地域文化等）元素被打包成产品，使其价格符合本身的价值。我们甚至希望在经营中可以不是钱币交易，而是通过物物交换、技能交换、故事交换等，丰富民宿的内涵价值。

⇦ 在白林旅社玩乐的小朋友，空间里的细柱和木板此刻成了他们的游戏道具。

⇨ 白林旅社被当作沙龙空间使用，不仅让不同的人参与其中，也触发了人们对未来空间的无尽想象。

⇩ 寄生在老墙上的白林窗。

生活方式层面

民宿呈现出一种新分布式的生活方式，模糊掉住客在日常生活和旅居生活间的边界，处于不同地理环境的住客能很快通过民宿房主快速进入当地的熟人社区空间，和室友建立较亲密的关系。这种状态减少了旅居带给人的环境陌生感，可以引导人们将更多的时间用于各种地理文化环境，从而逐渐形成新的生活方式，享受一种流动性、分布式、有深度体验的生活。

空间伦理层面

民宿空间也模糊掉了个体空间和公共空间的边界，更多复杂的人际关系的可能性可以在这种模糊性质的民宿空间里产生，隐约勾勒出一种新的空间伦理结构。

当然，以上这些可能都是瞎琢磨。说到底，白林旅社就是寄生在北京前门大栅栏胡同里一个由猫守护的 12 平方米的“伪民宿”。

王子一

建筑师，新时空事件触发者，野建筑 | Yeah Archkids 创始人，设计研究方向包括“比特 - 原子”双属性粒子空间系统、寄生建筑、开源建筑，主要作品有城市寄生系列、媒介城市系列、开源时空系列。

跋

Postscript

享受民宿，与心灵相约

旅行，对于一个人来说，既是一路风景，也是一段发现自我的历程。

在我们惯常的认知中，旅途中的住宿体现更多的是功能性，也就是供人睡觉的功能，就像之前我们选择酒店作为旅途休憩的场所。然而旅行的本质却是“像本地人一样”体验不一样的人文、历史和自然，进而与民宿主人交流，享受独特的好客文化和惊喜。

民宿，天生承载了这样的“功能”，它往往映照一个地方的人文历史与自然风貌。我们住在民宿中，便投入到这个地方的历史与自然的怀抱。房间的每处设计，大到建筑的外形，小到摆件的安放，都在气质上与周边的山山水水、密林古刹相通。所以，民宿拥有更大的附加意义。

中国有句古话，“有朋自远方来，不亦乐乎”，说的就是我们中华民族热情好客的一面，对待朋友更是愿意拿出自己珍藏的东西款待。在途家，有一个非常“著名”的苏州老奶奶房东。这位老奶奶84岁了，却很时髦地做起了民宿。她把家里一栋闲置房子放到途家上，接待远方的客人，给大家做桂花粥、煮茶叶蛋，讲述苏州的历史和人文，几乎每位到达的客人都能体悟到那份温暖和厚重。对这位老奶奶来说，每位客人都是她多年未见的“老朋友”。除了经济上的收益，老奶奶更想让年轻人了解苏州、体验苏州，善哉！

平日里，都市人习惯了高楼大厦与钢筋水泥的森林，建筑在人们的日常生活中成了“冷冰冰”的代名词。可建筑本身的含义却远远不止于此，如果你到千岛湖，亲身体验日本建筑大师隈研吾设计的别墅，领略到大师的人生哲学，实现与大师的心灵对话，这便超越了建筑本身。

本次途家和《中国国家地理》杂志社地道风物团队合作“地道风物·民宿时代”是行业的幸事，我们有机会将文化大餐送到每个人的手中。未来的日子里，我们按图索骥，与心灵相约，融入不一样的人生历程。

途家联合创始人兼CEO　罗　军
2017年9月22日

图书在版编目（CIP）数据

地道风物·民宿时代 / 范亚昆主编. -- 北京：中信出版社，2017.12（2024.5重印）
ISBN 978-7-5086-8286-0

Ⅰ. ①地… Ⅱ. ①范… Ⅲ. ①旅馆－研究－中国 ②风俗习惯－中国 Ⅳ. ①F719.2 ②K892

中国版本图书馆CIP数据核字（2017）第263151号

地道风物·民宿时代

主　　编：范亚昆
策划推广：北京地理全景知识产权管理有限责任公司
出版发行：中信出版集团股份有限公司
（北京市朝阳区东三环北路27号嘉铭中心　邮编　100020）
承 印 者：北京华联印刷有限公司
制　　版：北京美光设计制版有限公司

开　　本：710mm×1000mm　1/16　　印　　张：18.5　　字　　数：240千字
版　　次：2017年12月第1版　　印　　次：2024年5月第5次印刷
广告经营许可证：京朝工商广字第8087号
书　　号：ISBN 978-7-5086-8286-0
定　　价：68.00 元